Zu diesem Buch

Seit rund hundert Jahren versuchen in Deutschland kleine Gruppen vorwiegend junger Menschen in entschiedener Absage an die bürgerliche Gesellschaft einen alternativen Lebensstil zu finden. Die gegenwärtige alternative Bewegung ist nur das letzte – allerdings das bei weitem kräftigste – Glied in einer langen Kette, die von der Künstler- und Studentenbohème und den nonkonformistischen Lebensreformern um 1900 über die jugendbewegten Landsiedler und Schulrevolutionäre von 1920 bis zu den heutigen Szenen und Bewegungen mit ihrer Vielfalt von Ideen und Projekten reicht. Ihre Lebensformen und Theorien stellt dieses Buch dar. Allen gemeinsam sind die Absage an entfremdete Berufsarbeit, die Lösung von der Familie, der radikale Versuch individueller Selbstverwirklichung und die Suche nach neuer Gemeinschaftlichkeit. Der notwendige Blick auf die Geschichte der alternativen Bewegungen läßt uns nicht zuletzt auch Chancen und Grenzen gegenwärtiger Gruppen genauer erkennen.

Christoph Conti

Abschied vom Bürgertum

Alternative Bewegungen in Deutschland von 1890 bis heute

rororo
Rowohlt

Kulturen und Ideen

Herausgegeben von Johannes Beck,
Heiner Boehncke, Wolfgang Müller,
Gerhard Vinnai

Redaktion Wolfgang Müller
Umschlagentwurf Stolle Wulfers (Foto: Ullstein Bilderdienst)

Originalausgabe
Veröffentlicht im Rowohlt Taschenbuch Verlag GmbH,
Reinbek bei Hamburg, Mai 1984

Satz Trump Mediaeval (Linotron 202)
Gesamtherstellung Clausen & Bosse, Leck
Printed in Germany
1480-ISBN 3 499 17827 3

Inhalt

Einleitung

«Alternativ» ist zum Modewort geworden. Alternative Erziehung und alternative Kultur, alternative Läden, alternative Kneipen und alternative Reisen, alternative Brötchen und alternative Kartoffeln – hat es noch einen Sinn, von «alternativen Bewegungen» zu sprechen? Und diesen Begriff, der ohnehin unscharf ist, zu übertragen auf Gruppen und Bewegungen um 1890, um 1900, um 1920, in eine Zeit also, die das Etikett «alternativ» noch gar nicht kannte? Eine solche Begriffsbestimmung ist nur unter einer Voraussetzung nützlich: nämlich unter der Voraussetzung, daß wir mit ihrer Hilfe die undeutlichen Vorstellungen vom «alternativen Leben» nicht noch weiter verwischen, sondern im Gegenteil *größere Klarheit* darüber erlangen, welches die prägenden Merkmale der Alternativbewegungen – und insbesondere ihrer gegenwärtigen Ausformungen – sind. Das Vorhaben erscheint auf den ersten Blick paradox. Können wir von der Bohème der Jahrhundertwende, von den Gemeinschaftsexperimenten der Lebensreform und der Jugendbewegung etwas über die Struktur der heutigen Alternativkultur erfahren? Erweitern wir den Begriff nicht willkürlich ins Unbestimmbare, um schließlich nichts als unzusammenhängende Bruchstücke in den Händen zu halten?

Als Ausgangspunkt dient uns eine relativ enge Definition: «Alternativ» sind für uns solche Bewegungen oder Gruppen, welche aus eigenem Antrieb, ohne Organisation durch staatliche Institutionen die Formen des Alltagslebens – insbesondere die Familie und die Berufsarbeit – unmittelbar und grundlegend zu ändern versuchen. Es handelt sich um *Bewegungen* oder *Gruppen*: das heißt, der Eremit, der sich zu einem Leben in die Abgeschiedenheit der Wälder zurückzieht, ist in diesem Sinn nicht alternativ. Es handelt sich um *Freiwilligkeit* und Abwesenheit von staatlicher Organisation: denn weder das Arbeitslager noch der Kriegsdienst – Lebensformen, die zweifelsohne sowohl Familienbezug als auch Berufsarbeit neu organisieren – sind alternativ. Die angestrebten und ansatzweise versuchten Änderungen müssen *grundlegend*, das heißt strukturell sein, und sie müssen *unmittelbar*, das heißt im eigenen Leben und in der Gegenwart versucht werden: Gruppen, die solche Veränderungen in erster Linie durch politische Prozesse (Wahlen, Streiks, Revolution u. a.) erreichen wollen, sind in diesem Sinne nicht «alternativ», wenn sie nicht zugleich die Änderung der eigenen Lebenspraxis vorantreiben.

Mit dieser Definition des «Alternativen» lassen sich zunächst die neueren Alternativbewegungen seit 1975 charakterisieren und von den traditionellen politischen Gruppen abgrenzen. Unter diesen weit gespannten Begriff fallen aber auch Teile der Frauenbewegung, der größere Teil der antiautoritären Studentenbewegung der sechziger Jahre, Gruppen der Lebensreform zwischen 1890 und 1933, eine Anzahl von Projekten, die aus der Jugendbewegung hervorgingen, sowie schließlich die Künstler- und Studentenbohème, welche sich in Deutschland seit 1890 vor allem in München und Berlin entwickelte. Alle diese Bewegungen werden in diesem Band – mehr oder weniger ausführlich – dargestellt. Man hätte die Anthroposophen hinzunehmen können, die in manchen Bereichen – Erziehung, Landwirtschaft, Medizin – ausgereiftere und wirkungsvollere «alternative» Konzepte entwickelt haben als die meisten anderen Gruppen; sie scheinen mir aber den Alternativbewegungen doch fern zu stehen – ihr Hauptimpuls zielt nicht in erster Linie auf eine praktische Veränderung der Lebensformen.

Versuche «alternativen Lebens» im gemeinten Sinn finden sich in der deutschen Gesellschaft also bereits seit etwa hundert Jahren. Diese Versuche stehen, wie ein genaues Hinschauen zeigt, in einem inneren Zusammenhang. Ihre Gemeinsamkeit erschöpft sich nicht in den äußeren Formen, durch die wir sie charakterisiert haben. Vielmehr durchzieht sie – das will dieses Buch unter anderem zeigen – auch das Denken und Empfinden der Beteiligten. So unterschiedlich die jeweiligen gesellschaftlichen Voraussetzungen auch sind, es wiederholen sich in den Bewegungen, die wir als «alternativ» bezeichnen, doch Themen und Wahrnehmungen. Es zeigen sich bestimmte, gleich oder ähnlich bleibende Beziehungen zur Natur, zum Körper, zur Vernunft; zum «Inneren» der Menschen; zur Liebe; zum Geld und zur Arbeit; zu den sozialen Rollen; zur Kunst. Der Zusammenhang, den wir durch die Definition scheinbar willkürlich geschaffen haben, ist umfassender, als es zunächst den Anschein haben mag.

Wie man aus der Höhe das Relief einer Landschaft besser überschaut, so erlaubt die Distanz der historischen Betrachtungsweise, das «Relief» der Alternativkulturen dieses Jahrhunderts besser zu sehen. Dabei geht manche Einzelheit, die dem Wanderer am Wege liebgeworden ist, freilich verloren. Das wird den Lesern, die selbst in der heutigen Alternativ-Landschaft herumwandern, vor allem im 4. Kapitel – demjenigen über die gegenwärtigen Alternativbewegungen – auffallen. Doch der Abstand ermöglicht zugleich, Strukturen des alternativen Lebens zu sehen, die aus der Nähe nicht klar erscheinen. Zwar läßt sich aus den alternativen Bewegungen vergangener Jahrzehnte nicht ohne weiteres auf die heutigen Gruppierungen schließen. Was damals bedeutsam war, kann heute eine Nebenrolle spielen – und umgekehrt. Aber wenn ein bestimmtes Thema oder bestimmte Sichtweisen seit hundert Jahren immer wieder auftauchen, so läßt sich doch vermuten, daß sie substantiell zum Charakter der Alternativkulturen gehören – also auch für die gegenwärtigen eine Bedeutung haben, die auf den ersten Blick vielleicht nicht deutlich erscheint.

Die Gemeinsamkeit der alternativen Bewegungen legt einen weiteren Schluß nahe: Alternative Lebensformen sind nicht aus den gesellschaftlichen Problemen der Bundesrepublik (bzw. der westlichen Industriegesellschaften) in den letzten zwanzig Jahren entstanden. Solche Probleme – Wirtschaftskrisen, Umweltzerstörung, Bedrohung des Weltfriedens – mögen zwar zu ihrer quantitativen Ausbreitung beigetragen haben. Alternatives Denken, Empfinden und Experimentieren findet sich aber bereits seit Jahrzehnten. Offenbar wird es nicht durch die jeweils aktuellen Problemlagen hervorgebracht, sondern bildet einen – teils mehr, teils weniger sichtbaren – dauerhaften Bestandteil der Gesellschaft. Wie läßt sich diese Konstanz erklären? Welche Merkmale der Gesellschaft des 20. Jahrhunderts erzeugen alternative Bestrebungen? Soweit dieses Buch eine theoretische Fragestellung verfolgt, ist es die nach der *Struktur der «alternativen Weltauffassung»* und nach der Entstehung dieser Struktur. Einige Vermutungen dazu habe ich im letzten Kapitel notiert. Sie sind allgemeiner Natur. Die konkreten Entstehungsbedingungen der jeweiligen Bewegungen – *auslösende Faktoren*, die dazu führen, daß alternatives Denken und Empfinden in einer sozialen Gruppe wirksam werden – habe ich dagegen nur am Rande behandelt oder auch ganz vernachlässigt. Also: auf die Fragen, warum um 1890 die deutsche Bohème und um 1967 die antiautoritäre Studentenbewegung entstanden sind, wird kaum eingegangen. Im Zusammenhang dieses Textes interessiert vielmehr beispielsweise: Wieso konnten in der Bohème und in der Studentenbewegung fast gleichlautende Auffassungen über die sexuelle Befreiung oder über die Rolle sozialer Randgruppen in der Revolution wirksam werden? Welche gemeinsame Struktur erzeugt solche Anschauungen?

Allerdings schwingt sich dieses Buch nur selten zu den Höhen der Theorie auf. Es versucht in erster Linie, die verschiedenen alternativen Bewegungen in ihren wesentlichen Zügen zu *schildern*. Die Darstellung hat Vorrang vor der Analyse. Das «Material» – die Geschehnisse und das Selbstverständnis der Beteiligten – soll, soweit das bei einem gedrängten Bericht möglich ist, aus sich selbst heraus sprechen. Gewiß liegt der Auswahl und Anordnung des Dargestellten eine Interpretation dessen zugrunde, was «wesentlich» ist; sie richtet sich aber nicht nach einem inhaltlichen Modell, in dem jede Tatsache bereits ihre Bedeutung hätte. Erst im letzten Kapitel ziehe ich aus dem Dargestellten allgemeine Folgerungen. Wer an diesen «Ergebnissen» mehr interessiert ist als an den Schilderungen alternativen Lebens in den verschiedenen Bewegungen, möge sich dem Schlußkapitel vorrangig zuwenden.

Über die Themen, welche dieses Buch behandelt, ist in der historischen Forschung unter dem Aspekt einer «Geschichte alternativer Bewegungen» kaum gearbeitet worden. Neben den zahlreichen Untersuchungen, welche den «alternativen» Aspekt von Lebensreform und Jugendbewegung am Rande behandeln – und den schriftlich notierten Erinnerungen der unmittelbar Beteiligten –, standen nur wenige wissenschaftliche Texte zur Verfügung, welche unmittelbar für die Absicht des vorliegenden Buches fruchtbar werden konnten. Diese Arbeiten sind mir besonders nützlich gewesen, ich möchte ihre Autoren daher nicht nur in Fußnoten und Bibliographie erwähnen: Martin Green und Helmut Kreuzer (zur Bohème), Janos Frecot (zur Lebensreform), Ulrich Linse (zur Jugendbewegung). Ulrich Linse dürfte gegenwärtig der einzige Fachhistoriker sein, der sich mit der Geschichte der Alternativen befaßt.

Freunde haben mich während der Arbeit an diesem Buch unterstützt. Jochen Zülchs Großzügigkeit und praktische Hilfe haben mir das Leben in dieser Zeit leichter gemacht. Hans-Georg Deggau hat mir durch Kritik und Vorschläge zu vielen Textstellen geholfen, Gedanken zu klären und Formulierungen präziser zu fassen. Beiden danke ich dafür. Ich danke aber auch allen anderen, die mir durch Zuwendung und Gespräche in diesem Arbeitsjahr nahe waren, insbesondere Ruth Salzmann, Katharina Rudolph, Peter Burmeister, Orah Zülch, Patrick Guillaume und Elisabetta Falcolini. Ruth und Jochen ist das Buch gewidmet.

1. Bohème: Der Rausch

Das Leben als Rausch

Im Jahr 1900 gab es zwei Mittelpunkte «alternativen Lebens» in Deutschland: Berlin und München-Schwabing. Es waren, an heutigen Maßstäben gemessen, sehr kleine Inseln einer Gegenkultur. Berlin hatte damals bereits knapp zwei Millionen, München immerhin rund 400000 Einwohner; zur Bohème aber zählten sich höchstens einige hundert Personen: Künstler und Studenten, vor allem bürgerlicher Herkunft; der eine oder andere ehemalige Handwerker, einige wenige Aristokraten fanden sich ebenfalls unter ihnen.

Die Bohème war in der europäischen Metropole Paris bereits in den dreißiger und vierziger Jahren des 19. Jahrhunderts aufgetreten: ein am Rande der bürgerlichen Gesellschaft existierendes Milieu, dem vorwiegend junge Menschen zugehörten, Künstler und Literaten, die sich mehr schlecht als recht von Gelegenheitsarbeiten ernährten; die dabei einen antibürgerlichen, häufig bewußt schockierenden Lebensstil entwickelten und inmitten ihrer materiellen Armut die Freiheit des Geistes und die Individualität der Lebensführung hochhielten. In Deutschland, dem bis zur Reichsgründung ein ökonomisches und kulturelles Zentrum fehlte, welches Paris vergleichbar gewesen wäre, tauchten die ersten Bohème-Gruppen gegen Ende des 19. Jahrhunderts auf, anfänglich in Berlin, dann – wenige Jahre später – auch in München, das bis zum Ausbruch des Ersten Weltkriegs die Hauptstadt der deutschen Bohème bleiben sollte.

Die Gemeinsamkeit der Bohémiens war zunächst negativ bestimmt: durch Ablehnung und Verachtung der «Bürger». «Bürgerlich» war für die Bohème kein soziologischer Begriff, sondern die Beschreibung einer Mentalität, in der Anpassung und Pedanterie, Intoleranz und geistige Sterilität, Leidenschaftslosigkeit und Autoritätsgläubigkeit zusammenspielten. Von den Zwängen bürgerlichen Lebens wollte die Bohème sich lösen. Im Alltag sollte sich die eigene Individualität verwirklichen, die «volle Freiheit des Ich»[1] – eine Freiheit, die sich im Idealfall in Rausch und Ekstase vollendete.

Denn alles in der Bohème erstrebte den *Rausch*. Rausch der Feste und der durchwachten Nächte; Rausch der Liebe und des Alkohols, Drogenrausch und Rausch der selbstvergessenen Gespräche.

Zu den «Müttern des Seins»[2] wollten viele der Bohémiens gelangen; sie erhofften ein neues Matriarchat, eine Wiederherstellung paradiesischer Zustände auf einer von patriarchalisch-rationalistischen Werten befreiten Erde. Die «weiblichen» Werte schienen ihnen zukunftsvoller als die «männlichen».

Unter dem Einfluß von Friedrich Nietzsches «Die Geburt der Tragödie aus dem Geiste der Musik» träumten sie vom «dionysischen Leben». Das dionysische Element stellte nach Nietzsche die Verbindung zu tieferen Daseinsgründen her, welche vor allem in Rausch und Ekstase erfahren würden. Die orgiastischen Kulte des Altertums, die Veitstänze des Mittelalters gäben Beispiele für solche kollektiven Rauschzustände, in denen die Menschen sich miteinander und mit der Natur völlig eins fühlten und «auf dem Wege (seien), tanzend in die Lüfte emporzufliegen»[3]. Im Lauf der Geschichte seien das Dionysische – und sein Gegenpol: das Apollonische – vom «sokratischen» theoretisch-logischen Denken verdrängt worden. Aber ein Wiedererwachen des dionysischen Geistes stehe bevor.

Auf diese Gedanken bezogen sich viele Bohémiens. Was sie von den Bürgern unterschied, so meinten sie, sei vor allem dies: daß sie bereit seien, die geordnete Welt beengender «Sicherheit» zu verlassen und Erfahrungen zu machen, die tiefer, intensiver, herausfordernder seien als jene des bürgerlichen Alltags. Rauschhafte Erfahrungen, in denen die durch Unterdrückung und Berechnung entzauberte Welt ihren Glanz wiedererhielt.

Der Alltag der Bohème wie die theoretischen Vorstellungen, die in ihrem Umkreis entwickelt wurden, spiegeln diese Ekstase-Träume. Der Psychoanalytiker Otto Gross, die «kosmische Runde», die Anarchisten um Erich Mühsam waren unter den Bohème-Theoretikern die einflußreichsten. Wir werden ihre Ideen näher betrachten. Das aber ist nicht sinnvoll, ohne zunächst einen Blick auf das *Leben* der Bohème zu werfen. Denn Theorien hatten für die Bohème nur insoweit einen Sinn, als sie in den Alltag hineinwirkten. Sie waren keine bloßen Ideensammlungen, sondern ein Teil «alternativen» Lebens.

Der Alltag der Bohème

Erich Mühsam, selbst Bohémien, hat bemerkt, das entscheidende Merkmal der Bohème sei der «Freiheitsdrang, der den Mut findet, gesellschaftliche Bindungen zu durchbrechen und sich die Lebensformen zu schaffen, die der eigenen inneren Entwicklung die geringsten

Widerstände entgegensetzen»[4]. Im Alltagsleben sollte sich die eigene Individualität verwirklichen; das eigene Ich wurde zum Ausgangspunkt der Lebensgestaltung. Konventionen und Normen konnten keine Gültigkeit beanspruchen. Lieber nahmen die Bohémiens Armut und Entbehrungen auf sich, als sich äußeren Zwängen zu unterwerfen.

Der exemplarische Feind eines freien Sich-Auslebens war für die Bohémiens die regelmäßige *Berufsarbeit*. Dieser versuchten sie fast alle zu entgehen. Man kann die Bohème geradezu beschreiben als eine Gemeinschaft von nicht regelmäßig Arbeitenden. Dazu paßt, daß viele Bohémiens sich den Landstreichern, den Kriminellen, dem Lumpenproletariat nähergefühlt haben als der Arbeiterschaft – von der Bourgeoisie mit ihrem Arbeitsethos ganz zu schweigen. Wir werden sehen, wie solche Haltungen auch die politischen Vorstellungen der Bohème beeinflußt haben.

«Der bloße Gedanke, daß ich irgendwohin gehen muß, wenn ich gerade keine Lust habe, macht mich krank. Beruf ist etwas, woran man stirbt»[5], schrieb Franziska zu Reventlow. Von dem Berliner Bohème-Original Paul Scheerbart ist der Ausspruch überliefert: «Du bist vollkommen im Irrtum, wenn du glaubst, daß diejenigen Menschen, die immer was tun müssen, um sich die Zeit zu vertreiben, die Entwicklung der Menschheit fördern. Arbeiten kann schließlich jeder – das ist nichts Besonderes.»[6] Für Ludwig Derleth (der immerhin dreizehn Jahre lang Lehrer war) erschien die berufliche Tätigkeit als «verhaßter Zwang»[7], und Erich Mühsam definierte die Bohémiens als «Menschen, die die gesellschaftliche Nutzarbeit verweigern»[8]. In metaphysischer Perspektive sah Hans Siemsen das Problem: «Gott hat die Arbeit erfunden, als er ... voller Zorn die Menschen strafen wollte ... Arbeit ist es, was uns aus dem Paradies vertreibt, was uns alle Tag für Tag aufs neue aus dem Paradies vertreibt und uns fernhält von allen Gärten Gottes, von allem, was schön und gut und unverdorben und göttlich ist.»[9]

Man bemühte sich also um die «gottähnliche Kunst der Faulheit»[10].

Zu dieser Kunst aber gehörte als wesentlicher Bestandteil, sich ohne regelmäßige Einkünfte am Leben zu erhalten. Vom Schreiben oder Malen konnten die wenigsten Bohémiens leben. Gelegentliches «Jobben» war nahezu unmöglich; die Arbeitslöhne lagen viel zu niedrig, als daß man davon etwas hätte zurücklegen können; für intellektuelle Gelegenheitsarbeiten gab es zudem kaum einen Markt. So wurde die Geldbeschaffung zu einem der wichtigsten Probleme der Bohème.

Literarische und bildnerische Auftragsarbeiten stellten die naheliegendste – aber oft unzureichende – Einnahmequelle dar: Übersetzungen, Rezensionen, Zeichnungen, Karikaturen und dergleichen mehr. Sehr häufig gestalteten Bohémiens das Unterhaltungsprogramm in Künstlerkneipen und Kabaretts, um dafür ein Essen, ein paar Gläser Bier, unter Umständen auch etwas Geld zu bekommen. Frank Wedekind, der später als Bühnenautor weltberühmt wurde, trug im Kabarett der «Elf Scharfrichter» Bänkellieder zur Gitarre vor. Erich Mühsam verkaufte Schüttelreime und satirische Lieder. Joachim Ringelnatz wurde zum Hausdichter des Lokals «Simplizissimus». Solche Verdienstmöglichkeiten waren jedoch beschränkt. Auch mit gelegentlichen Zeitschriftenhonoraren, mit den – spärlichen – Einkünften aus Buchveröffentlichungen und dem Verkauf von Bildern ließ sich die materielle Misere nicht beheben. So entstanden immer neue phantasievolle Projekte zur Lösung der Finanzfrage: Einer wollte ein Auto-Kabarett in einem ständig zwischen Berlin und Dresden verkehrenden Bus eröffnen, ein anderer versuchte, Gemälde alter Meister zu fälschen, ein dritter erfand ein Perpetuum mobile. Die Gräfin zu Reventlow pachtete vorübergehend ein Milchgeschäft, und der Lyriker Max Dauthendey dachte daran, im Zentrum Münchens einen Laden zu mieten, ihn in orientalischem Stil einzurichten und dort gegen Eintrittsgeld Märchen zu erzählen.

Aus all dem wurde nichts. Im allgemeinen blieben nur drei Möglichkeiten: schnorren, leihen, hungern. Gehungert haben, mindestens zeitweise, vermutlich die meisten Bohémiens. Ringelnatz ernährte sich tagelang, völlig entkräftet, nur von Marmelade, Jakob Wassermann bloß von Kaffee und Weißbrot. In solchen Situationen half man sich manchmal auch mit kleinen Diebstählen; einige ließen Brötchen aus Gaststätten mitgehen oder tranken morgens die vor fremden Haustüren abgestellte Milch. Der Schriftsteller Franz Jung stahl in der Not Enten aus den Teichen des Englischen Gartens in München.

Geld zu leihen war der gebräuchlichste Weg zur Sicherung des Lebensunterhalts. In manchen Geschäften und Kneipen genossen die Bohémiens fast unbeschränkten Kredit. Die Ladenbesitzer und Wirte waren entweder gutherzig oder angesteckt von der nicht erlahmenden Hoffnung der Bohémiens auf den Tag des großen Erfolges, an dem alles bezahlt würde. Solche Tage gab es tatsächlich – wenn der eine oder andere plötzlich größere Mengen Geld erhalten hatte – und dann womöglich die Schulden einer ganzen Tischrunde einlöste. Viele Außenstände aber blieben unbezahlt. Die Bohémiens sahen es als ihr gutes Recht, ja oft sogar als Ehrensache, geliehenes Geld nicht zurückzugeben.

All dies aber hätte kaum zum Überleben gereicht, wäre nicht immer wieder Unterstützung von begüterten Verwandten, Freunden und insbesondere von reichen Bohémiens gekommen. Der dichtende Millionär Alfred Walter Heymel aus Bremen finanzierte jahrelang die gesamte Zeitschrift *Die Insel*; in Berlin lud der Maler Freiherr von Schennis alle, die ihm sympathisch waren, zu köstlichen Gelagen; andere wohlhabende Bohémiens bezahlten Feste, Ausflüge und Ausstellungen und hielten ganze Gruppen von Freunden frei.

Die Bohème konnte sich aus eigenen Kräften finanziell nicht über Wasser halten. Sie lebte von Unterstützungen aus der bürgerlichen Welt. Ökonomisch gesehen brauchte die Bohème das Bürgertum. Ohne Mäzene, reiche Verwandte und freundliche Kleingewerbetreibende hätte sie kaum Bestand gehabt.

Befreit von der Arbeit, mit wenig Geld führten die Bohémiens ihr «unbürgerliches Leben». Es war, so individualistisch sich die Bohème auch gab, ein ausgeprägtes *Gruppenleben*. Als Treffpunkte dienten insbesondere die *Cafés*.

Dort saß man von morgens bis in die Nacht, diskutierte und konsumierte, was einem der Geldbeutel und der Kredit gewährende Kellner erlaubten. Es wurden Kontakte hergestellt, Klatsch weitergetragen und welterschütternde Pläne erdacht. Im Schwabinger «Café Stefanie» versammelte Otto Gross seine Anhänger, spielte Erich Mühsam mit Roda Roda Schach, debattierten die Münchner Literaten. Bald nach 1900 «wetterleuchtete» hier «in einigen Köpfen ... schon die Revolution der abstrakten Malerei, die ein paar Jahre später mit den ersten Versuchen durchzubrechen begann» [11], wie der Schriftsteller und Maler Leonhard Frank beobachtete. Mühsam erlebte das Kaffeehaus als «Oase» [12] in der Wüste des Lebens; Else Lasker-Schüler sprach davon als «unserer nächtlichen Heimat ... unserer Oase, unserem Zigeunerwagen, unserem Zelt, darin wir ausruhen nach dem alltäglichen schmerzvollen Kampf» [13]. Und der expressionistische Dichter Ludwig Meidner besang das Café pathetisch als «tumultuöse Arche der Dichter. Du Halle, Dom, Luftschiff, Vulkan, Käfig, Gruft und Kluft, Dungloch und Stunde der Beter ... du Lebendiges, du Caféhaus ...» [14]

Nüchtern zurück auf den Erdboden: «Die schönste Landschaft, die ich kenne, ist das Café» [15] (Walter Serner). Der Wiener Peter Altenberg gab das Café Central als seine Wohnanschrift an. Das hatte einen tieferen Sinn: Die Wohnverhältnisse der Bohémiens waren oft so unerfreulich, die Adressen wechselten so schnell, daß das Café einen angenehmeren und beständigeren Aufenthaltsort als die Wohnung

Das Kabarett und Künstlerlokal «Simplizissimus» («Simpl») in München-Schwabing. Ganz links die Wirtin Kathi Kobus.

Faschingsfest im Berliner «Bunten Theater» 1902

«Weihnachtsfeier» in einem Schwabinger Atelier, um 1910

Faschingsfest der Münchner «Kosmiker». (Links Stefan George als Cäsar, zweiter von rechts Karl Wolfskehl als Dionysos.)

darstellte. Man konnte kommen und gehen, wann man wollte; man konnte sich, da alles und jeder ständig beobachtet wurde, auf der Bühne eines Alltagstheaters darstellen – beides, Ungebundenheit und Selbstdarstellung entsprach elementaren Wünschen der Bohémiens.

Abends traf man sich auch in den Künstlerkneipen, deren berühmteste der Schwabinger «Simpl» war. An den Wänden hingen hier Ölbilder, Zeichnungen, Radierungen jeder Qualität, unter anderem von Franz Marc, Uhde und Segantini. Die Fenster des Lokals wurden nie geöffnet und waren mit Filz gepolstert, damit ja kein Lärm in die Umgebung dringe. Die Wirtin, Kathi Kobus, «sah immer repräsentativ und bestrickend aus, so daß sich viele Männer und Frauen in sie verliebten, obwohl sie damals schon etwa 55 Jahre alt war und eine Perücke trug» [16], wie Ringelnatz schrieb. Wer aus dem buntgemischten Publikum etwas vorzutragen hatte, stieg auf einen Tisch und deklamierte. Hatte er Erfolg, so bekam er unter Umständen ein festes Engagement, das ihn der Sorge um das Abendessen enthob.

Außer dem «Stefanie» und dem «Simpl» in München, dem «Café des Westens» in Berlin gab es immer noch eine Reihe anderer, gelegentlich wechselnder Bohème-Lokale. Man unternahm gern Sauftouren. Der Alkohol spielte für viele Bohémiens eine wichtige Rolle, obwohl er ja ein «bürgerliches» Rauschmittel ist. Aber hier scheint man sich um eine strenge Abgrenzung nicht bemüht zu haben; vielleicht war die Sauferei auch häufig so ausladend, daß man sich allein dadurch schon unbürgerlich genug vorkam. Auch Haschisch, Opium und Kokain wurden genommen, doch im Vergleich zum Alkohol stellten sie die weitaus weniger gebrauchten Drogen dar.

Von größter Bedeutung für die Bohème waren die *Feste*. Die Schwabinger Bohème griff die Tradition der Münchner Karnevalsfeste auf und steigerte sie ins Extrem. «Wie sie das aushalten, ist mir ein Rätsel» [17], bemerkt in Franziska zu Reventlows Roman *Herrn Dames Aufzeichnungen* der beobachtende Ich-Erzähler, als er sieht, wie die Bohémiens eine Nacht nach der anderen durchfeiern. Für die großen Faschingsfeste wurden Themen vorgegeben, nach denen sich die Kostümierung der Gäste zu richten hatte: Auf dem «Gauklertag» erschienen Zauberer und Akrobaten, Seiltänzer und Sterndeuter, Handleserinnen, Bauchtänzerinnen und sogar ein Elefant; das «Wolkenkuckucksheim» vereinigte Personen aus einem gleichnamigen Theaterstück; es gab Bauernfeste und antike Feste, «Faschingsnächte von maßloser Ausgelassenheit» [18], wie Erich Mühsam notierte. Berühmt wurde das Faschingsfest der «Kosmiker», auf dem Stefan George als Cäsar in weißem Laken und goldenem Lorbeerkranz erschien, der Professor Karl Wolfskehl als indischer Dionysos und der Philosoph Alfred Schuler als römische Kaiserin-Mutter.

Das ganze Jahr über fanden Atelierfeste statt; zum Auftakt gab es häufig Rezitationen und Diskussionen, dann Musik und Tanz; für Musik mußten die Gäste selber sorgen. Zu später Stunde waren alle ein bißchen betrunken, das Licht wurde verdunkelt, es bildeten sich mehr oder minder zufällige Paare. Unter der alteingesessenen Schwabinger Bevölkerung wurde viel gemunkelt über Orgien, die von den Künstlern veranstaltet würden. Aber im wesentlichen sahen die «Orgien» wohl so aus, daß – wie Arthur Holitscher bissig schrieb – «Malschüler in römischen Togen ihre Verführungskünste an jenen Bremer und Basler Patriziertöchtern erproben, die schreckhaft und doch abenteuerlüstern, als Nymphen des Waldes und der Quellen verkleidet, Erfahrungen fürs Leben zu sammeln entschlossen sind»[19].

Allerdings hat die Schwabinger Bohème in der Tat auf keinem Gebiet – außer in der Einstellung zur Berufsarbeit – so radikal mit den geltenden Normen gebrochen wie auf dem der *Liebesbeziehungen*.

Sie hat die bürgerliche Geschlechts- und Doppelmoral der Kaiserzeit nachdrücklich abgelehnt. Frauen und Männer galten den Bohémiens als gleichberechtigt; die Pflichten und Verbote der Ehe erschienen ihnen absurd; das Recht auf uneheliche Mutterschaft war allgemein anerkannt; die Homosexuellen wurden nicht geächtet. Sexualität sollte kein Anlaß mehr sein zur Scham und zum Skandal.

In der Bohème war man sich einig, daß die Liebe Staat und Kirche nichts angehe, daß sie niemanden etwas angehe als die Liebenden selbst. Wie flüchtig oder dauerhaft eine Beziehung war, wie viele und welche Personen sich gegenseitig liebten – das sollte niemanden kümmern als die unmittelbar Betroffenen.

Den kulturrevolutionären Charakter solcher Ideen kann man sich daran verdeutlichen, daß im deutschen Kaiserreich das «Konkubinat», also das Zusammenleben eines unverheirateten Paares, offiziell noch strafbar war. Vielfach wurde – auch in der Wissenschaft – die Auffassung vertreten, Frauen hätten keine sexuellen Empfindungen.

In der Arbeiterschaft herrschten zwar weniger strenge Sitten, viele junge Paare lebten, allen Gesetzen zum Trotz, ohne Trauschein zusammen; doch konnte auch dort, anders als in der Bohème, von einer grundsätzlich antifamiliären Sexualmoral nicht die Rede sein.

Vor diesem Hintergrund stellte das Leben der Bohémiens, die sich liebten, wann und wie es ihnen gefiel, eine erotische Revolution dar. Zwar hatten sich im gesamten 19. Jahrhundert Künstler und Philosophen gegen die Moral des Bürgertums gewandt. Die Frühromantiker verfochten die Idee der «freien Liebe»; Schleiermacher wollte die «alte Lust und Freude und die Vermischung der Körper und des Lebens»[20] zum Bestandteil einer neuen Religiosität machen. Die Sozialisten Friedrich Engels und August Bebel kritisierten Familienstruktur und Frauenunterdrückung. Aber vor der Bohème hat es in Deutschland keine größere *Gruppe* gegeben, die in ihrem *täglichen Leben* die herrschenden Sexualnormen ignoriert hätte.

«Die Formen des Liebeslebens», schrieb der Anarchist Mühsam, «wie sie die künstlerische Bohème sorglos und um Theoreme unbekümmert in Genießen umsetzt, waren für mich ... Schulbeispiel für die Möglichkeit freiheitlicher Weltgestaltung.»[21] Gänzlich «unbekümmert um Theoreme» waren die Bohémiens allerdings nicht, im Gegenteil: im Schwabing des frühen 20. Jahrhunderts wurden die verschiedensten Theorien der Sexualität und Erotik diskutiert. Unter ihnen waren die Auffassung von Otto Gross und die der «Kosmiker» am einflußreichsten.

Der Psychoanalytiker Otto Gross, ein Freud-Schüler, sah ähnlich wie später Wilhelm Reich die sexuelle Unterdrückung als Basis jeder gesellschaftlichen Herrschaft; in sexueller Befreiung und analytischer Aufarbeitung innerer Zwänge lagen für ihn die psychischen Voraussetzungen für eine herrschaftsfreie Gesellschaft. Als eindrückliche und suggestive Persönlichkeit scharte er eine Gruppe von Anhängern um sich, auf deren Sexualleben er großen Einfluß nahm. Seine Patienten machte er so schnell wie möglich zu «Sexualimmoralisten». Er trennte Paare und setzte andere zusammen – jeweils so, wie es ihm für die seelische Entwicklung seiner Jünger am günstigsten schien. Seine eigene Ehe nahm er von diesen Experimenten nicht aus und teilte auch seiner Frau geeignete Liebhaber zu.

Bei der «kosmischen Runde» um Ludwig Klages galt als ideale Frau die «Hetäre», welche sich von den Fesseln der Ehemoral gelöst hat und, kosmischen Urkräften folgend, zahlreiche Männer liebt. Allerdings war nicht jede beliebige Frau zum Hetärentum befähigt; sie mußte außer erotischer Freiheit auch besondere Seelenqualitäten aufweisen, zu den hochwertigen «enormen» Menschen gehören, zu denen sich die Kosmiker selbst in aller Bescheidenheit ebenfalls zählten.

Die Symbolgestalt der Schwabinger erotischen Revolution ist die Gräfin Franziska zu Reventlow geworden, eine Frau, die sich in der Tat nicht nach Theorien richtete, sondern mit starkem Unabhängigkeitswillen und kompromißloser Ehrlichkeit ein Leben führte, das allen Vorstellungen bürgerlicher (und in ihrem Fall muß man hinzufügen: aristokratischer) Wohlanständigkeit ins Gesicht schlug. Als sie volljährig wurde, brach sie mit ihrem Elternhaus, zog dann – nach dem kurzen Zwischenspiel einer unbefriedigenden Ehe – für lange Jahre nach München. Dort lebte sie die meiste Zeit in großer Armut. Mit der Malerei, die sie am stärksten interessierte, hatte sie wenig Erfolg; um Geld zu verdienen, schrieb sie kleinere Romane und Erzählungen, die vor allem um Szenen aus der Bohème kreisen. Dem Jargon und den Moden Schwabings gegenüber blieb sie ironisch-distanziert; ihr Schlüsselroman *Herrn Dames Aufzeichnungen* hat einige ihrer alten Freunde, die sich von ihr nicht ernst genug genommen sahen, sehr verärgert. In ihrem Liebesleben tat sie, was ihr gefiel; sie war eine «Hetäre» in dem Sinn, wie sie selbst einmal geschrieben hat: «das Weib» brauche «volle geschlechtliche Freiheit, das ist, freie Verfügung über seinen Körper ... Die Hetären des Altertums waren freie, hochgebildete und geachtete Frauen, denen niemand es übelnahm, wenn sie ihre Liebe und ihren Körper verschenkten, an wen sie wollten und so oft sie wollten, und die gleichzeitig am geistigen Leben der Männer mit teilnahmen ... So geht mir doch mit der Behauptung, die Frau sei monogam! – Weil ihr sie dazu zwingt, ja!»[22]

Ihren Sohn, den sie 1897 zur Welt brachte, zog sie bewußt ohne Vater auf. Mit großer, ganz modern anmutender Sensibilität beobachtete sie ihr eigenes Erleben und formulierte Dinge, die – für Frauen ihrer Zeit völlig ungewöhnlich – ohne weiteres in den Tagebüchern der siebziger und achtziger Jahre des 20. Jahrhunderts stehen könnten: «Ich kann nicht an Zusammenleben und Glück denken, ehe ich mich selbst gefunden habe» – «Wie gut ist es, so allein zu leben – ob ich es wohl jemals aushalte, mit jemand anderem immer zusammen zu sein? ... Nach meinem Gefühl wäre es viel schöner, nur hier und da eine Zeit zusammenzuleben und dann jeder wieder seinen eigenen Weg gehen.»[23] Das übliche Beziehungsmuster – «jedesmal Seligkeit, wenn es anfängt, ‹Konflikte›, während es dauert, und große Tragik, wenn es zu Ende geht»[24] – wollte sie nach Möglichkeit vermeiden. Meistens ist es ihr gelungen.

Wie die Sexualmoral, so erinnert auch der Stil des *geselligen Kontakts* in der Bohème an die heutigen alternativen Formen. Alles Steife und Formelle war verpönt. Man stellte Ungezwungenheit zur Schau und verzichtete auf die Distanz, die im bürgerlichen Umgang zwischen Fremden herrscht. Schnell sprach man sich mit dem «Du» und Vornamen an, unterhielt sich offen über «persönliche Dinge» und trennte nur nachlässig zwischen eigenem und fremdem Besitz. Franziska zu Reventlows dokumentarischer Roman *Herrn Dames Aufzeichnungen* schildert das Erstaunen des auswärtigen Besuchers darüber, daß man sich in der Küche der Wohngemeinschaft vor den Augen der anderen zum Fasching umzieht. Ohne großes Nachfragen werden die Zimmer der Mitbewohner betreten. Des Nachts steigt durch ein ständig offenstehendes Fenster ein Fremder ins Haus ein und legt sich umstandslos im erstbesten Raum zum Schlafen nieder. «Wem das Eckhaus gehört, wer ständig darin wohnt und wer vorübergehend»[25], ist aus dem Verhalten der Bewohner und Gäste nicht herauszubekommen.

Diese Vernachlässigung gesellschaftlicher Formen war allerdings nicht in allen Bohème-Zirkeln üblich. Einige elitäre Gruppen achteten im Gegenteil sehr auf die Form. Sie erfanden sogar neue Rituale für sich, mit denen sie die Uneingeweihten auf Distanz hielten.

Die Bohème zeigt – wir werden es in den nächsten Abschnitten noch deutlicher sehen – für uns Heutige ein Doppelgesicht: sie ignorierte die überkommenen Zwänge und Konventionen; an deren Stelle aber setzte sie (genauer: Teile von ihr) gelegentlich Vorstellungen, welche auf neue Machtstrukturen hinausliefen.

Solche Machtwünsche drückten sich gelegentlich auch im Stil der *Wohnungen* aus. Der Bohémien Ludwig Derleth, der die Rolle eines Weisen und Gurus bis zur letzten Konsequenz durchspielte, trug in seiner Wohnung unter anderem folgendes zusammen: eine Marmorbüste des Papstes Pius X., einen Porträtkopf des Kaisers Augustus, zahlreiche Napoleonbilder, holzgeschnitzte vergoldete Adler und ein muschelverziertes Mahagonibett. Andere stellten mit ihrer Wohnungseinrichtung Originalität zur Schau, wie Frank Wedekind, dessen Schlafzimmer vollkommen in Weiß gehalten war. Neben dem Bett war Wedekinds ebenfalls weißes Fahrrad abgestellt. In einem knallroten Nachthemd empfing der Dichter in dieser Umgebung seine Gäste. Der Schriftsteller Hans Brandenburg lebte dagegen inmitten rotgestrichener Möbel, roter Gardinen und Lampenschirme (ob er ein weißes Nachthemd trug, ist nicht bekannt).

Normalerweise waren die Bohème-Wohnungen allerdings nur provisorisch eingerichtet. Viel Besitz hatten die Bewohner ohnehin nicht, außerdem wurden ständig Umzüge notwendig, weil die Bohémiens immer wieder mit der Miete in Rückstand kamen und entweder vor dem Hausbesitzer flohen oder auf die Straße gesetzt wurden. Die Möblierung der Ateliers und Buden war oft spärlich. Zum unbürgerlichen Stil gehörte ein mittleres bis großes Chaos in den herumliegenden Dingen. Der Schriftsteller Oskar Maria Graf stellte zum Beispiel beim Besuch eines befreundeten Malers fest: «Heringsbüchsen, Kisten, schmutzige Eimer standen herum, und der Tisch war vollgestellt mit Farbtöpfen. Kämme lagen da, schmutzige Tassen standen herum, und beide Modelle hüpften herum wie toll. Schorsch saß ruhig auf dem Diwan und malte an einer Landschaft ...»[26]

Franziska zu Reventlow in der Küche ihrer Schwabinger Wohngemeinschaft

Wer Ordnung in seiner Wohnung hielt, fiel auf. Oft genug aber konnten Bohémiens sich gar keine Wohnung leisten. Manche von ihnen haben längere Zeit auf Parkbänken übernachtet. Von Ringelnatz heißt es: «Er kampiert in einer Bodenkammer, sein Bett ist eine alte Kiste, die Fensterscheiben sind zerbrochen, Regen überschwemmt Bett und Behausung.»[27] Billig, aber gesundheitsschädlich war das sogenannte Trockenwohnen, von dem Leonhard Frank schrieb: «Vor dem Ersten Weltkrieg gab es im Westen Berlins Hunderte neuerbauter Häuser und viel mehr neue Wohnungen als Mieter. Man konnte ohne weiteres eine sogenannte Trockenwohnung bekommen, ein Vierteljahr mietefrei. Nachdem die Feuchtigkeit der Wände sich in Rheumatismus verwandelt hatte, mußte man Miete bezahlen oder ausziehen.»[28]

Wohngemeinschaften gab es, sie stellten aber nicht die übliche Wohnform dar. Wichtiger, auch als Treffpunkte, waren Künstler-Pensionen.

Von einer dieser Pensionen erzählt Franz Kafka in seinen Tagebüchern, es sei so «verlottert» zugegangen, «daß die Fenster des gegenüberliegenden Hauses ... vermietet wurden. Um diese Zuschauer zu befriedigen, sprang manchmal ein Pensionär auf das Fensterbrett und löffelte in Affenstellung seine Suppe aus.»[29]

Wenn die Wohnung nur eine begrenzte Bedeutung hatte, so war das *Reisen* um so wichtiger. «Bohémien» heißt auf französisch «Zigeuner»; das Umherziehen, die örtliche Ungebundenheit wurden immer als besonderes Charakteristikum der Bohème gesehen. Zwischen den großen Bohèmezentren – München, Wien, Berlin, Paris, später auch Ascona im Tessin – entwickelte sich ein reges Kommen und Gehen. Mancher Bohémien war jahrelang fast ohne Unterbrechung unterwegs. Einige durchwanderten halb Europa zu Fuß; andere reisten nach Mexiko und Kanada, Syrien und Nordafrika, in die Türkei und nach Java. Die Gräfin Reventlow plante eine Weltreise mit einem chinesischen Zirkuskünstler, der sie für seine Messerwerfer-Auftritte anstellen wollte. Nach dem Ersten Weltkrieg zogen verschiedene mit dem Kommunismus sympathisierende Künstler für längere Zeit in die Sowjetunion; der Maler Heinrich Vogeler blieb dort bis an sein Lebensende. Andere, wie Hugo Ball, träumten von einem Bauernhaus in der Toskana. In Rom lebte eine ganze Kolonie deutscher Bohémiens, ebenso in Paris. Das Reisen entsprach der Lebensauffassung der Bohémiens in vieler Hinsicht. Es kam ihrer Abenteuerlust entgegen, ihrer Zivilisationskritik, ihrer Suche nach einer neuen Welt. Einige sahen schon damals bei den Indianern oder anderen «Naturvölkern» Gesellschaftsformen, die der modernen europäischen Kultur weit überlegen schienen. Aber die Einstellung zur Fremde blieb zwiespältig. Zu reizvoll waren Kontakte und Anregungen der Großstadt. Manche Bohémiens konnten nicht ohne ihr vertrautes Café leben. Derselbe Hugo Ball, der in die Toskana ziehen wollte und bei anderer Gelegenheit meinte, nur auf einer kleinen Insel im Pazifik könne man den schädlichen Einflüssen der Zivilisation entgehen, begeisterte sich an der Atmosphäre Berlins: «Die Stadt hat Initiative, Energie, Intellekt. Es gibt Menschen ... mit denen man sich auseinandersetzen kann ... Hier geht ein neues Leben los.»[30]

So kamen die meisten von ihren Reisen nach einiger Zeit wieder zurück. Wenn die Bohémiens auch ausgeprägte Individualisten waren und deshalb organisierte Gemeinschaftsprojekte selten länger durchhielten (soweit sie sich überhaupt dafür interessierten), so lebten sie doch vom Austausch, vom Kontakt, von der Diskussion. Zwar behielt die städtische Bohème immer einen unverbindlichen Zug, brachte kaum eine Organisation und keine formellen Institutionen hervor; als zwanglose Gemeinschaft aber blieb sie stabil, der Ruhelosigkeit und Reiselust ihrer einzelnen Mitglieder zum Trotz.

Personen und Orte:
Eine Chronologie der Bohème

Die *Berliner Bohème* entwickelte sich um 1885. Zwei Brüder, Heinrich und Julius Hart, Journalisten und Schriftsteller, hatten ihre Wohnung zu einem Treffpunkt der oppositionellen Berliner Künstler-«Szene» gemacht. Literaten und Schauspieler, Studenten und Kunstschüler trafen sich bei den Harts. Die Adresse sprach sich herum. Bald erschienen Auswärtige; Durchreisende und Obdachlose quartierten sich vorübergehend ein. Die Brüder Hart scheinen das alles freundlich begrüßt zu haben, obwohl ihnen die Gäste manchmal die letzten Vorräte wegaßen. Immerhin verdienten die Brüder etwas Geld; die anderen hatten vielfach gar nichts. Einige Mitglieder des Hart-Kreises, unter ihnen der damals noch unbekannte Dichter Gerhart Hauptmann, wohnten in dem ländlichen Vorort Friedrichshagen und seiner Umgebung. Dorthin zogen 1888 auch die Brüder Hart. Damit verlagerte sich das Gemeinschaftsleben, welches sich seit einigen Jahren in der Wohnung der beiden abgespielt hatte, aufs Land. In Friedrichshagen entstand eine «Künstlerkolonie». Die Bohémiens lebten in täglichem Kontakt untereinander, diskutierten und feierten, halfen sich gegenseitig in Geldschwierigkeiten. Die Solidarität in der Gruppe war groß. Wer etwas hatte, teilte es mit den anderen (so wurden Gerhart Hauptmanns Einkünfte, als er allmählich zu Ruhm und Verdienst kam, für die Friedrichshagener Bohème sehr hilfreich). Man organisierte Betteltouren nach Berlin: Vom letzten in der Gruppe aufzutreibenden Geld wurde eine Eisenbahnkarte in die Stadt gekauft, dann mußte einer losfahren und für alle betteln gehen.

Ab 1890 bildeten sich in Berlin weitere Bohème-«Kreise». Einer von ihnen nannte sich bescheiden «Genieklub». Einflußreicher und beständiger wurde die Gruppe um den deutsch-polnischen Dichter Stanislaus Przybyszewski. Zu ihr gehörten unter anderem die damals in Berlin lebenden Skandinavier August Strindberg und Edvard Munch, die Schriftsteller Johannes Schlaf und Richard Dehmel.

In allen Bohème-Gruppen wurde viel diskutiert; man feierte; die Schriftsteller trugen aus ihren Werken vor; einige musizierten, es wurde getanzt. Es war eine Geselligkeit, die zusammengehalten wurde durch das Bewußtsein der eigenen Andersartigkeit. «*Um jeden Preis*» wollen sie «die volle Freiheit des ‹Ich› behaupten»[31] – das war einem Beobachter der Berliner Bohème, Julius Bab, aufgefallen. Mit dem regelmäßigen Leben und den Konventionen des Bürgertums wollte man nichts zu tun haben. Gemeinschaft, Feste, künstlerischer Ausdruck standen im Mittelpunkt; Berufsarbeit und Vaterland, Religion und Familie stellten für die Bohémiens keine Werte dar.

Aus dem kaum organisierten Beisammensein der verschiedenen Gruppen entwickelte sich in den letzten Jahren des 19. Jahrhunderts ein geplantes Projekt: die «Neue Gemeinschaft». Wieder waren die Brüder Hart die treibenden Kräfte. Sie wollten eine Landkommune gründen, die enger zusammenlebte als die Friedrichshagener Künstlerkolonie und die insbesondere bewußt gemeinsame Ziele verfolgen sollte. Ausgangspunkt war eine Weltanschauung, welche

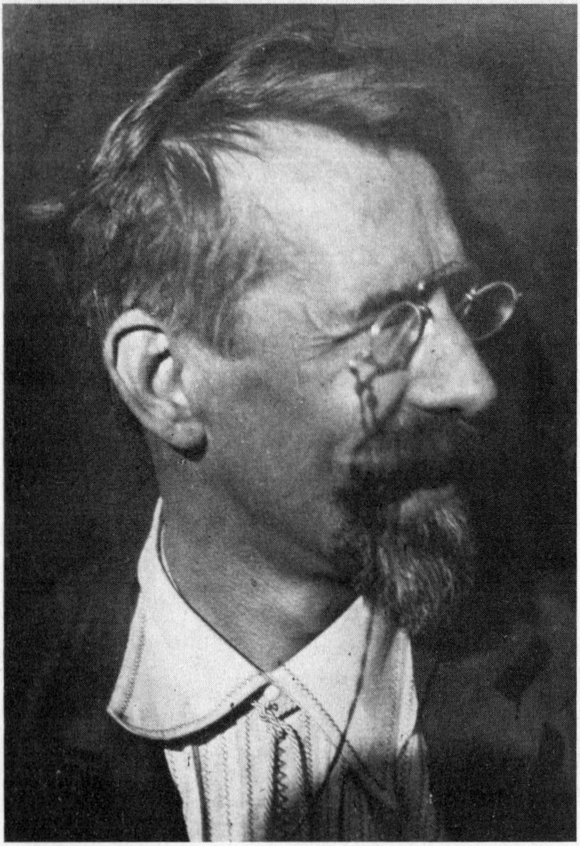

Julius Hart, Schriftsteller und Mitbegründer
der «Neuen Gemeinschaft»

sich schon im Bohèmeleben der vergangenen Jahre angedeutet hatte: Das Leben sollte eine einzige große Feier sein. «Freie, sich selbstbestimmende, selbsturteilsfähige Individuen» [32] würden in einer Gemeinschaft des Glücks, der Schönheit, der Kunst miteinander umgehen. Geistige und landwirtschaftliche Arbeiten sollten sich harmonisch verbinden. Das Vorhaben könne, so meinten die Harts, Modellcharakter für eine zukünftige nichtkapitalistische Gesellschaft haben.

Künstler und Gesellschaftskritiker – unter ihnen der Philosoph Martin Buber und der anarchistische Schriftsteller Gustav Landauer – begeisterten sich für den Plan. Heinrich und Julius Hart sprachen anspruchsvoll von einer neuen

Mitglieder und Gäste der «Neuen Gemeinschaft» feiern ein Frühlingsfest. (Dritte von links: Else Lasker-Schüler; in der Mitte – mit Hut – Julius Hart; zu seiner Linken – mit Hut in der Hand – Heinrich Hart; fünfter von rechts: Peter Hille)

Religion, «einer Religion der Freude und des Stolzes ... des Individualismus, der Freiheit und Klarheit» [33] als Grundlage der geplanten Kommune. Aber die hochfliegenden Hoffnungen wurden bald enttäuscht. Zwar wurde 1899 in Berlin die Neue Gemeinschaft gegründet, doch von vornherein waren die großen Ziele nicht zu erreichen. Es blieb beim Reden und beim Feiern; viel weiter ging die Gemeinsamkeit nicht. Man aß zusammen, wozu sich nach wie vor viele mittellose Gäste einfanden; zweimal wöchentlich fanden Vortragsabende statt; es gab regelmäßig Diskussionen, unter anderem mit Buber und dem bekannten Sexualforscher Magnus Hirschfeld. Das alles war nicht wenig: Hier wurden Lebensformen erprobt, die noch 1970 «modern» schienen. Aber gemessen an ihrem Programm hatte die Kommune versagt.

Die Brüder Hart – die Erich Mühsam als «die fröhlichste Kreuzung von Weinwirten und Religionsstiftern» [34] beschrieb – behielten jedoch ihren Optimismus. 1902 siedelte die Neue Gemeinschaft an den Schlachtensee um, wo sie ein ehemaliges Kinderheim erworben hatte. Das Zusammenleben blieb aber unverbindlich. Aus der geplanten «Verbindung von Geistes- und Schollenarbeit» [35] wurde nichts, denn es fehlte an eigenem Land.

Eine große unternehmungslustige Wohngemeinschaft saß da beisammen; den neuen Menschen brachte sie ebensowenig hervor wie dauerhafte neue Lebensformen.

Neben der Neuen Gemeinschaft entwickelte sich die Berliner Bohème weiter. 1890 dürfte es in Berlin etwa fünfzig Bohémiens gegeben haben; 1900 waren es vermutlich einige hundert. Obwohl mittlerweile Schwabing einen vergleichbaren Anziehungspunkt darstellte, hielt der Zuzug junger Nonkonformisten aus dem ganzen Deutschen Reich nach Berlin an. Die Bohème beschränkte sich nicht mehr auf private Treffpunkte. Das «Café des Westens» (ab 1896) und das Künstlerlokal «Der hungrige Pegasus» wurden Orte, an denen man Gleichgesinnten begegnete. Man traf sich in Diskussionsgruppen (wie im Kreis der «Kommenden», dem Rudolf Steiner – der spätere Begründer der Anthroposophie – präsidierte) und in Kabaretts (wie dem «Überbrettl», an dem der Komponist Arnold Schönberg beteiligt war). In verschiedenen Zirkeln und Gruppen hatte die Berliner Bohème bis 1914 Bestand.

Etwa ab 1895 wurde *München* zum wichtigsten deutschen Bohème-Zentrum. Hier war die Bohème etwas später entstanden als in Berlin: Zwischen 1890 und 1895 begannen Kunststudenten und Künstler, sich in Schwabing anzusiedeln. Binnen kurzem war Schwabing der Magnet für die künstlerisch und intellektuell interessierten «Aussteiger» des Kaiserreichs. Das hatte verschiedene Ursachen: Die Münchner waren damals offenbar toleranter gegenüber den Bohémiens als die Berliner. Das Leben in Schwabing war billig, die landschaftliche Umgebung schön, der Ort selbst – ein erst 1890 nach München eingemeindetes Dorf am Rande der Großstadt – damals sehr reizvoll mit Bauernhäusern und gemütlich altmodischen Winkeln. Das Wichtigste aber: in München konzentrierten sich von 1890 bis zum Ersten Weltkrieg einige der interessantesten Tendenzen moderner Kunst, vor allem in der Malerei. 1892 hatten die Maler der Münchner Sezession, unter ihnen Corinth, Liebermann, Kalckreuth, Hans Thoma, den idealisierenden und heroisierenden Richtungen der «offiziellen» Hof- und Bürgerkunst den Kampf angesagt. Ab 1896 lebte Kandinsky in München, ab 1898 Paul Klee, ab 1904 Franz Marc. Mit August Macke und Gabriele Münther gründeten diese drei 1912 den «Blauen Reiter», eine der einflußreichsten Künstlergruppen jener Zeit. München stand im Mittelpunkt der Auseinandersetzungen um die Kunst des 20. Jahrhunderts.

Aus ganz Deutschland, ja aus ganz Europa zogen angehende Künstler und Lebenskünstler nach Schwabing. Viele von ihnen hatten mit Familie und Verwandtschaft gebrochen, der bürgerlichen Welt bewußt den Rücken gekehrt. Sie suchten etwas Neues: andere Lebensformen, einen neuen Geist. Sie wollten nichts mehr zu tun haben mit den Konventionen der Vergangenheit. Sie waren, wie einer von ihnen schrieb, «vereint ... in einer unsichtbaren Loge des Widerstands gegen die Autorität der herkömmlichen Sitten und des Willens, ihr individuelles Gehaben nicht unter die Norm zu beugen»[36]. Unbedingte Freiheit schien ihnen wichtiger als der gesicherte Lebensunterhalt; der familiären und beruflichen Absicherung zogen sie die Abenteuer eines durch nichts und niemanden eingeschränkten Lebens vor.

Wie die Berliner, so traf auch die Münchner Bohème sich in «Kreisen» – mehr oder weniger festen Gruppen, die sich häufig um eine oder mehrere dominierende Persönlichkeiten bildeten. Nicht jeder Bohémien gehörte einem bestimmten Kreis an; die Übergänge waren vielfach fließend. In Cafés und Gaststätten, an den öffentlichen Treffpunkten der Bohème begegnete man sich unabhängig von der «Gruppenzugehörigkeit».

Zu den einflußreichsten Kreisen gehörten die «Kosmische Runde» um Ludwig Klages und die Anhänger des Psychoanalytikers Otto Gross. In der Gruppe «Tat» waren Bohème-Anarchisten zusammengeschlossen.

Es gab Kegelgesellschaften und Theatergruppen, Wohngemeinschaften und Zeitungsredaktionen, Diskussionsrunden und literarische Vereine. Die «Hermetische Gesellschaft» und der «Verein süddeutscher Bühnenkünstler» veräppelten das Cliquenwesen: zu letzterem waren Bühnenkünstler grundsätzlich nicht, Süddeutsche nur in Ausnahmefällen zugelassen ...

Das Café Stefanie in der Türkenstraße, das Lokal «Simplizissimus», das Kabarett der «Elf Scharfrichter» wurden die berühmtesten öffentlichen Institutionen der Bohème. 1896 erschienen, ebenfalls von der Münchner Bohème beeinflußt, erstmalig die Zeitschriften *Simplizissimus* und *Die Jugend*. Beide entwickelten sich zu vielbeachteten und wirkungsvollen Sprachrohren der ästhetischen und politischen Opposition in Deutschland. Aus der 1899 gegründeten Zeitschrift *Insel* ging der heute noch bestehende Insel-Verlag hervor.

Zahlreiche bekannte Schriftsteller und Maler haben damals in der Schwabinger Bohème gelebt oder im Kontakt mit ihr gestanden: Frank Wedekind und Jakob Wassermann, Knut Hamsun und Rainer Maria Rilke, Th. Th. Heine und Leonhard Frank, Joachim Ringelnatz und Ludwig Thoma, Guilleaume Apollinaire und Rudolf Alexander Schröder – um nur einige von ihnen zu nennen. Aber in unserem Zusammenhang sind nicht so sehr die großen Namen von Bedeutung. Schwabing war, mehr noch als Berlin, vor 1914 ein Experimentierfeld neuer Lebensformen. Die sexuelle Freiheit, das rauschhafte «dionysische» Leben, die Unabhängigkeit von materiellen Werten und äußeren Normen, die Emanzipation der Frau – all das wurde in der Schwabinger Bohème nicht nur diskutiert; man versuchte, diese Vorstellung unmittelbar im eigenen Leben zu verwirklichen.

Otto Gross: der Psychoanalytiker als Revolutionär

Der revolutionärste unter den Denkern der Bohème war Otto Gross. Zwanzig Jahre vor Wilhelm Reich, vierzig Jahre vor Herbert Marcuse hat er Gedanken entwickelt, die zum Gemeingut der antiautoritären Studentenbewegung und zum Teil auch der späteren alternativen Bewegungen gehörten. Die Ablehnung jeder Autorität, die Verbindung von Psychoanalyse und Politik, die Notwendigkeit der Frauenbefreiung, die Kritik der monogamen Ehe und der erzwungenen sexuellen «Treue», die These von der krankmachenden Gesellschaft – all diese Ideen, die heute zum Teil in die Vorstellungswelt weiter Bevölkerungskreise eingedrungen sind, wurden von Otto Gross formuliert. Nur wenige Jahre nachdem Freud die Psychoanalyse begründet hatte, gab Gross – der zu Freuds ersten Schülern gehörte – ihr eine gesellschaftskritische Wendung.

Und während die Psychoanalyse noch als Skandal wirkte und als anstößige Pseudowissenschaft von der Öffentlichkeit abgelehnt wurde, radikalisierte Gross sie in Gedankengängen, welche noch sechzig Jahre später erregte Diskussionen auslösten.

Gross' Wirkung auf seine Umgebung war äußerst nachhaltig. In der Münchner Bohème umgab ihn ständig ein Kreis von Schülern, die sich hoffnungsvoll den Analysen des Psychologen aussetzten. (Es heißt, daß Gross fast ohne Unterbrechung analysierte, wo immer er mit anderen zusammen war.) Gross trennte – wie schon erwähnt wurde – Paare und setzte neue zusammen. Es scheint, als seien seine Anhänger ihm meist willig gefolgt. Sein Einfluß muß vielfach überwältigend gewesen sein. Der Schriftsteller Franz Jung schreibt in seinen Lebenserinnerungen: «Ich hätte mich ohne zu zögern für ihn aufgeopfert. Dabei stand ich ihm wahrscheinlich äußerlich, genau gesagt, nicht einmal besonders nahe. Es war eine Mischung von Respekt und Glaube, das Bedürfnis zu glauben und zu verehren, aufzunehmen und zu verarbeiten, was er uns ständig einhämmerte.»[37] Der Freud-Biograph Ernest Jones berichtet, niemals habe er einen Menschen getroffen, der schärfer als Otto Gross die innersten Gedanken anderer zu durchdringen vermochte; Gross stelle «die näheste Annäherung an die romantische Vorstellung vom Genie»[38] dar, der er je begegnet sei. Freud selbst hielt Gross neben C. G. Jung für den originellsten unter seinen Schülern.

Allerdings nicht für lange. Gross' Originalität nahm eine Richtung, die Freud gefährlich schien; gefährlich für den Ruf der Psychoanalyse, nach deren gesellschaftlicher Anerkennung Freud strebte. So ließ er Otto Gross' Arbeiten aus der «Bibliographie der Psychoanalyse» streichen. In ähnlicher Weise versuchte C. G. Jung die Erinnerung an Gross auszulöschen: in den späteren Auflagen seiner Schriften entfernte Jung die Danksagungen für Anregungen durch Gross, welche in früheren Ausgaben enthalten gewesen waren.

Gross bot seinen Gegnern viele Angriffsflächen. Er war kokain- und morphiumsüchtig und begab sich mehrfach zu Entziehungskuren in Heilanstalten. In seiner Umgebung geschahen zwei mysteriöse Selbstmorde. (Gross hatte beiden Frauen, die zum Suizid entschlossen waren, Gift überlassen, nachdem er sie von ihrem Vorhaben nicht abbringen konnte.) Er bekannte sich zum Anarchismus, später zum Kommunismus. Sein individueller und politischer Radikalismus, verbunden mit großer Hilflosigkeit in praktischen Dingen, machte es seinen Gegnern leicht, die Erinnerung an sein Leben und Werk aus der

Geschichte zu tilgen. Otto Gross wurde fast spurlos verdrängt. Erst 1976, sechsundfünfzig Jahre nach seinem Tod, erschien in Deutschland die erste relativ ausführliche Darstellung seines Wirkens. Einige seiner Schriften liegen seit 1980 wieder in Neuauflage vor.[39]

Heute kommen uns Gross' Theorien nicht mehr aufregend vor: Sie erscheinen uns zum großen Teil *vertraut*. Die patriarchalische Familie, so meint Gross, unterdrückt das Kind. Jedes kleine Kind ist ein potentielles Genie. Aber die Familie zwingt es, sich anzupassen. Sein «eigenes» Wesen wird mit «fremden» Ansprüchen und Zwängen durchsetzt. Dagegen kann es sich nicht wehren, weil es auf die Zuwendung der Erwachsenen angewiesen ist. So akzeptiert es das «Fremde» – verinnerlicht die Unterdrückung. Was die Eltern ablehnen – vor allem die sexuellen Wünsche –, wird bestraft und ins Unbewußte verdrängt. Der neurotische Konflikt entsteht.

Diesen Konflikt zwischen verinnerlichtem Zwang und eigenem Bedürfnis empfinden aber nur die feinfühligeren, die charaktervolleren Menschen. Die meisten passen sich vollkommen dem äußeren Zwang an, spüren gar keinen Widerspruch mehr, spüren die Unterdrückung nicht. Sie «funktionieren», ohne zu leiden. Sie sind seelisch fast tot.

Wer dagegen an seinem eigenen Wesen stärker festhält, wer lebendiger bleibt, ist auch kränker. Die Gesellschaft hat ihn krank gemacht. Aber seine Krankheit ist ein Ausdruck innerer Stärke, Ausdruck eines *Widerstands* gegen die Unterdrückung.

Nur eine soziale Revolution, schreibt Gross, kann die Gesellschaft so verändern, daß die Unterdrückung des Kindes durch die Familie verschwindet. Doch die Revolution muß scheitern, solange die Revolutionäre sich nicht selbst verändern, ihre *verinnerlichte Autorität* zerstören.

In diesem Gedankengang stecken viele Elemente des «alternativen» psychologisch-politischen Denkens der späten sechziger und der siebziger Jahre des 20. Jahrhunderts:

- Die Gesellschaftsstruktur macht krank (ein Gedanke, der bei Wilhelm Reich, Herbert Marcuse und den «Antipsychiatern» Ronald Laing und David Cooper wieder erscheint).
- Der Einfluß der elterlichen Autorität zerstört die ursprüngliche Freiheit und Schöpferkraft des Kindes (der Grundgedanke der antiautoritären Erziehung, aber auch der «Anti-Pädagogik).
- Gesellschaftsveränderung erreicht positive Ziele nur in der Verbindung von Persönlichem und Politischem. Eine Revolution ist sinnlos, wenn sie die Machtstrukturen nur *verändert*; sie muß die Machtstrukturen, auch die innerpsychischen, *abschaffen*.

Der Schlüssel zur Erhaltung der bestehenden Unterdrückungsverhältnisse liegt für Gross in der Familie. In Anknüpfung an die Mutterrechtstheorie Bachofens[40] und an die Schwabinger «Kosmiker» Klages, Schuler und Wolfskehl vertritt er die These, in vorgeschichtlichen Zeiten habe das Matriarchat bestanden, eine Gesellschaftsordnung, in der es keine sexuellen Verbote, keinen Besitz, keine Macht gegeben habe. Die Kinder wurden nach dieser Auffassung ausschließlich von den Müttern erzogen; wer der Vater war, interessierte niemanden. Für die ökonomische Sicherheit der Mütter sorgte die gesamte Gesellschaft. Die Liebesbeziehungen waren durch keine rechtliche oder moralische Form geregelt; sexuelle Wünsche wurden frei ausgelebt.

Später habe sich dann das Patriarchat entwickelt. Jede Frau sei nun der *Besitz* eines Mannes. In die sozialen Verhältnisse komme notwendig der Zwang; denn ließe man den Dingen ihren natürlichen Lauf, so könne diese willkürliche Ordnung keinen Bestand haben. Der Mann beherrsche die Frau, die Eltern beherrschten die Kinder; und alle zusammen beherrschten sie ihren eigenen unterdrückten Wesenskern.

Eine Revolution müsse daher die Familie zerstören und die alten mutterrechtlichen Verhältnisse wiederherstellen. Das Element der Macht werde dann aus den Liebesbeziehungen verschwinden; Ehe, erzwungene Treue, Eifersucht würden der Vergangenheit angehören. Die Sexualität werde sich aus der Beschränkung auf die Genitalität lösen, und eine «polymorphe Perversität», die Befriedigung *aller* Triebe werde möglich sein.

Wir erkennen in Otto Gross' Argumentation Grundzüge des Bohème-Denkens, Züge auch der modernen alternativen Vorstellungen: Der Normale und Angepaßte ist der eigentlich zerstörte Mensch; die Bohémiens sind äußerlich «kaputter», aber nur deshalb, weil sie ihre Lebendigkeit nicht verleugnen. Und: Die verinnerlichten Zwänge der Erziehung hindern an der Befriedigung der Bedürfnisse, entfernen vom Rausch und von der sexuellen Erfüllung. Es kommt darauf an, diese Zwänge zu durchschauen und zu überwinden. Schließlich: Die Beziehungen zwischen Männern und Frauen sind durch die Unterdrückung der Frau vergiftet. Ohne Befreiung der Frau gibt es keine wirkliche Liebe.

Otto Gross hat versucht, konsequent entsprechend seinen Vorstellungen zu leben. 1877 geboren, galt er früh als hochintelligentes Wunderkind. Er studierte Medizin, promovierte, lernte von Freud. 1903 heiratete er (das war vor der Zeit der Matriarchats-Thesen). 1906 zog er von Graz, wo er aufgewachsen war, nach München. Hier begann die Bohème-Zeit, die Zeit seines größten Einflusses. Zu seiner Analysemethode gehörte es, die Patienten direkt zu sexuellen Kontakten aufzufordern und sie unter Umständen auch zu verkuppeln. Damit wollte er die Fixierung auf den Analytiker, «ein Monogamiesymbol», unterlaufen. Er selbst, ursprünglich schüchtern und gehemmt, lebte in zahlreichen Liebesbeziehungen. Seine Frau vertraute er dem Maler Ernst Frick an, den er für den geeigneteren erotischen Partner hielt. (Frick und Frieda Gross blieben dann auf Dauer zusammen.) Mehrfach reiste er nach Ascona, dem Treffpunkt der Künstler und Lebensreformer, wo er plante, eine freie anarchistische Hochschule zu eröffnen. Zwischendurch unterzog er sich Morphium-Entziehungskuren. Ab 1911, nach dem Selbstmord seiner Freundin Sophie Benz, irrte er mehr oder minder ziellos von Ort zu Ort, bis er in Berlin von Freunden aufgenommen wurde. 1913 ließ ihn sein Vater, ein Professor für Kriminalistik (und Urbild eines patriarchalischen Erziehers), in Berlin verhaften und in eine österreichische Heilanstalt einsperren. Otto Gross, so behauptete der Vater, sei geisteskrank; als Beweise führte er die anarchistische Einstellung seines Sohnes an sowie die Tatsache, daß er seine Frau mit anderen Männern schlafen lasse. Die Verhaftung Otto Gross' entfesselte wütende Proteste; mehrere Literaturzeitschriften brachten Sondernummern heraus, Teile der bürgerlichen Presse protestierten. Otto Gross wurde entlassen, blieb aber entmündigt.

1915 starb der Vater. Gross, der seinen Vater zeit seines Lebens bekämpft und doch immer wieder finanzielle Unterstützung von ihm angenommen hatte, verlor offenbar mit dem geliebten Erzfeind einen inneren Halt. «Wochen- und monatelang irrt er in Wien herum, ohne Geld, ohne Nachtquartier, dem Zufall eines Pumps bei Caféhausbekannten preisgegeben»[41] (Franz Jung). 1917 hielt er sich eine Weile in Prag auf, hatte dort Kontakt mit Brod, Werfel, Kafka. Er schrieb in dieser Zeit einige seiner wichtigsten Aufsätze. Aber sein Leben zerfiel. 1919 ging er wiederum nach Berlin. Dort lebte er halb verhungert, krank, mit Entzugserscheinungen. Anfang März 1920 fanden Freunde ihn zusammengebrochen im Durchgang eines Lagerhauses und brachten ihn in ein Krankenhaus. Er starb nach wenigen Tagen.

Otto Gross war *der* Theoretiker der erotischen Revolution. Sein Einfluß zu seinen Lebzeiten war außerordentlich stark. Für die Schwabinger Bohème erschien er als Prophet einer neuen Zeit. Er brachte zum Ausdruck, was die meisten Bohémiens empfanden: das Gefühl der Unterdrückung durch die Umwelt, die Notwendigkeit der inneren Befreiung, die Sehnsucht nach Liebe jenseits gesellschaftlicher Konventionen. In Romanen und Lebenserinnerungen seiner Zeitgenossen spielt er eine herausragende Rolle; unter anderem haben ihn Leonhard Frank[42], Franz Werfel[43], Johannes R. Becher[44], Franz Jung[45] geschildert. Durch die Schriftsteller unter seinen Schülern hat er noch auf den Expressionismus der zwanziger Jahre gewirkt. Aber dennoch wurde er nach seinem Tode fast vollständig vergessen – genauer gesagt: verdrängt. Denn was er dachte, kam *zu früh*, als daß es ihm über den kleinen Kreis der Bohème hinaus Anerkennung oder wenigstens Gehör hätte verschaffen können.

Die «Kosmische Runde»

Otto Gross' Ideen sind dem Geist unserer Zeit so nahe, daß wir ihn ohne weiteres als Vorläufer heutiger alternativer Vorstellungen sehen können. Bei den «Kosmikern» betreten wir eine andere Welt. Auch ihre Theorien erscheinen uns vertraut. Aber diese Vertrautheit ist fatal. Denn an einem bestimmten Punkt stellen wir fest: Was so einleuchtend begonnen hatte – Dinge, denen wir unmittelbar zustimmen oder die uns immerhin aus den gegenwärtigen Diskussionen gut bekannt sind –, verbindet sich mit Gedankengängen, die «reaktionär» oder «präfaschistisch» anmuten. Es geht uns so wie jener Protestversammlung gegen die Frankfurter Flughafenerweiterung, von der Sebastian Cobler berichtet[46]: Ein alter Mann ergreift das Wort. Immer wieder von Applaus unterbrochen, gibt er seiner Ablehnung des Flughafenausbaus Ausdruck. Er schließt mit den Worten: «Laßt uns gemeinsam kämpfen gegen die zerstörerische Politik der Sozialdemokraten» (tosender Beifall), «gegen die amerikanische Besetzung» («der Saal tobt», berichtet Cobler) «und gegen diese Überfremdung durch die Türken.» Peinliche Stille. Verlegenheit.

Solche Verlegenheit überkommt uns bei der Betrachtung deutscher «alternativer Bewegungen» zwischen 1890 und 1933 immer wieder. Das Gedankengut dieser Alternativen enthält Begriffe und Gedanken, die auch von den Nationalsozialisten verwendet wurden. Man hat deshalb bei der Jugendbewegung, bei den Lebensreformern, auch bei Teilen der Schwabinger Bohème, Wegbereiter Hitlers ausmachen wollen.

Eine bloß assoziative Betrachtungsweise reicht jedoch nicht hin, um das Verhältnis von alternativen Bewegungen des ersten Jahrhundertdrittels und Nationalsozialismus zu bestimmen. Begriffe wie «Volk» und «Blut» hatten im Jahr 1900 nicht den gleichen Assoziationsgehalt wie 1935 oder 1950; damals ahnte man nicht, wie sie eines Tages das Treiben der faschistischen Massenmörder ideologisch bemänteln würden. Sie klangen anders als heute. Zwischen Haltungen, die unmittelbar in die Ideologie des Dritten Reiches übergingen – wie dem Antisemitismus –, und solchen, die trotz ähnlicher Begriffe etwas ganz anderes meinten als die Nazis, ist daher zu differenzieren. Das bedeutet also, zunächst einmal genau hinzusehen und zu verstehen, wer gemeint war. –

Die «Kosmische Runde» fand sich in den Jahren ab 1897 in Schwabing zusammen. Drei Männer bildeten den Kern der Gruppe: Alfred Schuler, Karl Wolfskehl und Ludwig Klages. Schuler, der älteste von ihnen (1897 war er zweiunddreißigjährig), erschien an gängigen Maßstäben gemessen als leicht wahnsinnig. Mehr als in der Gegenwart lebte er allem Anschein nach in einer fernen Vergangenheit – der Zeit der römischen Kaiser. Angeblich hielt er sich für eine Reinkarnation Neros: Auf Faschingsfesten trat er als Nero auf, aber auch als die Große Urmutter. Diese Rolle stand in einer merkwürdigen Spannung zu der Tatsache, daß er fast sein ganzes Leben lang mit seiner eigenen Mutter zusammenwohnte und sich von ihrer Pension miternährte. Einen Beruf übte er niemals aus. Er war «Privatgelehrter». Nur sehr wenig hat er geschrieben; doch wenn er sprach, vermochte er mit kühnen Gedankengängen und kräftiger Stimme die Aufmerksamkeit der Zuhörer zu fesseln. Es heißt, daß ihm oft sämtliche Besucher eines Lokals oder alle Passagiere eines Eisenbahnwagens lauschten, wenn er seinen Freunden Vorträge hielt.

Karl Wolfskehl arbeitete als Literaturprofessor an der Münchner Universität. Trotz seines bürgerlichen Berufs lebte er ein Bohème-Leben, allerdings ohne Bohème-Armut. Die Feste und Empfänge in seinem Hause waren berühmt. «Es machte mich stutzig, daß der Professor als Teufel verkleidet war und in wilden Sprüngen tanzte», heißt es in Franziska zu Reventlows «Herrn Dames Aufzeichnungen». «Ich hatte noch nie einen Professor in rotem Trikot gesehen.»[47] Der Professor im roten Trikot suchte wie die meisten Schwabinger den dionysischen Rausch. Von den «Kosmikern» erschien er als der «dionysischste»: leidenschaftlich, angeblich immer verliebt und begeistert Gedichte schreibend.

Der (1897) fünfundzwanzigjährige Klages studierte Chemie und arbeitete in einem graphologischen Institut, das sein Freund Hans Hinrich Busse gegründet hatte. Er war der intellektuellste der «Kosmiker» und hinterließ ein umfangreiches philosophisches Werk. Nach seiner eigenen Erinnerung entwickelte sich seine gesamte Philosophie bereits in den ersten Münchner Jahren. Die Diskussionen in der «Kosmischen Runde», vor allem die Gedanken Schulers, spielten dabei eine entscheidende Rolle.

Ludwig Klages
(um 1900)

Karl Wolfskehl

Das Denken der «Kosmiker» kreist, bohèmetypisch, um den Rausch, um das dionysische Leben. Die Wirkung Nietzsches ist unverkennbar. Ähnlich wie Otto Gross (er ist wahrscheinlich von ihnen beeinflußt worden) berufen sich die «Kosmiker» auf ein Goldenes Zeitalter des Matriarchats, ein Zeitalter, in dem weder Besitz noch Macht, weder Familie noch sexuelle Unterdrückung existierten.

Schuler setzt das «offene» und das «geschlossene» Leben einander gegenüber. Das «offene» Leben ist der prähistorische Zustand; nur in wenigen Sternstunden der Geschichte, so in der römischen Kaiserzeit, wurde er wieder erreicht. Im offenen Leben gibt es kein Eigentum; jeder fühlt sich im Einklang mit dem Universum und frei; das Leben ist ein Fest, ist Freude und Feier. Das «geschlossene» Leben dagegen spielt in der Welt der Geschichte, der Welt der modernen Zivilisation – in einer Welt des *Mannes*, welcher die Frau unterworfen und sich zum Herrscher gemacht hat. Besitz und Familie, Arbeitsteilung und seelische Verarmung resultieren aus der patriarchalischen Gesellschaftsordnung.

Klages führt diesen Gedankengang fort. Aus der übertriebenen Maskulinität des Abendlandes erwächst der Rationalismus. Der zergliedernde und messende «Geist» ist der «Widersacher der Seele», des fließenden Lebens, der Bejahung des Körpers. Nutzen- und Zweckdenken vernichten das leidenschaftliche Erleben des «glühenden Augenblicks». Der «Fortschritt» wird zum höchsten Ziel der Menschen; er bringt aber nur Machtzuwachs, keine innere Befriedigung. An die Stelle der *Weisheit* – welche immer Sache der Frauen war – tritt das *Denken*. Die Folgen dieses Denkens sind destruktiv: die Naturbeherrschung der Menschen wächst, aber die Schönheit und das Leben selbst gehen zugrunde. «Die meisten leben nicht, sondern existieren nur mehr, sei es als Sklaven des ‹Berufs›, die sich maschinenhaft im Dienste großer Betriebe verbrauchen, sei es als Sklaven des Geldes ...; ebenso viele aber fühlen dumpf den Zusammenbruch und die wachsende Freudlosigkeit»[48], schrieb Klages 1913. Die lebensfeindlichen Prinzipien des abstrakten Denkens, denen das Geld als höchster Wert der Gesellschaft entspricht, zerstören die Werte der menschlichen Existenz.

Aber nicht nur diese. Mit beispielloser Schärfe wandte sich Klages gegen die Zerstörung der Natur und gegen die Versklavung und Ausrottung der «Naturvölker». «Daß die glänzenden Errungenschaften der Physik und Chemie einzig dem Kapital gedient, darüber besteht für denkende Köpfe heute kein Zweifel mehr ... Rücksichtslos regte sich das Expansionsbedürfnis, welches die außerchristlichen Rassen unterwerfen und die gesamte Natur verwirtschaften will.»[49] «Die gif-

Die «Kosmische Runde» (von links: Karl Wolfskehl, Alfred Schuler, Ludwig Klages, Stefan George, Alfred Verwey)

tigen Abwässer der Fabriken verjauchen das lautere Naß der Erde ... Aus und vorbei ist es mit den Indianern, vorbei mit den Urbewohnern Australiens, vorbei mit allen besten der polynesischen Stämme; die tapfersten Negervölker widerstreben und erliegen der ‹Zivilisation› ... Unter den Vorwänden von ‹Nutzen›, ‹wirtschaftlicher Entwicklung›, ‹Kultur› geht der Fortschritt in Wahrheit auf *Vernichtung des Lebens* aus. Eine Verwüstungsorgie ohnegleichen hat die Menschheit ergriffen, die ‹Zivilisation› trägt die Züge entfesselter Mordsucht, und die Fülle der Erde verdorrt vor ihrem giftigen Anhauch.» [50]

Sehr genau umriß Klages das Problem, welches erst sechzig Jahre später Wissenschaftler, Politiker und Bevölkerung zu beunruhigen begann. Detailliert beschrieb er, welche Tierarten bereits ausgerottet seien und welche binnen kurzem verschwinden würden, wenn der «Fortschritt» ungehindert weitergehe. Und er wies auch darauf hin, daß die Vernichtung tierischen und pflanzlichen Lebens auf die Menschen selber zurückwirken, sie letzten Endes «dem Nichts überliefern» [51] müsse.

In all dem standen die «Kosmiker» dem heutigen alternativen Denken nahe. Sie verspotteten und kritisierten Autorität und bürgerliche Vorurteile, technischen Fortschritt und Liebe zur Arbeit, Militarismus und Sexualmoral. Erotik und das «Fließen des Lebens», Intuition und Mythos, die Kulturen der Naturvölker und die Intensität des Augenblicks bildeten ihre positiven Werte. Bis hierher erscheinen uns ihre Vorstellungen, wie die von Otto Gross, recht vertraut. Doch finden sich unter den Ideen der «Kosmiker» auch antisemitische und elitäre Auffassungen. Die jüdische und die christliche Religion mit ihrem Vatergott stellten in den Theorien der kosmischen Runde die äußerste, die negativste Entwicklung des Patriarchalismus dar. Obwohl unbestritten auch die Griechen und die Römer der republikanischen Zeit vaterrechtliche «geschlossene» Gesellschaften begründet hatten, neigte vor allem Alfred Schuler dazu, die Ursprünge der modernen Zivilisation im Judentum zu suchen. Damit rückten die «Kosmiker» in die unmittelbare Nähe des Antisemitismus: die Juden hatten das Goldene Zeitalter des Matriarchats beendet. Sie waren somit schuld an den Übeln unserer Zeit.

Allerdings hing die kosmische Runde keiner *Rassen*theorie an. Wolfskehl selbst war Jude. Der Begriff des «Jüdischen» wurde geistesgeschichtlich, nicht rassisch verstanden. Die Kosmiker haßten nicht – wie die Nationalsozialisten – den einzelnen Juden auf Grund seiner Geburt. Sie haßten die jüdische (und christliche) Zivilisation. Sie meinten, eine bestimmte Einstellung zum Leben zu treffen, die zwar von den Juden ausgegangen sei, sich aber im Christentum genauso finde. In diesem Sinn sahen sie Luther und Bismarck, ausgesprochene Vertreter patriarchalischer Einstellungen, ebenfalls als «Juden» an. Auch das Preußentum mit seinem Militarismus und Beamtendenken war nicht etwa ein nordisches, sondern eher ein jüdisches Phänomen. Aber so subtil derartige Überlegungen auch gewesen sein mögen, sie bildeten allein durch die Wahl der Begriffe einen Beitrag zum deutschen Antisemitismus. –

Wie die meisten Bohémiens suchten die «Kosmiker» den dionysischen Rausch. Nur die zu diesem Rausch fähigen Menschen – Menschen, die «außer sich» geraten und ihren Verstand ausschalten könnten – trugen nach ihrer Meinung das wahre Leben in sich. In den heidnischen Menschen der Vorzeit hatten die Lebensgluten ungehindert gewirkt; bei den bürgerlich-christlichen der Gegenwart waren sie verschüttet. Das Wiederaufflackern der alten heidnischen Gluten bezeichnete Schuler als «Blutleuchte»; im Blut strömten nach seiner Meinung die kosmischen, überpersönlichen Energien zusammen, welche den Rausch erzeugen. Die Blutleuchte erwachte nur bei sehr wenigen außerordentlichen Menschen, zu denen in Schwabing neben Schuler, Wolfskehl und Klages einige ihrer Freunde sowie einige Frauen gehörten. Diese Elite bezeichnete sich selbst als die «Enormen» und alle anderen als «Belanglose». Der Kontakt mit «Belanglosen» schwächte, so meinten die «Kosmiker», die Seelenkraft der «Enormen». Anders als die Mehrzahl der Bohémiens führten die Kosmiker deshalb ein eher zurückgezogenes, nach außen hin distanziertes Leben. Man achtete darauf, unter sich zu bleiben.

Anfang 1904 löste die «Kosmische Runde» sich auf. Es kam zum «Schwabinger Krach»: Die Kosmiker zerstritten sich. Auf der einen Seite standen Klages und Schuler, auf der anderen Wolfskehl und Stefan George, welcher lockere Kontakte zum Kreis unterhielt. Rivalitäten zwischen Klages und George spielten eine Rolle; zudem hatte Wolfskehl (dem bei den Judenbeschimpfungen seiner Freunde vermutlich nicht ganz wohl war) eine «zionistische Blutleuchte» gefunden, die sich in das Klages-Schulersche System nicht integrieren ließ. Der Kreis zerfiel.

Trotz der elitären Zurückgezogenheit der «Kosmiker» erscheinen ihr Alltagsleben und ihre Theorien in vieler Hinsicht bohèmetypisch. Wie alle Bohémiens wollten sie die innere und äußere Lösung von den bürgerlichen Formen, suchten sie Lebensintensität und Ekstase. Anders als Otto Gross stellten sie jedoch nicht Sexualität und psychische Struktur in den Mittelpunkt ihrer Überlegungen – obwohl die erotische Befreiung zu ihren wesentlichen Zielen gehörte. Vielmehr setzten sie an bei der Struktur des *Denkens*, der «abendländischen» Rationalität. Diese erschien ihnen als lähmend, lebensfeindlich und zerstörerisch. Sie sprachen von der Seele, den Kräften des Bluts und kosmischen Energien. (Heute sagt man dafür: «Spontaneität» und «aus dem Bauch leben».) Weil sie antirational, fortschrittsfeindlich, elitär und antisemitisch waren, hat man sie zu den Wegbereitern des Nationalsozialismus gezählt. Aber die «Kosmiker» waren auch antimilitaristisch und gegen den Obrigkeitsstaat; sie träumten von einer matriarchalischen Gesellschaft ohne Herrschaft und ohne Eigentum. Der «Wille zur Macht» schien ihnen ein Grundübel, Ausdruck männlichen Wahns. Sie, die sich selbst als unpolitisch sahen, ließen sich mit den gängigen politischen Schemata nicht fassen.

Bohème – Anarchisten. Erich Mühsam

Der antiautoritären Grundeinstellung der Bohème lag von allen politischen Richtungen der *Anarchismus* am nächsten. Er hatte sich 1872 vom Sozialismus Marx' und Engels' endgültig getrennt. Bakunin und seine Anhänger lehnten die hierarchische Organisation der Arbeiterparteien ab; nach ihrer Meinung sollte nicht nur die zukünftige sozialistische Gesellschaft, sondern bereits die revolutionären Gruppen herrschaftsfrei aufgebaut sein. Sie wollten die Freiheit so schnell wie möglich, in ihren Gruppen und schon *während* der Revolution. Auch sahen sie keinen Sinn darin, die Macht im Staat zunächst zu *übernehmen*, um ihn dann schrittweise «absterben» zu lassen; sie wollten den Staat unmittelbar *zerstören* und eine Gesellschaft zwanglos verbundener kleiner Einheiten (Räte, Bünde, Siedlungen) an seine Stelle setzen. Anders als die Sozialisten vertrauten sie auf die revolutionäre Kraft auch der sozialen Randgruppen des «Lumpenproletariats».

Ein Teil der «Anti-Autoritären» strebte die Verbreitung anarchistischer Ideen auf dem gewaltlosen Weg der Überzeugung an, ein anderer setzte auf die «Propaganda der Tat». Die anarchistischen Attentäter der achtziger und neunziger Jahre des 19. Jahrhunderts haben das Bild des Anarchismus bis heute geprägt. Vielfach sind Anarchismus und Terrorismus nahezu zu Synonymen geworden. Doch bildeten die Bombenwerfer, Messerstecher und Pistolenschützen nur *eine* Gruppe im breiten Spektrum der anarchistischen Bewegung.

Die Bohème – freiheitsliebend, individualistisch, antibürgerlich – neigte in ihrer Mehrheit zur politischen Linken. Bis 1890 sympathisierten die – damals noch nicht sehr zahlreichen – Bohémiens mit der (verbotenen) Sozialdemokratie; doch sobald die SPD sich als offiziell zugelassene Partei auf der Bühne der Politik bewegte, erschien sie den meisten Bohémiens zu kompromißbereit, zu streng organisiert, zu pedantisch. Erich Mühsam ärgerte sich auf den Parteiversammlungen, «weil dort alles so gesetzt herging»[52]. Schon 1887 hatte Peter Hille über die «Temperamente, die zur Sozialdemokratie sich eignen», bemerkt, sie zeichneten sich durch «Güte, Gefühl» aus, seien «aber ohne alle Genialität: Eigenschaften, die deshalb zu ihrer Bindung die Pedanterie der Regel verlangen»[53].

Die Hinwendung zum Anarchismus lag für viele Bohémiens daher nahe. Er entsprach der radikalen Ablehnung jeglichen Zwangs in der Bohème, er drohte nicht – wie die sozialdemokratischen Massenorganisationen – ihren Individualismus einzuschränken. Mit den Anarchisten sympathisierten deshalb die meisten der politisch interessierten Bohémiens, unter ihnen die Friedrichshagener Bohème (die Brüder Hart, Bruno Wille, Wilhelm Bölsche und andere), Rudolf Steiner (bevor er sich 1900 der Theosophie zuwandte und später die Anthroposophie begründete), Otto Gross, der Maler Ernst Frick, die Schriftsteller Karl Otten, Franz Jung, Oskar Maria Graf, Leonhard Frank, Arthur Holitscher, Hugo Ball und Erich Mühsam.

Von ihnen allen hat sich Erich *Mühsam* am stärksten und dauerhaftesten für den Anarchismus engagiert. 1878 in Lübeck geboren, beteiligte er sich als Zweiundzwanzigjähriger am Projekt der Neuen Gemeinschaft in Berlin. Hier kam er in Kontakt mit Gustav Landauer, dem führenden Intellektuellen unter den deutschen Anarchisten. Er begann, in anarchistischen Zeitschriften zu schreiben, als Versammlungsredner und Agitator zu wirken. Dabei blieb er der Idealtyp eines Bohémien – kontaktfreudig, freigebig und abenteuerlustig. «Alle Besucher der einschlägigen Lokalitäten kennen ihn», berichtete 1904 Julius Bab in der *Berliner Volkszeitung*, «denn er trug sich wohl am auffallendsten schäbig und verwildert unter allen Berliner Zigeunern und – sehr viele der häufigeren Besucher werden wohl auch nicht sein, die er *nicht* angepumpt hat. Dieser bedrohlich aussehende Anarchist und krasse Egoist der Theorie war übrigens ein ungewöhnlich guter Kerl, ein aufopfernder Freund, der oft seinen Freunden von dem sauer erpumpten Geld *mehr* zuwandte als sich selbst, und der noch mehr als Geld für sie aufwandte.»[54] Zu dieser Zeit hatte Mühsam Berlin bereits verlassen und sich auf eine Wanderschaft durch Europa begeben, die fünf Jahre dauern sollte. Mehrfach besuchte er dabei Ascona, wo seit 1900 die lebensreformerische Siedlung auf dem Monte Verità bestand. Hier lernte er Otto Gross kennen, über den er später schrieb: «Seine Aussagen über das Wesen der Eifersucht und den Zwangscharakter der Vaterschaftsfamilie kamen meinen Ideen ganz nahe.» 1908 ließ er sich in München nieder und versuchte, örtliche Gruppen des anarchistischen, unter Gustav Landauers Einfluß stehenden «Sozialistischen Bundes» zu organisieren. Es gelang Mühsam, eine Reihe von Bohémiens für seine Arbeit zu interessieren. In der Gruppe «Tat» trafen sich unter anderem die späteren Schriftsteller Karl Otten, Franz Jung, Oskar Maria Graf und der Maler Ernst Frick. Gelegentlich erschienen auch Heinrich Mann und der «Kosmiker» Karl Wolfskehl. Man las gemeinsam Stirner, Nietzsche, Kropotkin. Einer Idee Mühsams folgend, versuchte die Gruppe, kleine Kriminelle, Taschendiebe und Zuhälter für den Anarchismus zu agitieren. Franz Jung berichtet über diese Propagandaabende: «Wir [d. h. die Bohémiens; C. C.] lieferten die Unterhaltung. Mühsam las einige Gedichte vor und hielt eine kurze Ansprache; dann wurde gesungen und getanzt, wir hatten Gitarre und Harmonika, und wir bezahlten das Bier, das heißt, Mühsam bezahlte

Erich Mühsam

das. Wenn ich das heute noch so sagen darf, es herrschte eine wundervolle Stimmung.»[55] Die erhofften politischen Wirkungen dieser Abende blieben allerdings aus.

Die Gruppe versuchte, neben der «politischen Arbeit» (Selbstschulung und Agitation) auch das Alltagsleben gemeinschaftlich zu organisieren. Man beschaffte eine kleine gemeinsame Bibliothek, kaufte Dinge des täglichen Bedarfs zusammen ein und traf sich zum zwanglosen Gespräch. Dennoch ließ das Interesse nach einiger Zeit nach. 1912 löste die Gruppe «Tat» sich auf.

Mühsam war schon 1909 mit der Begründung verhaftet worden, er habe einen Geheimbund organisiert. Im Prozeß erreichte er einen Freispruch; jedoch boykottierten ihn anschließend die meisten Zeitungen und Zeitschriften. Ein Protest gegen diesen Boykott, den Hermann Bahr, Frank Wedekind, Thomas und Heinrich Mann unterzeichneten, blieb wirkungslos. Mühsam publizierte daraufhin vor allem in einer eigenen Zeitschrift *Kain*, deren einziger Autor er selbst war. Sie hielt sich bis zum Beginn des Ersten Weltkriegs.

Anarchismus und Bohèmeleben waren für Mühsam eng aufeinander bezogen. Die zwanglose Gemeinschaft der Bohème mit ihren lokker verbundenen Kreisen und Zirkeln stellte nach seiner Auffassung in kleinem Maßstab das Muster einer herrschaftsfreien Gesellschaft dar. Die Bohème, so schreibt er in seinen Lebenserinnerungen, habe «beispielgebend gelebt und, bewußt oder nicht, der nächsten Generation vorgemacht, daß es möglich sei, in Verbundenheit frei zu sein, sie damit gemahnt, Zustände zu schaffen, in denen die Freiheit nicht das Vorrecht einiger um ihren Ruf unbesorgter Künstlermenschen zu sein braucht, sondern die Lebensform der Verbundenheit aller Menschen.»[56] In der Bohème wie im Anarchismus lebt nach seiner Auffassung «eine große heilige Sehnsucht nach neuen schönen Lebensformen»[57]. Diese Sehnsucht ist nur in den sozialen Randgruppen lebendig. Das Bürgertum hat sich ökonomisch und ideologisch an die bestehende Gesellschaft gekettet; das Proletariat, «natürlicher Träger der sozialen Revolution»[58], wurde durch die zentralistischen und «zukunftstaatsbesessenen» Arbeiterorganisationen dem Klassenkampf entfremdet. Unangepaßt denken und empfinden, wie Mühsam 1905 formulierte, lediglich noch «Verbrecher, Landstreicher, Huren und Künstler»[59]. Sie sind die einzigen, die alle konventionellen Werte der bestehenden Gesellschaft radikal ablehnen – diejenigen, die einer neuen Kultur den Weg weisen.

Daher wird in Mühsams Vorstellungen die Bohème zu einer treibenden Kraft sozialer Veränderungen. Ähnlich wie die Neue Linke der späten sechziger Jahre oder wie noch vor kurzer Zeit der französische Sozialist André Gorz vertraute Mühsam der revolutionären Kraft derjenigen, die *außerhalb* des kapitalistischen Produktionsprozesses stehen. Waren dies zu Anfang des Jahrhunderts «Verbrecher, Landstreicher, Huren und Künstler», so setzte die antiautoritäre Bewegung 1968 ihre Hoffnungen auf Studenten, Schüler, Obdachlose; vor allem auf die verelendeten Massen der Dritten Welt. Die Gemeinsamkeit beider Auffassungen liegt in der Enttäuschung über die «Verbürgerlichung» der Arbeiterschaft. Vom Proletariat sind keine Veränderungen mehr zu erwarten; nur die Ausgestoßenen und die «Ausgeflippten» haben Interesse und Kraft, für eine neue Gesellschaft zu kämpfen. Mühsam hoffte ebenso wie die Studenten der sechziger Jahre, daß die Arbeiter, durch das Beispiel dieses Kampfes ermutigt, aus ihrer Lethargie erwachten und sich der Bewegung anschlössen, das Zentrum seines politischen Engagements aber sah er in der Agitation der Bohémiens und des Lumpenproletariats.

Mühsam stellte sich gegen jede Form der Autorität; sie war ihm die «Preisgabe der Denkkraft und des Willens, Unterordnung der Persönlichkeit unter von außen zugetragene Glaubenssätze und Vorschriften»[60]. Er wollte «ohne Herrschaft, ohne Obrigkeit, ohne Staat ... die Freiheit jedes einzelnen durch die allgemeine Freiheit»[61]. Religion und Familie hielt er für die Quellen der Autoritätshörigkeit. «Die obrigkeitlich geschützte und nach einheitlichen Grundsätzen geregelte Familie ist Muster und Sinnbild der Zentralisation, vollendete Verkörperung des Machtgedankens.»[62] Mit Hilfe der religiösen Ideen werde die Sexualität an das Besitzdenken der Ehe gekoppelt, Macht und Abhängigkeit entstünden und tradierten sich durch die Erziehung auf die Kinder. Im Erziehungsverhältnis werde «alle Selbstbestimmung zum Ungehorsam»; die Erziehung selbst sei «ein Werk der Autorität»[63]. Anders als Gross und die «Kosmiker» bezog sich Mühsam nur andeutungsweise auf den Mythos vom Matriarchat; er teilte aber mit ihnen die radikale Kritik der Familie.

Seine Überzeugungen entsprangen dem Lebensgefühl eines Menschen, der sich mit allen Fasern seines Wesens gegen Autorität und Zwang wehrte. Zwar galt er unter den Bohémiens als Rationalist, was nicht erstaunt, wenn man seine politische Theorie mit den Gedankenräuschen der «Kosmiker» vergleicht. Aber auch Mühsams Anarchismus hat etwas von der Sehnsucht nach dem Dionysischen, welche die gesamte Bohème (und ihre Theorien) belebt. Seine politische Einstellung umschrieb er mit Worten wie «Rausch und Feuer im elementaren Geschehen der schöpferischen Stunde», «Leidenschaft», «Pathos der Begeisterung», «Ergriffenheit», «Hingabe», «Gefühl», «Seele», «Brunst» und «Wildheit».[64] Die sexuelle Freiheit propagierte er nicht nur in seinen theoretischen Texten; er widmete diesem Thema ein Theaterstück («Die Freivermählten», 1909). Sein unruhiges und wechselhaftes Leben kennzeichnet ein immerwährendes Suchen und Kämpfen, aber auch spielerischer Genuß, Freude an der Gemeinschaft, der Freundschaft, dem Alltagstheater der Bohème, in dem Mühsam mitgewirkt hat wie kaum ein anderer.

1918/19 war Erich Mühsam einer der großen Agitatoren und Volksredner der Münchner Revolution und Mitglied des Zentralrats der – kurzlebigen – ersten Räterepublik. Nach der Niederlage der Revolution wurde er zu fünfzehnjähriger Festungshaft verurteilt, nach fünf Jahren aber begnadigt. Die Nationalsozialisten ermordeten ihn 1934 im Konzentrationslager Oranienburg.

Das politische *Engagement*, das Mühsams ganzes Leben prägte, war untypisch für die Bohème. Die anarchistische Grundhaltung aber fand sich bei vielen Bohémiens. Nur ließen die meisten von ihnen sich nicht auf eine längerdauernde politische Arbeit ein. Zudem hat es eine politische Einheitlichkeit der Bohème nie gegeben. Das Bindeglied der Bohémiens war die gemeinsame Ablehnung der bürgerlichen Normen, der «alternative» Lebensstil. Die theoretischen Vorzeichen, unter welche diese Haltung jeweils gestellt wurde, diskutierte man mit großer Heftigkeit, doch spielte die Politik dabei nur eine untergeordnete Rolle. Wichtiger schienen ästhetische, philosophische, psychologische Fragen; wenn man überhaupt auf die Gesellschaft wirken wollte, so durch die Kraft der neuen Gedanken, der Dichtung, der Kunst, nicht durch politische Agitation. Daher bildeten die politisch engagierten Bohème-Anarchisten unter den Bohémiens eine Minderheit.

Einsamkeit und Größenwahn

Die Bohémiens waren Außenseiter. Von allem, was ihren bürgerlichen Zeitgenossen Sicherheit gab – Familie, Berufsarbeit, Religion und Staatsvertrauen –, hatten sie sich losgesagt. Sie dachten und fühlten anders als die überwältigende Mehrheit ihrer Mitmenschen. Sie waren auf der Suche nach ihrer jeweiligen Individualität – einer Individualität, die sich nur außerhalb des trügerischen Schutzes der gängigen Normen erfahren ließ.

So erstaunt es nicht, daß in den Aufzeichnungen der Bohémiens das Gefühl der *Einsamkeit* immer wieder deutlich wird. Das gemeinschaftliche Leben der Bohème vermochte dieses Gefühl nur vorübergehend zu mildern. Es setzte ihm zwar ein Gegengewicht, doch inmitten der Feste, der endlosen Gespräche, der Flirts und Amouren erscheint die Verzweiflung des Alleinseins ständig neu.

«Durch die nächtlichen Straßen der Stadt lief ich voll ungewisser Unruhe. Immer und immer wieder drängte sich dieses *eine* dumpfe quälende Gefühl zwischen meine verworrenen Gedanken: Du gehörst zu niemandem, und niemand gehört dir! Du bist allein und ganz überflüssig»[65], schrieb Oskar Maria Graf, der als siebzehnjähriger Bäckergeselle vom Lande nach München gezogen war. Der «Bannfluch der Einsamkeit»[66] lastete auf Arthur Holitscher; Franz Jung klagte: «Ich bin ein Opfer meiner Freunde, nicht meiner Feinde ... Die Freunde lassen mich im Stich.»[67] Ludwig Klages notierte: «Die Menschen sind mir fremd im Grunde.» – «Es gibt keine Brücke zwischen Mensch und Mensch.»[68] – «Ausgeworfen hat mich meine glühende Einsamkeit – nun bin ich verlassen unter den Menschen.»[69]

Solche Gefühle kamen nur selten aus einer äußerlichen Isolation. Sie überfielen den Bohémien inmitten seiner Freunde, auf dem Heimweg von einer amüsanten Feier oder nach ausgiebigen Trinkgelagen. Die «lebenslustige» Franziska zu Reventlow, die gewiß nicht über Mangel an Kontakten zu klagen hatte, notierte in ihren Tagebüchern Sätze wie: «Sie ahnen doch alle nichts von mir.» [70] – «Ich werde immer wieder ganz in mich zurückgestoßen.» [71] – «Als ob sie alle nichts anderes zu tun hätten, wie mir zu fehlen.» [72] – «Es kann mich aber doch nicht besiegen, auch die Einsamkeit nicht. Die wird einmal mein letzter Geliebter sein, der mir am wehesten und wohlsten tut.» [73] – «Allein, immer allein.» [74] Manche sahen ihre Gefühle in weltgeschichtlichen Dimensionen. «Es ist das innere Schicksal und die Bestimmung des Revolutionärs, um seine inselhafte Einsamkeit ... wissend, das revolutionäre Geheimnis der Erlösung ... allein zu tragen ...» [75], schrieb Otto Gross. Der (seinem Selbstverständnis nach) revolutionäre Erneuerer des Christentums Ludwig Derleth lebte «in aristokratischer Abgeschlossenheit und stolzer Einsamkeit» [76].

Für Erich Mühsam gehörte die seelische Außenseiterstellung unmittelbar zum Wesen der Bohème. «Immer wird der Bohémien ein Sonderling sein.» [77] Er sei ein Mensch, «der aus der großen Verzweiflung heraus, mit der Masse der Mitmenschen innerlich nie Fühlung gewinnen zu können – und diese Verzweiflung ist die eigentlichste Künstlernot –, drauflosgeht ins Leben, mit dem Zufall experimentiert, mit dem Augenblick Fangball spielt und der allzeit gegenwärtigen Ewigkeit sich verschwistert» [78].

Mühsam sah die «Verzweiflung» also keineswegs als bloßen Mangel, sondern als produktive, vorwärtstreibende Kraft. Familie und Gesellschaft schützen den Bohémien nicht. Er hat sich ihrem Schutz – der für ihn zugleich Unterdrückung bedeutet – entzogen. So fühlt er sich allein. Die Gemeinschaft der Bohème hebt dieses Grundgefühl nicht auf, sie hilft nur zeitweilig darüber hinweg. Sie *soll* es aber auch nicht aufheben. Denn in der Einsamkeit erlebt der Bohémien sich in gesteigertem Maß als *Individuum*, erfährt er das «Ich», dessen tiefere Wahrheit er den gesellschaftlichen Konventionen entgegensetzen will.

Die Kehrseite der Verzweiflung aber war die *Übersteigerung* des Ich. Die Bohémiens fühlten sich isoliert und häufig auch unterschätzt; viele von ihnen trösteten sich mit einem kräftigen *Größenwahn.*

Es ist gewiß kein Zufall, daß die bekanntesten deutschen Bohème-Treffpunkte, das «Café Stefanie» in München und das «Café des Westens» in Berlin, beide den Übernamen «Café Größenwahn» trugen.

Größenwahn drückte sich in den endlosen Diskussionen aus, die an diesen Orten stattfanden; Größenwahn half den Bohémiens über ihre mißliche gesellschaftliche und ökonomische Lage hinweg. Leonhard Frank erzählt in seinem autobiographischen Roman «Links wo das Herz ist»: «Wie der Angsttraum von einer Sekunde zur nächsten umgeschlagen war in den schönen Traum, schlugen Selbstverachtung und Hoffnungslosigkeit um in grenzenlosen Größenwahn ... Er ist der Größte von allen. Er könnte die Welt beherrschen, wenn er wollte. Ha, gar kein Zweifel! Wenn es ihm gefällt, stürzt er Kaiser Wilhelm und wird Präsident der Republik Deutschland. Aber das ist ihm nicht genug. Er wird ein Künstler sein, wie es noch keinen gegeben hat, größer als Beethoven und Goethe zusammen. Den Nobelpreis wird er sechsmal hintereinander bekommen.

Michaels nützlicher, hilfreicher Größenwahn, ohne den er, wie er sich im späteren Leben sagte, aufgegeben haben würde und zugrund gegangen wäre, hielt jahrelang an.»[79]

Die Gräfin Reventlow bezeichnete Schwabing als «Wahnmoching». Nicht zu Unrecht. Ihr ehemaliger Freund Klages verkündete noch in reiferen Jahren, in Schwabing habe sich zwischen 1890 und 1900 das «Schicksal der Menschheit» entschieden. Von hier aus hätten beide Weltkriege verhindert werden können, wenn nur die antibürgerlichen Kräfte stark genug gewachsen wären. Schwabing sei der «Weltvorort» gewesen; denn nur in Schwabing habe es eine Konzentration von Erkenntnissen und Vitalität gegeben, die dem drohenden Unheil entgegenzuwirken vermochte. Solche Selbstüberschätzung erschien noch gesteigert bei Ludwig Derleth. Dieser verkündete: «Ich mache mich zum Führer eines Aufstandes, wie ihn die Weltgeschichte noch nicht gesehen hat.»[80] Aus einer eigentümlichen Mischung von nietzscheanischen, gewalt-anarchistischen und katholisch-religiösen Impulsen heraus wollte er ein «dionysisches Christentum» starker Menschen schaffen und die bestehenden Ordnungen gewaltsam zerstören. Der Bildhauer Georg Kolbe, eine Zeitlang Derleths Anhänger, schrieb: «Sein Traum war, die Kirche zu reformieren, zu reinigen und eine neue Theokratie zu bilden, in der er selbst eine hohe Stelle einnehmen würde.»[81] Ausgewählte Schwabinger durften seinen «Proklamationen» zuhören, unter ihnen Thomas Mann, welcher in der Erzählung «Beim Propheten» darüber schrieb: «Ein fieberhaftes und furchtbar gereiztes Ich reckte sich im einsamen Größenwahn empor und bedrohte die Welt mit einem Schwall von gewaltsamen Worten.»[82]

Schwabing wimmelte von selbsternannten «Übermenschen». Klages brachte es sogar bis zum «Dämon». Er schrieb über sich selbst:

«Der von Eros-Dionysos Erfüllte ist Dämon, ob er gleich Mensch bleibt ... Seine Macht reicht über die Sterne hinaus.»[83]

Das Elite-Denken war in der Bohème weit verbreitet. Man fühlte sich allen anderen gesellschaftlichen Gruppen überlegen. Die «Kosmische Runde» unterschied, wie wir schon sahen, zwischen «Enormen» (zu denen insbesondere die «Kosmiker» selbst zählten) und «Belanglosen». Für Otto Gross stellten die «normalen» Menschen seiner Zeit «Charaktere zweiten Ranges»[84]; er sprach von der «bürgerlichen Minderwertigkeit der Mengen» und lehnte Parlamentarismus genauso ab wie Demokratie, «die Herrschaft der reinen größeren Zahl»[85]. Der Bürger war in der Vorstellung der Bohème ein «kümmerlicher Mensch mit vermoosten Horizonten, enger begrenzter Nörgler am Leben, Sattzufriedener ..., ein Blutloser, Ordnungssüchtiger, Feind aller Höhen und Tiefen, Vergreister, Steriler, Botmäßiger»[86]. Usw. usw. ad infinitum. Man verglich sich – zum eigenen Vorteil – immer wieder mit den Bourgeois. Die Ergebnisse dieser Vergleiche nährten ständig neu die tröstlichen Vorstellungen von eigener Größe, welche sich zwischen Selbstzweifeln und Geldsorgen des Alltags dauernd zu verlieren drohten.

Franziska zu Reventlow

Vom Größenwahn vieler Bohémiens war Franziska zu Reventlow nicht befallen. Konsequenter als die meisten anderen versuchte sie, sich unabhängig von äußeren Zwängen «selbst zu verwirklichen». Den revolutionären Programmen ihrer Schwabinger Freunde und Bekannten stand sie distanziert gegenüber; zum Mittelpunkt der Welt mochte sie ihr Leben nicht machen. Vielleicht ist sie gerade deshalb zu einer Symbolgestalt der Schwabinger Bohème geworden. Sie erschien aufrichtig. Ihr Verhalten richtete sich nach ihren Empfindungen und Neigungen, nicht nach theoretischen Konzeptionen.

Die Tochter eines schleswig-holsteinischen Adligen war 1893, mit zweiundzwanzig Jahren, zum erstenmal nach München gekommen. 1894/95 wohnte sie, verheiratet, für ein Jahr in Hamburg und kehrte 1895 für vierzehn Jahre nach Schwabing zurück. Hier lebte sie ihrem 1897 geborenen Sohn Rolf – und der Liebe. «Ihr erotisch hemmungsloses Leben läßt den Nachdenklichen *schaudern*»[87], schrieb noch dreißig Jahre nach der Schwabinger Zeit Marianne Weber in «Die Frauen und die Liebe». Doch Klages hielt «Fanny» Reventlow für eine «heidnische Heilige»[88], und Erich Mühsam nannte sie den «innerlich freiesten und natürlichsten Menschen, dem ich begegnet bin, gleichmäßig ausgezeichnet von höchstem weiblichen Charme, gepflegtester geistiger Kultur, kritischer Klugheit, anmutigstem Humor und vollkommenster Vorurteilslosigkeit»[89]. Die Vorstellungen der «erotischen Revolution», die Gedankenwelt Gross' und Klages', schienen bei niemandem so verwirklicht wie bei der Gräfin, die erotische Leidenschaft und weibliches Selbstbewußtsein, Mutterliebe und äußersten Freiheitsdrang miteinander verband. Sie hat nie gemäß den «kosmischen» oder psychoanalytischen Theorien zu leben versucht. Ihre Gefühle beobachtete sie mit großer Sensibilität; ihre Tagebücher legen davon Zeugnis ab.

In der patriarchalischen Gesellschaft des Zweiten Kaiserreichs schienen die Frauen zu völliger Bedeutungslosigkeit verdammt. Sie durften weder wählen noch ohne Zustimmung des Vaters oder Ehemannes über ihren Besitz verfügen; bis 1908 war ihnen in den meisten deutschen Ländern der Beitritt zu politischen Parteien und der Besuch politischer Veranstaltungen verboten. Junge Mädchen wurden auf die Rolle der züchtigen, ordentlichen Hausfrau und Mutter hindressiert. Fanny Reventlow rebellierte dagegen von Anfang an. Als Achtzehnjährige schrieb sie: «Von jungen Mädchen findet man's entsetzlich, wenn sie ein Selbst sein wollen, sie dürfen überhaupt nichts sein, im besten Fall eine Wohnstubendekoration oder ein brauchbares Haustier, von tausend lächerlichen Vorurteilen eingeengt.»[90] Sie aber «wollte und mußte» frei sein: «Es liegt nun einmal tief in meiner Natur, dies maßlose Sehnen und Streben nach Freiheit. Die kleinste Fessel, die andere gar nicht als solche ansehen, drückt mich unerträglich, unaushaltbar ...»[91] Mit fünfzehn Jahren war sie in ein Internat geschickt worden; bald warf man sie wieder hinaus. Heimlich besuchte sie die Treffen des «Ibsenklubs», einer Gruppe rebellischer Jugendlicher in Lübeck. Man las dort Bücher von Tolstoi, Jean Paul, Lassalle, Bebel und anderen «revolutionären» Schriftstellern. Vor allem die Dramen des Norwegers Henrik Ibsen drückten aus, was die Gymnasiasten und jungen Studenten halbbewußt empfanden: die Verlogenheit der Gesellschaft, besonders in ihrem Verhältnis zu Liebe und Ehe. Ideale Forderungen und Geschäftsgeist gingen mit prüder Verklemmung eine elende Verbindung ein, und die Frauen hatten keinen Anspruch darauf, als selbständige Personen angesehen zu werden.

1892, nachdem sie volljährig geworden war, floh Franziska zu Reventlow zu Freunden nach Hamburg, verlobte sich, zog für ein Jahr nach München. Sie heiratete und kehrte nach Hamburg zurück; doch nur kurze Zeit spielte sie die Rolle der Ehefrau. Sie verließ ihren Ehemann. Ab 1895 lebte sie dauerhaft in Schwabing. 1897 brachte sie einen Sohn zur Welt, den sie bewußt allein erzog. 1899 lernte sie Ludwig Klages kennen. Er war siebenundzwanzig, sie achtundzwanzig Jahre alt. Klages war fasziniert von ihr. Er hatte seine Traumfrau gefunden und projizierte sogleich Weltanschauungen in sie hinein. «In dieser Frau ... begegnet mir, gestaltet und verkörpert, das *Element nordischen Heidentums* in unvermischter Reinheit, strahlend, unbesieglich und eine Verheißung, wie es deren noch keine gab, keine je wieder geben wird.»[92] Sie war nicht nur eine Verheißung für *ihn*, sondern auch für die Richtigkeit seiner Theorien. Die «Kosmiker» entwickelten damals gerade ihre Vorstellungen vom Matriarchat (die später auch auf Otto Gross wirken sollten). Sie beriefen sich dabei auf die Untersuchungen über «Das Mutterrecht», welche der Schweizer Johann Jakob Bachofen 1861 veröffentlicht hatte. Den patriarchalischen Gesellschaften, so meinte Bachofen, seien überall matriarchalische vorausgegangen. «Das Weib geht voran, der Mann folgt; das Weib ist früher, der Mann steht zu ihr im Sohnesverhältnis; das Weib ist das Gegebene, der Mann das aus ihr erst Gewordene ... Auf dem Gebiete des physischen Lebens steht also das männliche Prinzip an zweiter Stelle, es ist dem weiblichen untergeordnet ... Mit stets neuen Männern paart sich die gleiche Urmutter ...»[93] Bachofen hatte den Übergang vom Matriarchat zum Patriarchat als einen *Fortschritt* in der Kultur dargestellt, da er sich zu den Verstandeswerten und zum Christentum bekannte. Die «Kosmische Runde» hingegen bewertete diese Entwicklung negativ, denn die «Kosmiker» träumten vom «heidnischen», weiblich geprägten Leben der Urvergangenheit.

Franziska zu Reventlow erschien Klages offenbar als der Typ der sich stets neuen Männern hingebenden «Urmutter», als jene Verbindung von «Mutter» und «Hetäre», in welcher sich die ideale Frauengestalt verwirklichte. Für die Gräfin war es etwas überraschend, daß ihr Liebesleben und ihre Mutterschaft auf einmal solche philosophische Aufwertung erfuhren; verständlicherweise ließ sie es ohne Widerspruch geschehen, zumal Klages ihr sympathisch war und sie die Gespräche mit ihm als begeisternd empfand. Be«geist»ernd – Klages, der Geist-Feind, war ein Intellektueller; er wirkte auf Franziska zu Reventlow nicht durch die seelischen Urkräfte, die er immer beschwor, sondern durch seinen «wundervollen Verstand»[94]; wie sie später schrieb.

«Es kam», so notierte Klages selbst, «zu dithyrambischen Gesprächen, und ich fühlte: *die* Welt, die ich in Franziska verkörpert sehe, liegt in ihr wie eine versunkene Vineta; nur magische Macht des Wortes kann die vergessenen Schätze heben. Ich fühlte: alles ist vorhanden, aber wie hinter eisernen Gittern verborgen, die ich sprengen muß. Die Geliebte lauschte hingerissen; und doch kam sie mir vor wie eine in jenen Käfig gesperrte Seele; ich rüttelte an den Stäben, ich konnte sie nicht zerbrechen.»[95] Klages – der nach dem Zeugnis seines Jugendfreundes Theodor Lessing «fest im Panzer eines nur selten frohen Ichs»[96] steckte – wollte die Gräfin zu ihrem wahren Wesen befreien, sie damit in seinen «Feuerkreis» ziehen. Sie war glücklich, vertraute Klages wie keinem anderen, schrieb: «Du bist der einzige Mensch, der fliegen kann»[97] – aber sie prägte sich nicht nach seinem Bilde um. Ob ihre Liebhaber «enorm» waren wie Klages oder «belanglos», blieb ihr gleichgültig; ihre Seelensubstanzen litten nicht unter dem «oberflächlichen Amüsement», das ihr Klages zum Vorwurf machte, und sie dachte nicht im Traum daran, mit dem jungen Philosophen zusammen das Heidentum auf der Erde zu erneuern oder sonstwie in den Lauf der Welt einzugreifen. In Klages' Worten: Sie blieb «am andern Ufer ... seiner Weltanschauung»[98].

Auf die Dauer gingen ihr die Änderungsversuche an ihrem Charakter auf die Nerven. «Am schlimmsten ist der Typus ‹Retter›», schrieb sie später. «Man darf sich noch so weit und noch so lange auf der schiefen Ebene befinden, es tauchen immer wieder Männer auf, die uns durch wahre Liebe retten wollen ... Er ... hält sich eben für den, der imstande sei, unser zerflattertes Liebesleben einzufangen und auf einen Hauptpunkt, nämlich auf sich selbst, zu konzentrieren.»[99] Und an Klages: «Ich empfinde es so: Immer wenn Sie glauben, mich ganz zu besitzen, dann tritt für Sie das ein, was Sie Gleichklang nennen, dann ist alles gut, und Sie sind überzeugt, es bleibt nun gut. Und umgekehrt, wenn Sie dieses Gefühl nicht haben – fällt alles auseinander.»[100]

Die Beziehung zerbrach. Klages wurde depressiv, nahm dann die Beziehung zu einer alten Freundin wieder auf und widmete sich seinem Werk – der Ausarbeitung von antiintellektuellen Theorien. Franziska zu Reventlow setzte ihr Leben zwischen Liebschaften, Kind und mühseligem Geldverdienen (vor allem mit Übersetzungen) fort. Sie hat an Klages oft mit Sympathie zurückgedacht, vom Denken der «Kosmiker» sich aber völlig distanziert. «Sie hocken um mich herum, paffen Zigaretten und jeder kaut hoffnungslos versonnen an seiner kosmischen Nabelschnur», hat sie später einmal bemerkt oder, über ein «heidnisches Weihnachtsfest»: «Und wenn *sie dann alle* in Verzückung geraten ... ich weiß nicht, mir kamen sie alle vor wie galvanisierte Leichen, als ob keiner von ihnen das ‹Tiefe, Erregende› fühlte, aber alle so taten.»[101]

Ende 1903 zog die Gräfin, die allein in München um die dreißigmal die Wohnung gewechselt hat, in eine Wohngemeinschaft mit dem

Franziska zu Reventlow mit ihrem Sohn Rolf (1905)

Schriftsteller Franz Hessel und dem Maler Bogdan von Suchocki. 1905 unternahm sie mit ihrem achtjährigen Sohn eine Radtour durch Deutschland – die erste deutsche Aristokratin auf einem Fahrrad. Der Radsportclub «Adler» von Babenhausen ernannte sie zum Ehrenmitglied.

Lange Reisen mit Freunden und dem Sohn führten sie unter anderem monatelang nach Samos, Korfu, Rom, an die Adria. Ihren Sohn entzog sie der Schulpflicht, was legal möglich war, da sie ein Lehrerinnenexamen abgelegt hatte und ihn selbst unterrichten durfte. Fast ununterbrochen plagten sie Geldsorgen. Zwar ließ sie sich von Liebhabern aushalten, war aber auch dabei nach eigenem Bekunden nicht professionell genug, um es wirklich zu etwas zu bringen. 1910 siedelte sie nach Ascona über (manche behaupten: um vor ihren Gläubigern zu fliehen ...). Hier wollte sie endlich den ewigen Geldnöten entkommen, und es bot sich ihr eine überraschende Möglichkeit dazu. Ein versoffener baltischer Baron, ein freundlicher Außenseiter, der in seinem wechselvollen Leben unter anderem als Matrose und als Goldwäscher gearbeitet hatte, suchte eine Frau für eine Scheinehe. Nur wenn er sich verheiratete, stand ihm sein väterliches Erbteil zu. Erich Mühsam vermittelte den Kontakt zu Franziska zu Reventlow, die nach kurzem Bedenken einwilligte. Von der in Aussicht stehenden Erbschaft wurde ihr ein Anteil versprochen. Tatsächlich erhielt sie nach dem bald darauf eintretenden Tod des Schwiegervaters die für sie märchenhafte Summe von 40000 Franken. Sie brachte das Geld auf eine Bank. Die Bank ging vierzehn Tage später bankrott. Franziska zu Reventlow blieb arm.

Sie starb 1918, siebenundvierzigjährig, in Ascona. In der Weimarer Republik, deren Kultur die Impulse der Schwabinger «erotischen Revolution» aufnahm, wurden ihre Romane und vor allem die 1925 publizierten Tagebücher viel gelesen. Die Nationalsozialisten verboten ihre «frivolen» Bücher. Bis die Frauenbewegung sie in den siebziger Jahren wiederentdeckte, blieb sie fast vergessen.

Zu den Frauenbewegungen *ihrer* Zeit stand Franziska zu Reventlow in ausgesprochener Opposition. Die bürgerliche Frauenbewegung um Helene Lange und die sozialistische Frauenbewegung um Clara Zetkin strebten die rechtliche Gleichstellung der Frauen und das Frauenwahlrecht an. An der Form der Ehe hielten sie – mit wenigen «radikalen» Ausnahmen – fest; sie wollten Gleichberechtigung *in* der Ehe und freiwillige Monogamie statt der heuchlerischen Doppelmoral. Franziska zu Reventlow nahm andere Dinge für wichtig. Die Frau, so meinte sie, könne auf beruflichem Gebiet niemals mit den Männern konkurrieren; in *dieser* Hinsicht sei sie ihnen fast immer konstitutionell unterlegen. Sie finde im Beruf keine Erfüllung. Die Frau solle der Liebe leben – und der Mutterschaft. *Dieses* Leben müsse ihr jedoch ohne Erniedrigung und in Freiheit möglich sein. «Volle geschlechtliche Freiheit, das ist, freie Verfügung über (den) Körper»[102] – das sollte eine Frauenbewegung fordern.

Solche Vorstellungen sind gewiß von den Matriarchatstheorien beeinflußt. Vor allem aber spiegeln sie das Leben, das Franziska zu Reventlow gegen alle Widrigkeiten geführt hat. Zwar ist sie, als Übersetzerin und Schriftstellerin, immer berufstätig gewesen. Aber die Arbeit war ihr unerfreulicher Zwang. «Verwirklicht» hat sie sich in der Liebe.

Augenblicksgenüsse. Peter Hille

«Wir kennen nur Augenblicksgenüsse – man muß sich an den Augenblicken festklammern, als wären sie alles, was wir jemals erreichen könnten»[103], erklärt der Dichter Safur in Paul Scheerbarts Roman «Tarub, Bagdads berühmte Köchin». Das Motiv des «Lebens im Augenblick» – der Unmittelbarkeit – findet sich in der Bohème immer wieder. Die gesellschaftlichen Regeln – die ja alle auf einen übergreifenden *zeitlichen* Zusammenhang bezogen sind – sollen keine Bedeutung mehr haben. Im *gelebten Moment* wollen die Bohémiens den Reichtum der inneren Welt verspüren. «In jedem Augenblick müßte man anders erregt und bewegt werden, und zwar bewußt.»[104] Planung, Berechnung, Sorge sollen zurücktreten. Ja, die Sicherung des Lebens selbst erscheint als nebensächlich gegenüber der Erfahrung der «Fülle»: «Nicht im Dasein und in der Behauptung des Daseins offenbart sich das Leben, sondern allein in den Augenblicken jener überströmenden Fülle, die selbst mit Zerstörung des Leibes noch nicht zu teuer erstanden wäre.»[105]

Kaum ein anderer Bohémien hat sich dem Ideal des «Augenblicksmenschen» so angenähert wie Peter Hille. Träumer, Phantast, Dichter auf endloser Wanderschaft, war er das Urbild des Bohémien. Lovis Corinth hat ihn als «Der Bohème» gemalt mit seinem wallenden Bart und den intensiv blickenden Augen. Hille, 1854 geboren, war um zwanzig Jahre älter als die meisten Bohémiens der Jahrhundertwende. Auf manche von ihnen, insbesondere auf Else Lasker-Schüler, hat er einen starken Einfluß ausgeübt – einen Einfluß, der nicht von seinen Ideen oder Werken herrührte, sondern aus seiner Wesensart kam. «Peter Hille ist ein Kind», so beschrieb ihn Julius Bab. «Mit der ganzen lebensfremden Unbekümmertheit, der schattenlosen Zuversicht eines Kindes ging er durch die Welt, um nur auf sein Inneres lauschend die Gesichte und Zeichen, Bilder und Gedanken wahllos und ziellos heraufzuholen ... So machte ihn die Vernachlässigung alles Äußeren, die Beziehungslosigkeit zu allem sozialen Leben und die Not, der Kampf, den beides im Gefolge hat, zum Bohémien.»[106] Else Lasker-Schüler, die ihn nach seinem Tod 1904 mythisierte, erschien «St. Peter Hille» als Prophet, Schöpfer, Wolkenmann, Totengräber, Felsen, Zauberer.[107] Der Mann mit dem «harten Bart- und Haupthaar» und den Augen wie «samtne Hügel»[108] hatte ihr das Selbstvertrauen und die Kraft gegeben, sich aus der bürgerlichen Existenz zu lösen. Er selbst schrieb über sich: «Peter Hille, Feuer hinter Schloß und Riegel. Inneres Schicksal verdunkelt, äußeres sperrt's ein, und so zappelt sich ab dies Meerwunder der Erfolglosigkeit bis an sein kühles Grab. Die Seele, der im Leben ihr göttlich Recht nicht ward.»[109]

Er war jahrelang auf Wanderschaft, in England, Holland, Italien, Ungarn. Immer und überall schrieb er. Seine Dichtungen verbreiteten sich über Notizbücher, Zettel, Zeitungspapierränder, Briefumschläge. Das meiste davon ging verloren; Kisten von Manuskripten ließ er als Pfand, oder weil er den Transport nicht bezahlen konnte, in verschiedenen Städten zurück. In Holland gründete er ein Theater. Es war so kurzlebig wie alle seine Projekte. Ab 1891 lebte er in Berlin, schlief auf Bänken im Tiergarten, bei Freunden, in irgendwelchen Absteigequartieren. Er eröffnete ein Kabarett in einem italienischen Lokal und edierte eine Zeitschrift namens «Völkermuse». Die Zeitschrift erschien nur zweimal; das Kabarett, mit Erich Mühsam als «Manager», war etwas erfolgreicher. Seine letzten Lebensjahre verbrachte er im Haus der «Neuen Gemeinschaft» am Schlachtensee. Mühsam, der ihn sehr hochschätzte, schrieb nach seinem Tod: Die «Eigenschaften, deren Personifizierung Peter Hille war, sind: Leben aus der Eingebung des Augenblicks, zeitlose Hingabe an Welt und Menschheit, Verbundenheit mit allen Leidenden im Wissen um Freiheit und Glück»[110].

Hille, der «kindliche Weise»[111], war selbst innerhalb der Bohème eine Ausnahmegestalt. Er blieb Bohémien sein Leben lang, während die meisten anderen Bohémiens in späteren Jahren mehr oder minder «verbürgerlichten», sei es, daß sie als Künstler Erfolg hatten, sei es, daß sie «normale» Berufe ergriffen. Er lebte schutzloser als die anderen. Vielleicht wirkte er deshalb auf viele überzeugend.

Peter Hille auf einem Porträt von Lovis Corinth

Peter Hille (links) und Erich Mühsam 1904

Das Eigene und das Fremde

«Vom Konflikt des Eigenen und des Fremden» ist der Titel einer Schrift von Otto Gross. Das Eigene und das Fremde – mit diesen Begriffen können wir auch einen guten Teil der Auseinandersetzung der Bohème mit ihrer Umwelt verstehen.

Wir erinnern uns an Otto Gross' Theorie: In der patriarchalischen Familie wird es dem Kind unmöglich gemacht, sein eigenes Wesen zu behalten. Zerstörerisch wirkt die Autorität der Eltern, indem sie dem Kind etwas ihm Fremdes aufpreßt: Hemmungen und Verbote, die ganze Last der gesellschaftlichen Normen. Das Kind nimmt, gezwungenermaßen, diese Normen in sich auf. So entsteht der innere Konflikt des Eigenen und des Fremden, das «Leiden an sich selbst». Besser wäre es, die Kinder erlebten nur ihr «Eigenes». Es ist ja nicht ein *bestimmter*, genau beschriebener Einfluß des «Fremden», welcher das Kind in seiner Entfaltung stört; es ist das Fremde an sich. Unterdrükkung besteht darin, daß das Kind seine «angeborene Wesensart» nicht frei zu entfalten vermag. «Die Suggestion von fremdem Willen, welche man Erziehung nennt»[112], hindert es daran.

Während nun die «schwächeren», angepaßteren Menschen sich ganz mit «fremdem Willen» vollsaugen, so daß sie die Spannung von Eigenem und Fremdem nicht mehr verspüren, leiden die «Stärkeren» lebenslang unter diesem Konflikt. «Es gibt auch solche (Menschen), welche auch das Wesenseigene nie ganz verlieren können. Das Schicksal dieser Menschen ist der innere Konflikt des Eigenen und Fremden, die innere Zerrissenheit, das Leiden an sich selbst. Es ist die Menschenart, mit deren unverlierbar führenden Motiven es unvereinbar bleibt, daß sie den ersten großen Kompromiß geschlossen haben.»[113]

Das Eigene aber liegt im *Innern* – es ist der verschüttete schöpferische und sinnliche Kern der Menschen. Fremd ist die *Außenwelt* – eine Welt des Zwanges und der Fremdbestimmung. Die Eltern waren die ersten Repräsentanten dieser Welt, welche übermächtig ihre Ansprüche durchzusetzen sucht.

Wir können das Leben der Bohème verstehen als Versuch, das Eigene gegen das Fremde zu entfalten; jenes verlorene Paradies wiederzufinden, das in einem selbst liegen muß; das sich enthüllen wird, wenn man die Einflüsse der Erziehung, der ganzen fehlgegangenen Zivilisation abgestreift hat. Der Rausch, die Erotik, die künstlerische Produktion, die Feste, die Gespräche: sie schaffen dem Inneren Raum, erlauben ihm, nach außen zu treten. Im schöpferischen Akt der Kunst und in der Liebe kann das Innere etwas Äußeres schaffen. (Nicht in der Berufsarbeit: diese gehört zur Welt der Zwänge.)

Zwei Jahre nach Gross' «Vom Konflikt des Eigenen und des Fremden» erschien der Aufsatz «Zwang und Erleben» von Richard Öhring. Das *Erleben* – hieß es darin – ist das Zentrum des schöpferischen Tuns; der *Zwang* die Gegenkraft, welche das Erleben lähmt. «Vom ersten Monat unseres Erwachens ist alles darauf ausgegangen, unserm Erleben, unserer Tendenz zur Selbstentäußerung den Zwang entgegenzusetzen und uns zu einer Einordnung in Bestehendes zu veranlassen.»[114] Um frei zu werden, müssen wir unser Erleben neu gegen den Zwang durchsetzen. «Jede Änderung der Welt ist Durchbrechung eines Zwangs durch das freie Erleben.»[115]

Der *Blick nach innen* begründet eine neue Welt. Wenige Jahre zuvor hatte Freud die Psychoanalyse entwickelt, die psychologisch entlarvende Sichtweise Nietzsches war nur um weniges älter. In der Programmschrift der modernen Malerei, Kandinskys «Über das Geistige in der Kunst», heißt es: «Der Weg, auf welchem wir uns heute schon befinden und welcher das größte Glück unserer Zeit ist, ist der Weg, auf welchem wir uns des Äußeren entledigen werden, um statt dieser Hauptbasis eine ihr entgegengesetzte zu stellen: Die Hauptbasis der inneren Notwendigkeit ... (Des Künstlers) offenes Auge soll auf sein inneres Leben gerichtet werden, und sein Ohr soll dem Mund der inneren Notwendigkeit stets zugewendet sein ...»[116]

Das hätte auch als Motto der Bohème gelten können, vielleicht mit einem Unterschied: Sie hätte die «Notwendigkeit» weniger betont, die allzu stark an Pflichten und Regeln der Außenwelt erinnerte – selbst wenn es eine *innere* Notwendigkeit war. Aber sich «des Äußeren entledigen», nur aufs Innere zu hören, das war wichtig: «Die kleinste Fessel, die andere gar nicht als solche ansehen, drückt mich unerträglich, unaushaltbar – muß ich mich nicht freimachen, muß ich mein Selbst nicht retten – ich weiß, daß ich sonst daran zugrunde gehe»[117] (Franziska zu Reventlow); «... sich die Lebensformen zu schaffen, die der eigenen inneren Entwicklung die geringsten Widerstände entgegensetzen»[118] (Erich Mühsam). «Das Innere war das Wesentliche, und die Aufgabe des echten Anarchisten hieß: Sein Äußeres nach dem Gesetz des inneren Dranges zu formen, in größter Freiheit, uneingeschränkt und möglichst unberührt von der ‹Kultur›.»[119] (Oskar Maria Graf)

Des inneren «Dranges» statt der inneren «Notwendigkeit»: diese kleine Differenz unterscheidet die Bohémiens von Kandinsky. Das Innere des Bohémien *drängt* nach außen; was herauskommt, ist eruptiv, formlos; so wie die literarischen Werke, die Peter Hille über halb Europa verstreute. Die Bohème ist skeptisch gegenüber der Form, gegenüber jeder *Regulierung* dessen, was aus dem Inneren hervorbricht; damit steht ihre Neigung zum Rauschhaften, Dionysischen im Zusammenhang. (Daß Bohémiens große durchgeformte Kunstwerke geschaffen haben, scheint dem zu widersprechen; aber diese Werke sind zumeist nicht während der Bohèmephase der Künstler entstanden. Oder aber sie verstanden es, ihre Arbeit und sich selbst vor der Spontaneität des Bohème-Lebens in ausreichendem Maße zu schützen.)

Formen stellen aber nicht nur die gesellschaftlichen Konventionen dar – der regelmäßige Tagesablauf, die Ehe und die Regulierung des Geldverkehrs –, formal ist auch die Arbeit der *Vernunft*. Auch diese erschien vielen Bohémiens als bürgerlich. Das Eigene und das Fremde – das bedeutete nicht nur Innen und Außen, Erleben und Zwang, Rausch und Nüchternheit, sondern auch Seele und «Geist». Über den Verstand urteilt Klages: «Eine akosmische Macht (ist) in die Sphäre des Lebens eingebrochen ... Wir sollten endlich aufhören zu vermengen, was im Tiefsten gespalten ist: Die Mächte des Lebens und der Seele mit denen des Verstandes und des Willens.»[120] Eine akosmische Macht – der Verstand hat im Kosmos eigentlich nichts zu suchen. Von ihm zu den Seelenkräften gibt es keine Verbindung – sie sind im Tiefsten getrennt. Getrennt wie das Innen und Außen.

Sie dürfen sich nicht durchdringen. Denn das Eigene, so fühlten die Bohémiens, war noch schwach; zu lange war es vom Fremden überwältigt worden. Jetzt mußte es sich *rein* erhalten, wenn es je seine Kraft in der Welt entfalten sollte. Bei Klages sind Verstand und Seele ohne Verbindung miteinander, bei Gross das Eigene und Fremde unversöhnlich entgegengesetzt. In der Theorie: In Wirklichkeit vermischte Gross das selbst verdiente Geld mit den Zuschüssen seines Vaters, die er auch als Dreißigjähriger noch erhielt. Von tieferen Verbindungen ganz abgesehen: Der Vater war Untersuchungsrichter, später Professor für Kriminologie – der Sohn schrieb seinen ersten Essay über emotionale Probleme der Gerechtigkeit. Der Vater schlug vor, Zigeuner, Homosexuelle, Revolutionäre nach Südwestafrika deportieren zu lassen – der Sohn lebte unter eben diesen «Degenerierten». Unaufhörlich bestimmte das Fremde des Vaters das Eigene des Sohnes. Vielleicht brach Otto Gross deshalb wenigstens in der Theorie alle Brücken zwischen beidem ab?

Und Klages: Sein Liebesleben durchsetzte er mit Weltanschauung, sein «wunderbarer Verstand» ordnete das Netz von Projektionen, mit dem er die Geliebte überzog; wenn je Geist und Seele gemeinsam an einer Liebe wirkten, dann in Klages' Zuwendung zu Fanny Reventlow. Aber er wollte beide «im Tiefsten gespalten» sehen.

Weder bei Gross noch bei Klages wirkten das Eigene und das Fremde, das Innen und Außen *harmonisch* zusammen. Sie standen im Widerstreit. Beide Bohémiens haben von diesem Widerstreit gewußt, Gross von seiner Vaterabhängigkeit, Klages von seinem starken Kontakt mit der «verhängnisvollen Welt des Geistes»[121]. In diesen inneren Konflikten identifizierten sie sich – theoretisch – mit jeweils *einer* Seite: Gross mit dem unterdrückten Kinde, Klages mit dem Leben und der Seele. Die *andere* – die «feindliche» – Seite *lebten* sie dennoch: Gross als Guru und Übervater einer Gruppe von Bohémiens, Klages als Autor von vielen tausend Seiten «geist»reicher und systematischer Philosophie.

Innen und Außen, Eigenes und Fremdes, Seele und Geist, Leben und Konvention – mit solchen Entgegensetzungen begriffen viele Bohémiens ihre Welt. Das «Innen» und «Außen» gab es auch im deutschen Bürgertum jener Zeit – die «machtgeschützte Innerlichkeit», die sich über politisch-gesellschaftliche Ohnmacht mit Gedichten, Hausmusik und den Bildungswerten der Vergangenheit hinwegtröstete. Demgegenüber war das «Innen» der Bohème völlig anders bestimmt. Das Innere schien, zumindest potentiell, wild, triebhaft, hemmungslos. Es suchte den Genuß. Es strebte womöglich nach Einklang mit dem All; gewiß nicht nach Einklang mit der Gesellschaft. Es würde die Fesseln der Gesellschaft sprengen.

Die Geburt der Gesellschaftskritik aus dem Geist der Introspektion. In den liberalen und den sozialistischen Revolutionsideen kämpfte nie ein Innen gegen ein Außen; es kämpften gesellschaftliche Gruppen von Menschen gegeneinander – Menschen, die immer als Ganze *sichtbar* blieben. Auch die Ursachen dieser Kämpfe waren zu sehen, «mit Händen zu greifen»: Armut, politische Unterdrükkung, Ungerechtigkeit, materielle Not.

Bei der Bohème ist es nichts Handfestes mehr, was sich der Gesellschaft entgegenstellt. Überhaupt nichts Festes und direkt Sichtbares. Im Gegenteil: «das Fließen des Lebens», der «innere Drang». Die triebhaften Energien im Menschen, von denen Freud meinte, sie müßten im Prozeß fortschreitender Zivilisation notwendig unterdrückt oder kanalisiert werden. Aber nicht nur die Triebe: die Schöpferkraft, die Liebe, der «Quell der verborgenen Gemeinschaftlichkeit»[122] (Richard Öhring) – unbestimmte, unsichtbare Kräfte, die sich nur gelegentlich *ahnen* lassen und die sich erst im Prozeß der Erneuerung richtig zeigen werden.

Die Bohème hatte daher kein Programm. Sie «lebte» und experimentierte. Sie suchte das «eigene» Leben zu finden, die schöpferische Welt des Innen nach außen zu bringen. Doch die Außenwelt des «Fremden» war stärker. Mit dem Ersten Weltkrieg verlor die Bohème ihre Bedeutung.

Das Ende der Bohème

«Die Intellektuellen des Cafés des Westens machten ratlose Gesichter. Auf einmal hatte alles aufgehört, was gestern noch so wichtig gewesen war. Alles hing in der Luft. Unzählige meldeten sich freiwillig. Warum, wußte keiner recht.»[123]

So schildert Oskar Maria Graf die Wirkung des Kriegsausbruchs auf die Berliner Bohémiens von 1914. In der allgemeinen Kriegseuphorie widerstanden nur wenige der nationalistischen Begeisterung: Leonhard Frank, René Schickele und Ferdinand Hardekopf beispielsweise, welche von Anfang an gegen den Krieg opponierten. Aber selbst Erich Mühsam, Anarchist und alles andere als ein Deutschtümler, sprach von «fremden Horden», die aus Deutschland vertrieben werden müßten. Neben vielen anderen meldeten sich die Anarchisten Franz Jung und Hugo Ball freiwillig zum Militär. Scharfe Kritiker der Wilhelminischen Gesellschaft wie Julius Hart, Dehmel, Wedekind, Arno Holz bejahten den Krieg.

Viele Kriegsbefürworter aus der Bohème änderten allerdings ihre Meinung, als sie dem sinnlosen Töten direkt konfrontiert waren. Jung desertierte, wurde verhaftet und schließlich aus dem Militär entlassen. Ähnlich ging es Graf, der Befehle verweigerte, ins Irrenhaus kam und von dort ins Zivilleben zurückkehrte. Mühsam – der nicht eingezogen wurde – war schon nach wenigen Wochen entschiedener Kriegsgegner, wurde als solcher 1918 verhaftet. Hugo Ball desertierte und emigrierte nach Zürich. Dorthin flüchtete auch Leonhard Frank, als ihm 1915 die Verhaftung drohte. Klages hatte sich bereits unmittelbar nach Kriegsausbruch in die Schweiz abgesetzt.

Unter den Emigranten in Zürich bildeten sich neue Bohème-Zirkel, aus denen 1916 der *Dadaismus* hervorging. Auch in München und Berlin trafen sich Teile der Bohème weiter wie bisher. Aber die Bohème als Ganze existierte nicht mehr. Zu viele Bohémiens waren Soldaten, emigriert, gefallen. Es war keine Zeit mehr für rauschende Feste und geistreiche Diskussionen über Kunst und Literatur.

In der Nachkriegszeit entstand die Bohème nicht mehr in der alten Form. Die festgefügte bürgerliche Gesellschaft, auf die man sich negativ bezogen hatte, war erschüttert. Bohème-Themen und Bohème-Impulse drückten sich auf einmal nicht nur in kleinen Gruppen nonkonformistischer Künstler aus, sondern wurden von vielen diskutiert und drangen in breitere Kreise als zuvor. Die Prüderie der Vorkriegszeit verschwand; eine «erotische Revolution» schien die gesamte Gesellschaft zu ergreifen. Das Problem des Vaterkonflikts, die Bearbeitung der patriarchalischen Vergangenheit durchzog weite Teile der expressionistischen Literatur. Die Theaterzensur war gefallen. Das Bürgertum verlor die Sicherheit seiner Lebensformen; an allen Ecken und Enden entstanden Reformprojekte: Siedlungsgemeinschaften, experimentelle Theater, Reformschulen. Das politische Leben war freier und vielfältiger als im Kaiserreich; auch in den politischen Parteien schienen jetzt Chancen für eine sinnvolle, verändernde Tätigkeit zu bestehen.

Künstlerzirkel und Künstlertreffpunkte bestanden zwar weiterhin; aber sie hatten nicht mehr die Bedeutung der alten Bohème, hoben sich nicht mehr deutlich vom Leben der fortschrittlichen bürgerlichen Gruppen ab. Der Nonkonformismus, die experimentelle Einstellung zum Leben verbreiteten sich über die Künstlerkreise hinaus. Die «alternativen» Impulse der Vorkriegszeit splitterten sich auf und wirkten in verschiedenen Richtungen.

Helmut Kreuzer hat darauf hingewiesen, daß zu den Entstehungsbedingungen der Bohème ein *Markt für Literatur* gehört – die Möglichkeit, als «freier Schriftsteller» seinen Lebensunterhalt zu bestreiten. Ohne Markt bleiben Schriftsteller und andere Künstler an Mäzene gebunden oder müssen (zum Beispiel als Lehrer oder Pfarrer) in Brotberufen ihren Lebensunterhalt verdienen. Der im 19. Jahrhundert mächtig expandierende Markt für Literatur und Kunst lockt Intellektuelle in die großen Städte. Dort, in den Kulturzentren, hoffen sie, von künstlerischer Arbeit leben zu können. Das ist die erste Voraussetzung für die Bildung der Bohème.

Eine zweite Bedingung kommt hinzu: Die Gesellschaft, in der sich dieser Prozeß abspielt, muß einen *Freiheitsspielraum* offenlassen. Diktaturen und stark traditionell gebundene Gesellschaften verhindern im allgemeinen jene Abweichungen und Provokationen, die notwendig zur Bohème gehören. Beides zusammen erklärt, warum in Frankreich die Bohème wesentlich früher entstanden ist als in Deutschland: Im politisch zersplitterten, ökonomisch rückständigen und illiberalen Deutschland des 19. Jahrhunderts waren weder Literaturmarkt noch Freiheitsspielraum in ausreichendem Maß vorhanden.

Offenbar ist aber auch eine «zu» liberale, relativ offene Gesellschaft kein guter Nährboden der Bohème. Wenn schon Teile des Bürgertums sich unangepaßt geben, die traditionellen Werte in Frage stellen und mit neuen Lebensformen liebäugeln, wenn in jeder großen Stadt zahlreiche Halb- und Viertel-Bohémiens herumlaufen, verliert die Künstlerbohème ihre Eigenart und ihre scharf ausgeprägten Konturen. Wo sie überhaupt noch weiterexistiert, fällt sie nicht mehr auf. Sie ist nichts Besonderes. Sie vermischt sich mit den anderen «alternativen» Tendenzen der Gesellschaft.

Das war das Schicksal der Bohème in den ersten Jahren der Weimarer Republik. Die Caféhaus-Stammtische bestanden weiter, aber was dort diskutiert wurde, wurde mittlerweile *überall* diskutiert. Für manche Bohémiens war, vor allem in den Revolutionsjahren 1918/19, das unmittelbar politische Engagement wichtiger als die Fortführung der Bohème-Lebensweise. Mühsam war an der Münchner Räterevolution beteiligt; Jung und Holitscher gingen in die Sowjetunion, um beim Aufbau des Sozialismus zu helfen, kehrten nach einigen Jahren desillusioniert zurück. Manche ehemalige Bohémiens wurden erfolgreiche Schriftsteller, wie Leonhard Frank; andere landeten in gewöhnlichen bürgerlichen Berufen.

Als die Nationalsozialisten an die Macht kamen, zählten die meisten der noch lebenden Ex-Bohémiens zu ihren Gegnern. Mühsam und der Philosoph Paul Stern wurden in Konzentrationslagern ermordet; Frank, Graf, Wolfskehl, Else Lasker-Schüler, Jung, Franz Hessel und andere emigrierten. Klages stand dem Nationalsozialismus mit Sympathie gegenüber. Einige wenige Bohémiens wie Dietrich Eckart wurden aktive Nationalsozialisten.

Hier bricht die Geschichte der Bohème endgültig ab. In der Bohème haben Kriegsgegner und Kriegsbefürworter gelebt, spätere Nazis und spätere Parteikommunisten, Anarchisten und Sozialisten. Die Bohème hat nicht eindeutig politisch geprägt, sie hat gegen nichts «immunisiert». Die Mehrheit ihrer Mitglieder hielt an freiheitlich-individualistischen Ideen fest. Nicht alle. Der elitäre Zug, der genauso zur Bohème gehört wie der Individualismus, hat bei manchen dazu geführt, politische Unterdrückung gutzuheißen. Man selbst gehörte ja zu den Besseren, den Erwählten, womöglich den «Übermenschen».

Was sich nicht mit der Bohème vertrug, war der «bürgerliche» Liberalismus. Und doch ist, historisch gesehen, das menschliche Idealbild der Bohème «bürgerlich»: der freie, von keinerlei Zwängen eingeschränkte einzelne. Nur: In der Bohème *produziert* der einzelne nicht, er *lebt*. Heinrich Hart hat diese Haltung schon 1885 beschrieben:

«Was ich jetzt schaffe? fragst du, Tor! O Tor!
Ich *lebe*! und mein Leben drängt empor ...»[124]

2. Lebensreform: Die Sorge um den Körper

«Bürgerliche» und «alternative» Lebensreformer

Lebensreform ist «Selbstreform»: Veränderung der Alltagsgewohnheiten und Rückkehr zu einer «naturgemäßen Lebensweise». Die Zahl derjenigen, die um die Jahrhundertwende, aber auch noch in den zwanziger Jahren solchen Vorstellungen nachstrebten, ging in die Hunderttausende. Doch die wenigsten von ihnen lebten «alternativ». Die Mehrheit der Lebensreformer blieb im großen und ganzen den Normen des Bürger- oder Kleinbürgertums verhaftet. Sie übten einen geregelten Beruf aus und pflegten ihr Familienleben. Nur mit einem kleinen Ausschnitt ihres Verhaltens wichen sie vom allgemein üblichen Lebensstil ab: Sie ernährten sich fleischlos, kurierten ihre Krankheiten mit Luftbädern und Wassergüssen statt mit chemischen Präparaten und setzten ihre nackten Körper in Licht- und Luftbädern der Sonne und den Blicken neugieriger Voyeure aus. «Unbürgerlich» waren sie nicht.

Eine kleine Gruppe unter den Lebensreformern aber nahm die Natur-Ideale so ernst, daß sie sich ebensoweit vom bürgerlichen Alltag entfernte wie die Bohémiens. Sie wurden «Aussteiger» wie der Wanderprediger Gustav Gräser – der «Guru» Hermann Hesses – oder wie Ida Hofmann und Henri Oedenkoven, die Begründer der vegetarischen Naturheilanstalt auf dem Monte Verità bei Ascona im Tessin. Der Monte Verità entwickelte sich bald zum Treffpunkt für Anarchisten und Vegetarier, Bohémiens und Okkultisten, Ausdruckstänzer und intellektuelle Landstreicher – kurz: für die Freaks des Deutschen Reiches. Ascona war *das* alternative Reiseziel des frühen 20. Jahrhunderts. Salatesser und ausgeflippte Künstler vertrugen sich zwar nicht immer: «Die Kameraden waren zu pflanzlich für uns, zu ethisch, zu verworren»[1], notierte der aus München angereiste Bohémien Oskar Maria Graf über seine vegetarischen Freunde. Aber dennoch: Die Bohème und die Lebensreform, einig in ihrer Ablehnung des bürgerlichen Alltags – wenn auch mit unterschiedlichen Gründen –, fanden in Ascona ein gemeinsames Idyll.

Eine Minderheit der Lebensreformer bestand also aus «wirklichen» Alternativen: Kommunarden und langhaarigen Vagabunden, Menschen, die mit ihrer – zumeist bürgerlichen – Vergangenheit gebrochen hatten. Doch auch im Weltbild der konventionell lebenden Mehrheit finden sich zahlreiche Parallelen zu heutigen alternativen Vorstellungen. Umweltschutz und «biologische» Landwirtschaft, Skepsis gegenüber der Schulmedizin und der etablierten Wissenschaft, Kritik der Industrialisierung und des Großstadtlebens waren bei den Lebensreformern der Jahrhundertwende üblich. Wenn seit den siebziger Jahren überall in der Alternativszene «Kräuterläden» entstehen, das Interesse an Naturheilkunde, Massage und «gesunder Ernährung» wächst und über Luftverschmutzung und chemische Vergiftung der Nahrungsmittel diskutiert wird, so geht all das – unter anderem – auch auf die Lebensreformbewegungen zurück.

Die Reformhäuser und die Naturheilkunde sind unmittelbar aus der Lebensreform entstanden. Das Nacktbaden ist üblich geworden; die Ernährungsgewohnheiten haben sich, mindestens teilweise, im Sinn der Reformer gewandelt (vitaminreiche Kost, Rohkost-Diät); die Kleidung der wilhelminischen Zeit, welche die Lebensreformer kritisierten (Korsett und «Wespentaille», Schnürstiefel und Zylinder), gehört der Vergangenheit an. Die Lebensreformbewegungen haben Erfolge und dauerhafte Wirkungen erreicht. Manche ihrer Vorstellungen sind nach wie vor hochaktuell.

Ursprünge der Lebensreform

Ausgangspunkt der lebensreformerischen Gesellschaftskritik waren die negativen Folgen von Industrialisierung und Verstädterung, vor allem die immer stärkere Entfremdung der Menschen von der Natur. Körper, Geist und Seele nehmen Schaden; denn nur im Kontakt mit der Natur können sie sich gut entwickeln: «An die Natur müssen wir uns halten. Wir müssen uns in den Schutz ihrer alles frei gewährenden Gesetze stellen, durch sie gesunden, von ihr, die jedem Lebewesen freie Entwicklung läßt, lernen»[2], schrieb Henri Oedenkoven.

Der Mensch ist ein Naturwesen. Die unbewußte Einheit mit «Mutter Natur» hat er verloren; es geht darum, jetzt eine *bewußte* Einheit zu finden.

Diese Grundgedanken waren bereits in der ersten Hälfte des 19. Jahrhunderts formuliert worden. Etwa seit 1895 sprach man von der «Lebensreform»; ihre Ursprünge liegen jedoch weit früher.

Die erste Quelle der Lebensreform war die *Naturheilkunde*. Gegen den Monopolanspruch der Schulmedizin begannen sich um die Mitte des 19. Jahrhunderts jene Traditionen deutlich zu artikulieren, welche bislang in der Volksmedizin der Kräuterweiblein und heilkundigen Bauern ein verborgenes Dasein geführt hatten. Die Bauernsöhne Vincenz Prießnitz und Johannes Schroth entwickelten in eigenen Kuranstalten Ernährungs- und Bewegungstherapien, Fasten- und Kaltwasserkuren. Der Priester Sebastian Kneipp arbeitete mit den Heilwirkungen des Wassers, mit Lehm- und Kräuterpackungen und Kräutertees. Adolf Just gründete die Naturheilanstalt «Jungborn» im Harz, wo er die Erkenntnisse seiner Vorgänger miteinander zu verbinden suchte. Natürliche Heilmittel wie Diät und Wasseranwendungen, Massage und Bewegungskuren, Schwitz-, Licht- und Luftbäder traten bei allen Naturheilkundlern an die Stelle der der Behandlung mit Medikamenten.

Im Gegensatz zur Schulmedizin sah die Naturheilkunde auch die seelischen Krankheitsursachen. Krankheiten erfordern eine «ganzheitliche» Behandlung, nicht bloß das Einwirken auf bestimmte Organe des Körpers. «Nicht aus der Einzelbetrachtung können die Lebensvorgänge verstanden werden, sondern aus ihrer Zusammengehörigkeit in der Ganzheit … Naturheilkunde ist Ganzheitsmedizin.»[3] Krankheit entsteht aus einer Störung der Harmonie zwischen Mensch und Natur. «Naturgemäße Lebensweise» stellt den Einklang wieder her, führt daher zur Gesundheit.

Der *Vegetarismus* bedeutete die Anwendung solcher Überlegungen im Alltagsleben auch der gesunden Menschen. Der Begriff «Vegetarismus» leitet sich nicht von «Vegetabilien» als dem Hauptnahrungsmittel der Vegetarier her, sondern vom lateinischen «vegetus», welches «gesund» oder «munter» bedeutet. Es geht beim Vegetarismus also nicht in erster Linie um eine bestimmte *Ernährungs*weise, sondern vielmehr um eine gesunde *Lebens*art. Die Pflanzenkost bildet einen wesentlichen Teil der natürlichen Lebensweise; wichtig ist aber vor allem das übergeordnete Ziel: sich dem Rhythmus der Natur einzufügen. Nach der Auffassung der Vegetarier ist der Mensch konstitutionell ein Pflanzenfresser; fleischliche Kost schadet daher seiner Gesundheit. Aber auch in sittlicher Hinsicht ist der Fleischgenuß schädlich: Vom Tiermord zum Menschenmord führt nur ein kleiner Schritt, denn Tier wie Mensch sind gleichermaßen Teil der *einen* Natur. Dazu kommt ein ökonomisches Argument: Die Viehzucht beansprucht erheblich mehr Land als der Getreide- und Gemüseanbau; bei allgemeiner pflanzlicher Ernährung würde der gleiche Boden wesentlich mehr Menschen ernähren.

Der Vegetarismus fand in Deutschland seine ersten öffentlichen Fürsprecher um 1835; großen Aufschwung gaben ihm die Veröffentlichungen von Eduard Baltzer. Baltzer, von Beruf Pfarrer, war von der

Ein «Naturmensch» spaziert durch Berlin (1907)

Kirche wegen abweichender religiöser Auffassungen entlassen worden, gehörte als Republikaner und Demokrat dem Frankfurter Vorparlament der Revolution von 1848 an und arbeitete dann als Prediger einer freireligiösen Gemeinde. 1867 bis 1872 veröffentlichte er in vier Bänden die «Natürliche Lebensweise», die einflußreichste theoretische Arbeit der frühen Lebensreform. Vegetarismus ist nach Baltzer die «vernünftige Lebenskunst» – Ordnung des Lebens gemäß den Regeln der Natur. Aus ihrem Geist heraus kann sich die Menschheit erneuern; er ist «eine der Vorbedingungen zur Lebenserneuerung der Gegenwart und aller Zukunft»[4]. «Eine neue materielle und geistige Welt», so bekundet Baltzer, «trat wie eine Offenbarung vor mein Auge»[5] – als er die Bekanntschaft mit dem Vegetarismus machte. Die naturgemäße Lebensweise kann zu individueller wie sozialer Erneuerung führen, im Gegensatz zur Politik, bei der «fast alle und jede Idealität verloren(geht) an niederen, menschlichen Leidenschaften ...»

Auch die *Nacktkulturbewegung* erhoffte von einer neuen Einheit von Mensch und Natur gesellschaftliche Änderungen. Sie hatte sich aus den Licht-Luft-Bädern der Naturheilanstalten entwickelt. Vom letzten Jahrzehnt des 19. Jahrhunderts an fand sie großen Zulauf aus den Reihen der Vegetarier. In verschiedenen deutschen Städten wurden Licht-Luft-Bäder eingerichtet. Theoretiker wie Richard Ungewitter und Heinrich Pudor gaben ihr «philosophische» Begründungen.

Das unbekleidete Sonnenbaden stieß auf den Widerstand von Sittlichkeitsvereinen und – gelegentlich – auch Polizeibehörden. Die ersten Opfer gerichtlicher Strafverfolgung wegen dieses Delikts wurden 1888 die beiden Maler Diefenbach und Fidus. Diefenbach, in München als «Kohlrabi-Apostel» bekannt, lebte seit 1887 mit Schülern und Freunden in Höllriegelskreuth im Isartal. Sein ungewöhnlicher Lebenswandel erregte den Argwohn der örtlichen Gendarmerie. Nachdem der Dorfpolizist ihn und Fidus eines Tages unbekleidet auf der Terrasse ihres Hauses angetroffen hatte, mußten beide sich vor dem Amtsgericht verantworten. Fidus erschien barfuß im Gerichtssaal, was ihm eine Ordnungsstrafe eintrug. Beide Maler wurden zu mehrwöchigen Haftstrafen wegen «groben Unfugs» verurteilt, erreichten aber in der zweiten Instanz eine Aufhebung des Urteils und kamen mit niedrigen Geldbußen davon.

Die Nacktkulturbewegung wandte sich gegen Doppelmoral, Prüderie und falsche Scham des wilhelminischen Bürgertums. Zugleich betonte sie ihre eigene Sittlichkeit. Aus dem unbefangenen Verhältnis zum Körper entstehe, so behauptete sie, ein natürliches Schamgefühl, während die heuchlerische Zivilisationsmoral durch ihre Verbote die Sinnlichkeit über Gebühr reize. «Die Natur kennt keine Kleider»; der nackte Körper könne daher nicht unmoralisch sein. Er sei unschuldig.

In der Begründung der Nacktkultur trafen hygienische und ästhetische Motive zusammen. Bewegung in unbekleidetem Zustand fördere die Gesundheit; aber der nackte Leib sei auch *schön*; es gebe keinen Grund, ihn zu verbergen.

Einige Lebensreformer verbanden die Nacktkultur mit rassisch-völkischen Vorstellungen. Die «Gesundung der Volkskraft» wird die Rasse verbessern. Schöne nackte Germanenmenschen stählen in

Fidus: «Lichtgebet»

Frau Fidus im Reformkleid

Sonne und Wind ihre Leiber und begegnen den Geschlechtspartnern, mit denen zusammen sie rassisch hochstehende Kinder zeugen werden. Unbekleidet kann niemand seine körperlichen Mängel verhüllen; in einer Art natürlicher Auslese finden die Kräftigen und Schönen sich zusammen, während die Häßlichen und Minderwertigen sich unter ihrer Kleidung verstecken müssen.

Nicht selten fanden sich im Umkreis der Lebensreform antisemitische und rassistische Auffassungen. Der diffuse Antikapitalismus der Bewegung und das Programm der Lebenserneuerung wurden von manchen Lebensreformern in völkischem Sinn interpretiert. Die Mehrheit der Lebensreformer war jedoch demokratisch und – in einem meist nicht genau bestimmten Sinn – sozialistisch eingestellt. Unter den Anhängern der Naturheilkunde befanden sich zahlreiche Sozialdemokraten; in der Zeit der Sozialistengesetze wurden Vegetariervereine des öfteren von den Behörden verdächtigt, Tarnorganisationen der SPD zu sein. Auch unter den Anarchisten waren viele Vegetarier. Die individualistische Weltsicht der meisten Lebensreformer schuf eine Nähe zu egalitären und demokratischen Vorstellungen. Schon Eduard Baltzer hatte gefordert, «das Zusammenleben ... auf dem Grund freier Selbstbestimmung zu ordnen»[6]. Die Vegetarier neigten darüber hinaus aus grundsätzlichen Überlegungen zum Pazifismus. Eine proletarische Nacktkulturbewegung hatte nach dem Ersten Weltkrieg Zehntausende von Anhängern, die sich unter anderem für Reformen des Ehe- und des Sexualstrafrechts einsetzten. Die noch heute bestehende sozialdemokratische Organisation der «Naturfreunde» ist aus der Lebensreformbewegung hervorgegangen. Von der Zeit nach dem Ersten Weltkrieg schreibt Franz Jung: «In jenen Jahren war diese Nahrungs- und Lebens-Reformbewegung sehr konform mit den Anfängen der kommunistischen Bewegung in Deutschland; die meisten ihrer Propagandisten konnte man als Mitglieder der Partei wiederfinden.»[7] Mit einigen dieser «alten Freunde» arbeitete Jung noch im Widerstand gegen die Nazis zusammen.

Vegetarische Ernährung, Naturheilkunde, Sonnenbaden, Naturliebe begründen noch keine alternative Bewegung. Für die meisten ihrer Anhänger blieb die Lebensreform eine Weltanschauung, welche das Alltagsleben nur am Rande veränderte. Während den Bohémiens die Gesellschaft zu *geordnet* war, erschien sie den Lebensreformern eher als zu *chaotisch*, zu destruktiv. Sie wollten nicht in die Tiefen des Rauschs, sondern ins Licht, in die Klarheit, in eine durchsonnte Natur. Das Negative, so meinten sie, ließe sich durch vereinte individuelle Anstrengungen überwinden; naturgemäße Lebensweise werde zum «Heil» und zur «Erlösung» führen. Doch das naturgemäße Leben wurde oft zur bloßen Freizeitbeschäftigung; Arbeits- und Wohnverhältnisse blieben im allgemeinen unverändert. Nur ein kleiner Teil der Lebensreformer begann «alternative» Experimente. Zu dieser Minderheit – die uns im folgenden interessieren wird – zählen insbesondere die Begründer lebensreformerischer Landsiedlungen.

Gemeinschaftssiedlungen

Konsequent verstanden führt der Gedanke der Lebensreform zur Idee der ländlichen *Gemeinschaftssiedlung*. In der Stadt war die Einheit mit der Natur letztendlich nicht zu finden. «Der Landbau ist die natürlichste Beschäftigung des Menschen, die Grundlage aller andern»[8] – dieser Auffassung entsprachen die lebensreformerischen Vorstellungen von der Schädlichkeit und Minderwertigkeit des Großstadtlebens. «Je größer die Metropolen anschwellen, um so mehr (wird der Stadtbewohner) aller natürlichen Bedingungen der Gesundheit beraubt»[9], schrieb Franz Oppenheimer. «Das Großstadtleben verdirbt Körper, Geist und Seele, weil es immer mehr von der Natur und allem Natürlichen hinwegführt»[10] (Adolf Just). Zurück zur Natur also, zur landwirtschaftlichen Tätigkeit, die den unmittelbaren Kontakt mit Luft, Licht und Erde ermöglicht.

Solche Gedanken waren nicht erst mit der Lebensreform entstanden. Sie begleiten die gesamte Geschichte des Kapitalismus und der Industrialisierung. Die Lebensreformer aber waren – in Deutschland – die ersten, welche nicht bei theoretischen Erwägungen stehenblieben, sondern wirklich ländliche Genossenschaften und Kommunen gründeten. Die erste dieser Wohn- und Arbeitsgemeinschaften war wohl die Landkommune in Höllkriegelsreuth bei München um den schon erwähnten Maler Karl Wilhelm *Diefenbach*. Diefenbach war, angeregt durch die Schriften Eduard Baltzers, zum Vegetarier geworden, lief gewöhnlich barfuß oder in Sandalen mit langen, wallenden Kleidungsstücken herum und verehrte die «Allmutter Natur» mit Gottesdiensten und Morgengebeten auf den Gipfeln der umliegenden Hügel. Mit Freunden und Schülern lebte er seit 1887 in Höllkriegelsreuth. Privatbesitz und bürgerliche Ehe waren in der Kommune, zu der zeitweilig auch eine Art antiautoritärer Kindergarten gehörte, aufgehoben.

Die Höllkriegelsreuther Gemeinschaft litt allerdings unter dem schnellen Wechsel der Bewohner und dem unberechenbaren Verhalten des Gründers Diefenbach, der allen Idealen zum Trotz die Fäden in der Hand behielt und nötigenfalls seine «Widersacher» aus dem Hause

Karl Wilhelm Diefenbach (links) und Fidus

warf. Die «Diefenbacher» waren zwar im nahegelegenen München stadtbekannt, doch dienten sie mehr dem Amüsement der Bürger als der Verbreitung lebensreformerischer Gedanken.

Die 1893 gegründete «Vegetarische Obstbaukolonie *Eden*» in der Nähe von Oranienburg bei Berlin wurde zur wichtigsten Siedlung der Lebensreformbewegung. Sie sollte «die vegetarische Lebensweise (Lebens- und Selbstreform) mit dem gemeinsamen Bodenbesitz (Sozialreform) in einem neuen Paradiesgarten (‹Gartenkolonie›) ... verbinden»[11]. Die Siedler bildeten eine Genossenschaft. Grund und Boden gehörte der Gemeinschaft; ein Teil des Landes wurde gemeinsam bearbeitet, ein anderer Teil einzeln verpachtet. Man baute vor allem Obst und Beerenfrüchte an; Weiterverarbeitung und Absatz der Erzeugnisse wurden genossenschaftlich organisiert. Ein verbindliches Statut regelte das Zusammenleben.

Die Siedlung entwickelte sich schnell: die Mitgliederzahl stieg von 18 (1893) auf 131 (1900) und 162 (1909). Zwar schienen die Erfolgsaussichten zunächst wenig günstig; über die Anfänge der Siedlung schrieb ein Beteiligter: «Es waren lauter sozusagen pflastermüde Städter, eine ganze Anzahl von Sonderlingen und Sektierern aller Art dazwischen; sie wollten ihre Existenz auf den Obstbau stellen, von dem kaum einer von ihnen die geringste Ahnung hatte».[12] Dennoch war die Genossenschaft, von einigen Krisenjahren abgesehen, wirtschaftlich recht erfolgreich. Mit «biologisch» angebautem Obst, später auch mit Fruchtsäften und Marmeladen, wurden die damals entstehenden Reformhäuser beliefert. Zu den Kunden der Siedlung zählten bald auch Naturheilvereine und einzelne Verbände der Jugendbewegung.

Weltanschauliche Grundlage Edens war der Vegetarismus; allerdings fanden ab 1901 auch Nicht-Vegetarier Aufnahme in die Genossenschaft. Verboten blieb aber der Alkoholgenuß.

Die zugehörige Theorie der Siedlungsgenossenschaft entwickelte der Arzt und Nationalökonom Franz Oppenheimer, der auch an den Statuten von Eden federführend mitgewirkt hatte, aber selbst – als Weintrinker und Zigarrenraucher – nicht in die Genossenschaft aufgenommen werden konnte. Oppenheimer wollte mit Hilfe von Genossenschaften den Kapitalismus überwinden. In der Genossenschaft gibt es keine Ausbeutung, da Bodenrente und Unternehmergewinn fortfallen. Genossenschaften arbeiten nach dieser Auffassung zudem produktiver als Privatbetriebe; sie können diese nach und nach niederkonkurrieren und auf friedlichem Wege die ganze Gesellschaft nach ihrem Modell organisieren. In Gemeinschaft verbundene Menschen werden dann, auf Grund und Boden, der allen gehört, gemeinsam arbeiten. Die sozialen Fragen und das Problem der Großstadt finden so ihre Lösung.

Eden entwickelte sich zur dauerhaftesten Siedlung der Lebensreformbewegung. In der Weimarer Republik wurde es zu einem stabilen Zentrum lebensreformerischer Bestrebungen. Die Genossenschaft arbeitete mit Teilen der Jugendbewegung zusammen und organisierte internationale Vegetariertreffen. Im Dritten Reich existierte die Siedlung, in der schon frühzeitig völkische Ideen artikuliert worden waren, unbehindert weiter. Noch heute besteht in Eden (das jetzt zur DDR gehört) eine Genossenschaft, welche private Reformhäuser und Diät-HO-Läden beliefert.

Die weitreichenden Pläne Oppenheimers waren allerdings durch diese Siedlung nicht zu verwirklichen, zumal alle weiteren Genossenschaftspläne der Lebensreformer schnell scheiterten. Ein charakteristisches Beispiel dafür ist die von Hans Weisen detailliert geplante Siedlung *Wießeloh* am Edertalstausee. Weisen hatte genau ausgerechnet, wieviel Stunden täglich in seiner Siedlung für die Freiluftatmung genutzt werden könnten und wieviel Kartoffeln die Siedler jeweils zum Verzehr benötigten. Als es aber an den Hausbau ging, kaufte er eine große Ladung Buchenholz – welches für den Außenbau ungeeignet ist, da es Nässe zieht. Es scheint, als habe er dann aufgegeben.

Angeregt durch die Edener Siedlung entwickelten auch die Anarchisten um Gustav *Landauer* eine Siedlungstheorie. Landauer sprach sich dafür aus, mit der Verwirklichung eines freiheitlichen Sozialismus sofort zu beginnen: in ländlichen Anarchistengemeinschaften, welche der Gesellschaft die Ideale der Freiheit und Gleichheit praktisch vorleben sollten. Die Siedlung würde so zum «Wegweiser» in eine bessere Zukunft werden. «Wir wollen die Grundform der neuen, der wirklichen, der sozialistischen, der freien und staatlosen Gesellschaft schaffen: die Gemeinde»[13], schrieb Landauer.

In dieser Gemeinschaft wären geistige und körperliche, landwirtschaftliche und handwerkliche Arbeit harmonisch und abwechslungsreich miteinander verbunden. Auch Unterricht und Arbeit, Spiel und Arbeit blieben nicht mehr getrennt. Der Gedanke der «Entschulung» taucht auf: «Denkt auch daran, was für eine Oedigkeit und Herzens- und Verstandesleere die Schule heute schafft, die vom Leben getrennt ist; denkt daran, wie selbstverständlich in diesem Landleben für die Kinder Arbeit, Erholung und Ausbildung ... vereinigt sein werden.»[14]

Die Geistesarbeiter werden «wieder eintauchen in den Strom des wirklichen Lebens»[15]. Ein neuer Geist wird zugleich mit den neuen

Verhältnissen entstehen. So kann, ähnlich wie in Oppenheimers Konzept, die Gesellschaft durch die Ausbreitung der Siedlungen umgewandelt werden.

Landauers Schüler Mühsam verkündete: «Aus den Gemeinschaften, Bünden, Siedlungen, Kommunen wird eine neue soziale Gesellschaft entstehen, die gewiß ... besser sein wird als der Staat mit seinen Kasernen, Gefängnissen, Zuchthäusern, Bordellen, Polizeiwachen, Zwangsschulen, Kirchen und Parlamenten.»[16] In der Zeitschrift *Sozialist* schilderte ein begeisterter Artikel das Leben im «Sozialistendorf». Aber das Sozialistendorf gab es nicht. Es wurde nie gegründet.

Ascona und der Monte Verità

Eden war die «produktivste» und dauerhafteste unter den lebensreformerischen Siedlungen; der Monte Verità bei Ascona im Tessin entwickelte sich demgegenüber zum wichtigsten *Treffpunkt* unter allen Gemeinschaftsgründungen des frühen 20. Jahrhunderts. Er wurde zum vorübergehenden oder dauernden Aufenthaltsort nicht nur für umherreisende Lebensreformer, sondern auch für Bohémiens, Anarchisten, Religionsstifter, Erneuerer des Tanzes, radikale Rechtschreib- und Seelenreformer aus dem gesamten Deutschen Reich. Nirgendwo sonst hat sich alternatives Leben vor dem Ersten Weltkrieg in vergleichbarer Weise konzentriert, nirgendwo sonst sind alle alternativen Strömungen jener Jahre gleichermaßen vertreten gewesen.

Bereits in den letzten Jahrzehnten des 19. Jahrhunderts hatten sich verschiedene Außenseiter – Künstler, Vegetarier, politische Flüchtlinge, religiöse Sektierer – in der Gegend um Ascona angesiedelt. Franz Hartmann und Alfred Pioda planten 1889 die Errichtung eines «Laienklosters» auf dem späteren Monte Verità. Der Plan wurde nicht realisiert; der Hügel – welcher damals noch Monte Monescia hieß – belebte sich erst mit der Ankunft einer fünfköpfigen Gruppe von Lebensreformern, die im Herbst 1900 den Aufbau einer gemeinschaftlichen Siedlung begannen.

Die treibenden Kräfte der Gruppe waren der belgische Industriellensohn Henri Oedenkoven, ein Fünfundzwanzigjähriger, der in langen Jahren der Krankheit die Naturheilkunde kennengelernt hatte und nun ein neues Leben im Einklang mit der Natur beginnen wollte, und seine um elf Jahre ältere Freundin Ida Hofmann, Klavierlehrerin, Feministin, Vegetarierin, welche unbehindert von den gesellschaftlichen Konventionen ihre Vorstellungen von Gemeinschaft, Ernährung, Kleidung, Umgangsformen zu verwirklichen suchte. Dazu kamen die beiden Brüder Karl und Gustav Gräser sowie eine junge Frau namens Lotte Hattemer. Ida Hofmanns Schwester Jenny, die sich ebenfalls an dem Projekt beteiligte, war vorläufig noch in Deutschland zurückgeblieben.

Die Gruppe plante, auf gemeinsam zu erwerbendem Land eine Naturheilanstalt zu errichten, den Boden zu bebauen, sich nach Möglichkeit selbst mit Lebensmitteln und Dingen des täglichen Bedarfs zu versorgen, auf die Dauer womöglich Schulen und Fabrikationsbetriebe zu errichten – kurz: auf genossenschaftlicher Grundlage eine Siedlung zu gründen, in der ein naturnahes Leben möglich und die ökonomische Ausbeutung abgeschafft wäre. Der Hügel des Monte Monescia, «150 Meter über dem Lago Maggiore, im Mittelpunkt dreier Täler gelegen, im weiteren Umkreis von schneebedeckten Bergen umkränzt, ferne allem höllischen Getriebe und den Übelständen der Städte»[17], schien den Siedlern für dieses Projekt das geeignete Gelände. Sie erwarben das schöne, wenn auch vernachlässigte Stück Land, auf dem ein kleines Steinhäuschen stand, umgeben von verwilderten Rebhängen, Kastanienwald, Felsen und Gestrüpp.

Im Winter begann die Arbeit. Sie begann mit Konflikten. Henri Oedenkoven und Ida Hofmann vertraten pragmatische Standpunkte, Karl Gräser und vor allem sein «Gusto» genannter Bruder Gustav bestanden auf lebensreformerischer Prinzipienreinheit. Karl Gräser lehnte nicht nur den Gebrauch des Geldes, sondern überhaupt die Verwendung von Metallen, welche nach seiner Meinung ungestört in der Erde zu ruhen hätten, nachdrücklich ab. Auch wandte er sich in allgemeiner Form gegen die Technik. Gusto Gräser, langhaarig und ungewöhnlich gekleidet – ein Mensch, der gelegentlich als Visitenkarte Grashalme abgab und sich aus «Bescheidenheit» «Gras» statt «Gräser» nannte –, fügte sich nicht in die Arbeit ein und wurde gegen den Protest seines Bruders von Oedenkoven – der den Ankauf des Landes zum großen Teil finanziert hatte – aus der Gruppe ausgeschlossen. An seiner Stelle kamen vorübergehend neue Teilnehmer hinzu. Die Arbeit schritt langsam fort, die Diskussionen hatten Vorrang.

Im Laufe des Winters entstanden auf dem Berg «Lufthütten», einfache doppelwandige Holzhäuser; Obstbäume und Sträucher wurden gepflanzt. Doch konnte an eine Eröffnung der geplanten Naturheilanstalt vorerst nicht gedacht werden, die Arbeiten waren nicht weit genug gediehen. Trotzdem wurde das begonnene Projekt schnell über Ascona hinaus – insbesondere in Deutschland – bekannt. Lebensreformerische Zeitschriften hatten über das Vorhaben der Siedlergruppe

Reigentanz auf dem Monte Verità. Links außen Henri Oedenkoven und Ida Hofmann, in der Mitte, noch mit vergleichsweise städtischer Kleidung, Raphael Friedeberg

Gartenarbeit im «Naturkleid» auf dem Monte Verità (vor 1905)

Auf dem Monte Verità (der Mann auf dem Mühlrad ist vermutlich Erich Mühsam)

«Licht-Luft-Bäder» und «Licht-Luft-Hütten» auf dem Monte Verità (1907)

berichtet. Erste neugierige Besucher trafen ein. Sie schliefen auf Heulagern, zogen die Siedler in lange Gespräche und halfen gelegentlich bei der Arbeit. Ein «reges geselliges Leben»[18] entwickelte sich. In den halbfertigen Hütten wurden Vorträge und Diskussionen abgehalten. Der Jugendstil-Künstler Fidus erschien und der Wanderprediger Josua Klein, der in «gewaltigen Predigten» von seiner «Gottgesandtschaft»[19] sprach. Ida Hofmann notierte entnervt: «Die Vereinigung so vieler verschiedener Elemente verursachte eine heillose Unordnung auf unserem Berge. Die meisten tun nicht das Notwendige zur Förderung des Zwecks, sondern ungefähr genau das, was ihnen beliebt. Es waltet eine schlecht verstandene Anarchie.»[20]

Es wurde beschlossen, von fremden Gästen ein Eintrittsgeld zu erheben. Doch half auch das nicht viel. Oedenkoven und Ida Hofmann gingen vorübergehend auf ausgiebige Bergwanderungen, um dem Trubel zu entkommen.

Im Winter 1901/02 kam es zum Bruch in der Siedlergruppe. Karl Gräser und Jenny Hofmann, die mittlerweile als Paar zusammenlebten, wurden von Oedenkoven «ausgezahlt», verließen das gemeinsam erworbene Gelände und ließen sich in einem Haus unterhalb der Siedlung nieder. Auch Lotte Hattemer schied aus der Gruppe. Oedenkoven und Ida Hofmann arbeiteten mit wechselnden Mitarbeitern weiter, zunächst nach wie vor auf genossenschaftlicher Basis.

Da die Arbeiten immer noch nicht schnell genug vorwärtskamen, beauftragte man nunmehr Handwerker mit der Errichtung der noch fehlenden Gebäude. Im Frühjahr 1902 waren die Arbeiten so weit gediehen, daß die Naturheilanstalt eröffnet werden konnte. Ein erster Prospekt erschien. Das Anwesen wurde auf den Namen «Monte Verità» – «Berg der Wahrheit» – getauft. Ida Hofmann erläuterte die Namensgebung in Reform-Orthographie: «... dass wir keines wegs behaupten die ‹wahrheit› gefunden zu haben, monopolisiren zu wolen, sondern dass wir entgegen dem oft lügnerischen gebaren der geschäftswelt, u. dem her konvenzioneler forurteile der geselschaft, danach streben, in wort u. tat ‹war› zu sein, der lüge zur fernichtung, der warheit zum sige zu ferhelfen.»[21]

Das Interesse an dem vegetarischen Sanatorium (Erich Mühsam nannte es bald darauf: «Salatorium») war groß; größer aber noch das Interesse am Monte Verità als alternativem Treffpunkt, unabhängig von seinen möglichen gesundheitlichen Wirkungen. Lebensreformer und Anarchisten erschienen in zunehmender Anzahl. Theosophen, Buddhisten, religiöse Propheten tauchten auf. Alle Arten von Vegetariern zog es zum Monte Verità, darunter radikale wie den von Emil Szittya beschriebenen Kokosnußesser, «der behauptete, alle Nah-

Der «Buchhalter» der Naturheilanstalt, der ehemalige Kaufmann Salomonson, verkaufte dieses Foto, das ihn bei der Gartenarbeit zeigt, als Postkarte mit der Aufschrift: «Die Schande hat uns gekleidet, die Ehre wird uns wieder nackt machen.»

rung, sogar die Gemüse, wären sündig, weil sie der Erde zu nahe wüchsen ... Es gäbe nur eine heilige Nahrung, die Kokosnuß»[22], oder den Gegner der Weintrauben, über den Mühsam berichtete, er habe den Genuß von Weintrauben aus Keuschheitsgründen abgelehnt: «Weintrauben, behauptet er, wirken auf die Geschlechtsnerven, denn schon die alten Griechen feierten das Fest des Dionysos zugleich mit dem der Aphrodite.»[23] Kurz, die verschiedensten Außenseiter begannen, Ascona und den Monte Verità zu bevölkern. Einige von ihnen siedelten sich dauerhaft in der Gegend an. 1903/04 wurde der Monte Verità bereits von 30 bis 40 Personen bewohnt; ein Teil von ihnen lebte ständig dort.

Das Projekt, das zu diesen Entwicklungen den Anstoß gegeben hatte – die genossenschaftlich betriebene Naturheilanstalt –, hielt sich indessen nur unter Schwierigkeiten am Leben. Immer wieder mußte Henri Oedenkoven seine wohlhabenden Eltern um finanzielle Unterstützung angehen. Mehr und mehr verloren sich die ursprünglich gemeinschaftlichen Strukturen. Ab 1905 wurden bezahlte Angestellte – Gärtner, Buchhalter, Masseur, einige Tagelöhner – beschäftigt. Das Prinzip der freiwilligen Arbeit verschwand. An ihren lebensreformerischen Ideen – vor allem am Vegetarismus – hielten Ida Hofmann und Henri Oedenkoven zwar fest; wo diese sich aber an ökonomischen Zwängen stießen, mußten sie in den Hintergrund treten.

Das änderte nichts an der außerordentlichen Lebendigkeit, die sich auf und um den Monte Verità entfaltete. Die deutschen Alternativen jener Jahre – der weitaus größte Teil der Gäste waren Deutsche – hatten ihr südliches Zentrum gefunden. Das milde Klima, die günstigen Preise, die Toleranz der Bevölkerung, die Rückkehr zu einer als warm und wohltuend empfundenen Natur (Ulrich Linse hat Ascona als Ort einer religiös verstandenen «Mutter Erde» interpretiert[24]), das ungezwungene Zusammenleben mit mehr oder minder Gleichgesinnten – das alles machte Ascona zum Anziehungspunkt. Ida Hofmann und Henri Oedenkoven hatten, ohne es zu beabsichtigen, diese Entwicklung in Gang gesetzt. Jetzt entfaltete sich alternatives Leben nicht nur auf «ihrem» Berg, sondern in der gesamten Umgebung Asconas.

Kleine Gruppen von Vegatariern, Anarchisten, religiösen Sektierern lebten überall um den Monte Verità zusammen. Oskar Maria Graf berichtet über eine solche Gruppe lebensreformerischer Anarchisten: «Jeder hatte sich eine Behausung zurechtgemacht und arbeitete nur zeitweilig, um die Mußestunden seiner freien Entwicklung widmen zu können. Es waren eigentlich alles Leute mit einem geheimen Hang, sogar mit einem leisen künstlerischen Einschlag ... Es wurde viel diskutiert. Pläne wurden entworfen für eine spätere anarchistische Siedlung in Brasilien …

Man kam Abend für Abend zusammen, las Kropotkin, Landauer, Proudhon und diskutierte darüber. Oft wurde es erregt, aber man verstand sich. Den Tag über arbeiteten alle.»[25]

Der Fürst Kropotkin selbst, einer der großen anarchistischen Theoretiker, hielt sich in Ascona auf. Um den anarchistischen Berliner Arzt Raphael Friedeberg lebte «zeitweise eine ganze anarchistische Kolonie»[26]. Erich Mühsam erschien 1904 in Ascona und verfaßte über seine Eindrücke eine Broschüre, in der er vorschlug, Ascona zu einem «Zufluchtsort» zu machen «für entlassene oder entwichene Strafgefangene, für verfolgte Heimatlose, für alle diejenigen, die als Opfer der bestehenden Zustände gehetzt, gemartert, steuerlos treiben, und die doch die Sehnsucht noch nicht eingebüßt haben, unter Menschen, die sie als Mitmenschen achten, menschenwürdig zu leben»[27].

Nach Mühsam kamen weitere Bohémiens: Otto Gross und Karl Wolfskehl, Oskar Maria Graf und Leonhard Frank, Else Lasker-Schüler und Hugo Ball. Franziska zu Reventlow ließ sich ab 1909 in Ascona nieder.

Unter den Vegetariern fanden sich die merkwürdigsten Typen: Der aus der Oedenkovenschen Siedlung verstoßene Gusto Gräser erschien gelegentlich wieder in Ascona. Über die Wirkung seines Äußeren, mit langen Haaren, Stirnband, Tunika und bloßen Beinen, berichtet Ida Hofmann: «Kinder knien vor ihm nieder, denn sie meinen, der Heiland sei erschienen.»[28] Aus seiner Reisetasche pflegte der «Urhippie»[29] Gedichte hervorzuziehen, die er mit lauter Stimme deklamierte. Er stand lange Jahre mit Hermann Hesse (der sich 1906 auf dem Monte Verità einer Kur unterzog) in Kontakt und hat ihn allem Anschein nach wirksam beeinflußt.

Gustaf Nagel, «Liedermacher von Gottesgnaden», wanderte in allen Wetterlagen barfuß und im Hemde, was ihm die Anerkennung vieler Naturfreunde einbrachte. Der ehemalige holländische Konsul und Kaufmann Salomonson, Buchhalter der Naturheilanstalt, verkaufte Postkarten mit seinem nackten Abbild und der Aufschrift: «Die Schande hat uns gekleidet, die Ehre wird uns wieder nackt machen.» Vielfach wurde Vegetarismus und Naturnähe überspitzt und überspannt.

Mühsam und sein Freund Johannes Nohl gehörten zu den wenigen Auswärtigen, die engen Kontakt zur einheimischen Bevölkerung hielten. Zwar behandelten die Tessiner die ausgeflippten Deutschen im allgemeinen mit gutmütiger Toleranz. Doch stellte sich keine Nähe her. Nohl und Mühsam hingegen «lebten mit der einheimischen Bevölkerung, als ob sie von jher dazu gehört hätten»[30]. Um so größeren Abstand hielten sie zu den Vegetariern, denen Mühsam spöttisch in den Mund legte:

«Wir essen Salat, ja wir essen Salat,
Und essen Gemüse früh und spat.
Und schimpft ihr den Vegetarier einen Tropf,
So schmeißen wir euch eine Walnuß an den Kopf.»[31]

Bis zum Ersten Weltkrieg blieben Ascona und der Monte Verità alternativer Treffpunkt. Es «dürften [bis zu diesem Zeitpunkt; C. C.] eher einige tausend als einige hundert nicht nur als Kurgäste oder neugierige Touristen, sondern als Seelen- und Lebenssucher über diesen Berg gewandert sein»[32]. Während des Krieges kam noch einmal neuer Zuzug aus den Kreisen der in Zürich versammelten Emigranten und Kriegsgegner. Auch nach 1918 behielt Ascona seinen Charakter als Begegnungsort für Künstler und Lebensreformer; doch es war nicht mehr «alternativ». Die deutsche alternative «Szene» bestand nicht mehr. Sie hatte sich mit dem Ersten Weltkrieg aufgelöst.

Henri Oedenkoven und Ida Hofmann verließen 1920 den Monte Verità, wanderten zunächst nach Spanien, später nach Brasilien aus.

Hotel und Restaurant, welche auf dem Berg mittlerweile eingerichtet waren, wechselten mehrfach die Besitzer, bis 1927 der deutsche Baron Eduard von der Heydt das Gelände erwarb.

Nahezu zwanzig Jahre lang haben Ascona und der Monte Verità den frühen deutschen Alternativen als Treffpunkt gedient. Es war der einzige Ort, wo alle zusammenkamen: Bohémiens und Lebensreformer, Anarchisten und spirituelle Sucher. Vielleicht ist es kein Zufall, daß dieser Treffpunkt *außerhalb* Deutschlands lag; schon damals haben viele deutsche Alternative ein gebrochenes Verhältnis zu ihrem eigenen Land gehabt: es war ihnen zu geordnet, zu bieder, zu eng. Sie fühlten sich freier in der liberalen Schweiz, damals Zufluchtsort für Emigranten aus aller Welt, und unter der Tessiner Bevölkerung. An Ascona schieden sich die Geister: Die deutsch-völkischen und antisemitischen Lebensreformer sind dort nicht aufgetaucht. Sie blieben zu Hause. Germanische Art konnte im «welschen» Tessin nicht gedeihen. Die «Alternativen» aber unter den Lebensreformern – von den Bohémiens zu schweigen – waren kosmopolitisch eingestellt, mobil, reiselustig. Es störte sie nicht, daß das Zentrum Ascona nicht im «Vaterland» lag.

3. Jugendbewegung: Natur und Gemeinschaft

Entwicklung der Jugendbewegung

Als im Spätsommer des Jahres 1896 die ersten Wandervögel mit Gitarre und Rucksack in die freie Natur aufbrachen, hatten sie kein bestimmtes Ziel vor Augen. Gewiß, diese Berliner Schüler wollten der Natur näherkommen, die ihnen in der Großstadt verlorenzugehen schien. Der Wunsch scheint merkwürdig für eine Zeit, die weder Autostraßen noch Starkstromleitungen, weder Radios noch Großkraftwerke kannte. Aber Mietskasernen gab es, Fabriken, Straßenbahnen, nachts leuchteten die Gaslaternen, der Mond blickte daher nur noch blaß in die Schlafkammern der Großstadtjugendlichen; rauschende Mühlbäche und ratternde Postkutschen waren ihnen so fremd wie uns Heutigen. Der naive Bezug zur Natur war den Stadtmenschen schon lange entglitten, Eichendorff und Mörike – deren Gedichte von fahrenden Gesellen und Waldeseinsamkeit den Berliner Gymnasiasten in den Ohren klangen – beschworen eine längst vergangene Zeit. Wenn die sechzehn- bis achtzehnjährigen Schüler loszogen in die Umgebung der Stadt, so betraten sie eine Welt, die ihnen höchstens aus der Literatur vertraut, die ihnen also neu war.

Bei diesen Wanderungen waren sie *unter sich*. Die Kontrolle durch die Erwachsenen verschwand. Zu Hause hatte man sich zu benehmen, die Rollen waren in dieser guten alten Zeit noch eindeutig verteilt, der Vater bestimmte, und Kinder waren eben Kinder, «dumme Jungen», von den Mädchen sprach man gar nicht erst. Nun auf einmal bewegten sich die Jugendlichen nicht unter den strengen Vaterblikken, auch die besorgte Mutter blieb daheim. Keiner schlug über die Stränge, dazu war die bürgerliche Jugend von 1900 zu gut erzogen. Und doch: Es ging lockerer zu als in Elternhaus und Schule, ungezwungener, freier. Das Ursprüngliche und Echte schien schon fast entglitten hinter den Konventionen der Elternhäuser, der Geldjagd der Väter, dem Schleier städtischer Zerstreuungen. Die Jugend brach auf, es wiederzufinden.

Aber das war den Jugendlichen nicht deutlich bewußt. Sie verließen für einige Tage oder Stunden die Großstadt, weil es ihnen reizvoll erschien, angenehm, spannend, weil man beim Wandern auf Herausforderungen traf, die es in der Stadt nicht gab. Es hätte die Berliner Schüler gewiß sehr erstaunt, wenn sie gewußt hätten, daß bald Zehntausende es ihnen gleichtun würden, daß die Sonntagswanderungen in die Mark Brandenburg der Beginn einer großen und folgenreichen Jugendbewegung waren.

Merkwürdig genug hatte alles mit der Gründung eines «Stenographenvereins» begonnen. Schüler des Gymnasiums Steglitz schlossen sich zusammen, um Stenographie zu lernen. Aus der Arbeitsgruppe wurde ein Freundeskreis. Der Student Hermann Hoffmann wirkte als Lehrer und «Führer»; er regte die Jungen zu den ersten Wanderungen an. Bedeutete damals schon das Wandern, «eine Tätigkeit außerhalb des Kanons für nützliche Beschäftigungen», wie ein Beteiligter später schrieb, «nichts geringeres als eine ‹Revolte gegen die Alten›»?[1] Wir wissen es nicht; aber deutlich ist, daß das Wandern sehr schnell Verhaltensweisen und Bräuche mit sich brachte, die denjenigen der bürgerlichen Welt um 1900 entgegengesetzt waren: die Rückkehr zum «einfachen Leben», das Übernachten in Wäldern und Scheunen, das Kochen unter freiem Himmel, die Wanderkleidung mit kurzen Hosen und offenem Hemd, die gemeinsame Fahrtenkasse.

Die Wanderfahrten der Steglitzer, die sich noch nicht «Wandervögel», sondern nach dem Vorbild der mittelalterlichen fahrenden Scholaren «Bacchanten» nannten, fanden bald das Interesse anderer Schüler innerhalb und außerhalb Berlins. Neue Wandergruppen entstanden, die Wanderidee breitete sich unter bürgerlichen Jugendlichen aus. Die Gruppen schlossen sich in einer lockeren Organisation zusammen, welche 1901, bei der formellen Vereinsgründung, den Namen «Wandervogel» annahm. Wie es sich für zukunftweisende Bewegungen gehört, kam es schon kurz darauf zu einer Spaltung; um Karl Fischer bildete sich der «Altwandervogel», um Siegfried Copalle und den Pädagogen Ludwig Gurlitt der «Wandervogel e. V.». Die Geschichte der Jugendbewegung ist *auch* eine Geschichte persönlicher Eitelkeiten und Streitigkeiten; da man sich um persönliche «Wahrhaftigkeit» bemühte, wurden diese vielfach deutlicher sichtbar als in straff gelenkten Organisationen, wo solche Phänomene im allgemeinen mit sachlichen Gründen bemäntelt werden.

Die einzelnen Wandergruppen umfaßten im allgemeinen zwischen acht und zwanzig Mitglieder, zunächst nur Jungen zwischen zwölf und neunzehn Jahren. (Die ersten Mädchenwandergruppen bildeten sich 1905, das «gemischte» Wandern kam um 1910 auf.) Gruppenleiter war meist ein Student oder Berufstätiger, in späteren Jahren immer jemand, der als Jugendlicher selbst an einer Gruppe teilgenommen hatte. Älter als fünfundzwanzig sollte der Leiter nicht sein, doch auch

Eine der ersten großen Wandervogel-Fahrten («Harz-Rhein-Fahrt» 1898). Vorn rechts: der Initiator der Wandervogel-Bewegung Hermann Hoffmann. Die Teilnehmer tragen noch die konventionelle Pennälerkleidung.

Nachtquartier auf der Harz-Rhein-Fahrt 1898.

nicht gleichaltrig mit den Schülern; man hielt es für wichtig, daß ein Erfahrener, Reiferer eine Gruppe integriere.

Gab es mehrere Gruppen (oder «Horden») in einer Stadt, so waren sie zu einer «Ortsgruppe» zusammengeschlossen. Doch blieb jede Gruppe bei ihren Unternehmungen völlig autonom; eine Lenkung «von oben» haben Wandervogel und Jugendbewegung nie gekannt.

1903 fanden sich organisierte «Wandervögel» bereits in 78 Orten Deutschlands, die Anzahl der Mitglieder belief sich auf etwa tausendfünfhundert. Die Gruppen beließen es jetzt nicht mehr nur bei den Wanderungen, sie schufen sich «Nester» – Treffpunkte –, oftmals in verfallenen Gebäuden außerhalb der Stadt, welche sie wiederherrichteten. Das Bedürfnis nach gemeinschaftlichem, von den Erwachsenen ungestörtem Leben wuchs; neben den Wanderungen traf man sich zu Gruppenabenden, sang, musizierte, sprach. Dabei blieb der Wandervogel absichtlich unintellektuell, er suchte die Nähe zu Natur und Heimat, das gefühlsmäßige Erleben. «Kultur» und «Bildung» pflegte man nicht, sie hätten die unmittelbaren Erfahrungen verfälschen können.

Eine andere Richtung vertrat der 1905 gegründete «Hamburger Wanderverein». Er wollte bewußt eine «Form der gesellschaftlichen Jugendkultur», eine «Umgestaltung der Lebensführung der großstädtischen Jugend»[2] verwirklichen. Hier wanderte man nicht nur in die Natur hinaus, man versuchte auch, Fabriken und Werkstätten kennenzulernen, grundsätzliche Fragen der Lebensführung zu diskutieren, man gründete Literaturgruppen, eine «photographische Kommission» und einen «Ausschuß für Heideforschung».

Beide Richtungen, die «instinktive», absichtslose, gelegentlich volkstümelnde des Wandervogels und die intellektuellere, an Veränderungen der Gesellschaft interessierte des Wandervereins sind in der Jugendbewegung immer lebendig geblieben, haben sich bekämpft und gegenseitig angeregt. In den Jahren vor dem Ersten Weltkrieg ist wohl die erste Richtung einflußreicher gewesen, unmittelbar nach dem Krieg, als ganz Deutschland «politisiert» war, dann eindeutig die zweite.

Die ersten Wandervögel wurden Studenten; so faßte die neue Jugendbewegung auch an den Universitäten Fuß. 1906 bildete in Göttingen die «Akademische Freischar», bald darauf in Jena um den Verleger Eugen Diederichs der «Sera-Kreis», 1912 in Marburg die «Akademische Vereinigung». Alle diese Gruppen wandten sich gegen das akademische Spießertum der Korpsstudenten, das Fechten und Saufen und bemühten sich darum, an Stelle solcher Freizeitbeschäftigungen mit dem Wandern, dem Gespräch, dem Musizieren und in ersten Anfängen auch dem Theaterspielen eine produktive Geselligkeit zu

Singgruppe um 1910. Das «gemischte Wandern» von Jungen und Mädchen hat sich durchgesetzt.

Wandervögel um 1913. Die Kleidung ist «naturnah« geworden: keine Kopfbedeckung, kurze Hosen, leichte Leinenkittel.

setzen. Als Unterscheidungsmerkmal vom «Philistertum» spielte dabei – unter dem Einfluß der Lebensreform – die Alkoholfeindschaft eine wesentliche Rolle; Bedeutung erlangte in der frühen Jugendbewegung daher ein «Bund abstinenter Studenten».

Der Wandervogel wuchs unterdessen weiter, bildete neue Organisationen («Wandervogel Deutscher Bund», «Jungwandervogel») neben den alten. Das Wandervogel-Liederbuch «Zupfgeigenhansl» von Hans Breuer (1908) wurde zum Bestseller. 1911 gab es 412 Wandervogel-Ortsgruppen, die Mitgliederzahl wurde auf 35000 geschätzt.

Noch immer aber hatten alle diese Jugendlichen keinen anderen Zusammenhalt als die gemeinsame Idee des Wanderns – überzeugender Beweis dafür, daß eine Bewegung wachsen und wirken kann, ohne das geringste geschriebene «Programm» vorzuzeigen.

1913 sollten im gesamten Deutschen Reich Hundertjahrfeiern zur Erinnerung an die Völkerschlacht bei Leipzig abgehalten werden. Gewaltige Mengen Bier würden bei diesen patriotischen Festen fließen, die abstinenten Studenten hätten gern dagegen demonstriert. Die Wandervogel- und Studentengruppen berieten, ob sie dem Pathos und den Besäufnissen nicht etwas Besseres entgegensetzen könnten. Man beschloß, «ein neuartiges Fest zu feiern, das diese hochstrebende Jugend als Ausdruck ihres Wesens schöpferisch gestalten wollte»[3].

Die geplante antialkoholische Feier entwickelte sich zum ersten großen Treffen der neuen deutschen Jugendbewegung. Vom 10. bis 12. Oktober 1913 trafen sich auf dem Hohen Meißner in Nordhessen ungefähr 2000 Jugendliche. Erstmalig verbreitete sich das Gefühl, man gehöre einer *gemeinsamen* Bewegung an. Wandervogelbünde und Studentengruppen, aber auch fortschrittliche Privatschulen und der «Bund für Freie Schulgemeinden» hatten zu dem Treffen aufgerufen. «Die deutsche Jugend steht an einem entscheidenden Wendepunkte ...» hatte es im Aufruf geheißen. «Uns allen schwebt als gemeinsames Ziel vor die Erarbeitung neuer Lebensformen, zunächst für die deutsche Jugend. Hieran wollen wir alle, jeder in seiner Eigenart, mitwirken. Wir wollen auch weiter getrennt marschieren, aber in dem Bewußtsein, daß uns ein Grundgefühl zusammenschließt ... Das Fest der Jugend wollen wir begehen ... als eine Gedenk- und Auferstehungsfeier jenes Geistes der Freiheitskämpfe, zu dem wir uns bekennen.»[4]

Wissenschaftler, Pädagogen, Schriftsteller sandten Grußbotschaften; von Ludwig Klages wurde der «grüne» Aufruf «Mensch und Erde» (vgl. oben S. 36f) verlesen. Wichtiger aber war für die anwesenden Jugendlichen das Gefühl der Gemeinsamkeit, die Erfahrung, daß man jetzt wirklich eine Bewegung geschaffen hatte, die Bestand haben würde.

Auf dem Meißner-Treffen 1913. Mit der Laute Alfred Kurella, Jugendbewegungs-«Theoretiker» und später hoher Parteifunktionär der SED.

Auf dem Meißnertreffen 1913

Kaum hatte sich die Jugendbewegung (man sprach seit dem Meißner-Treffen von der «Freideutschen Jugend») in dieser Weise öffentlich bemerkbar gemacht, so stieß sie auf die ersten größeren politischen Widerstände. Die bayrische Regierung verbot wegen der «Unmoral» einiger darin enthaltener Lieder den «Zupfgeigenhansl», im bayrischen Parlament wurden der Jugendbewegung «geschlechtliche Zügellosigkeit» und Kampf gegen Elternhaus, Schule, Religion und Patriotismus unterstellt.

Die Freideutsche Jugend organisierte gegen diese Vorwürfe Anfang 1914 eine Protestkundgebung in München; der Soziologe Alfred Weber als Hauptredner verteidigte die Jugendbewegung. Doch lag in dieser Veranstaltung auch ein Keim für weitere Zwistigkeiten; die Sprecher der Freideutschen Jugend distanzierten sich nämlich von dem kleinen radikalen Flügel der Jugendbewegung, der zu den Vorwürfen den Anlaß geliefert hatte.

Im Herbst 1912 hatten Wiener Studenten und Oberschüler das «Akademische Comité für Schulreform» (ACS) unter der Leitung des Studenten – und späteren psychoanalytischen Theoretikers – Siegfried Bernfeld gegründet. Das ACS war beeinflußt von den Auffassungen des Pädagogen Gustav Wyneken, auf dessen Vorstellungen wir weiter unten genauer eingehen werden. Hier genügt es zu sagen, daß Wyneken die Jugend als Träger eines «neuen Geistes» sah, als Kraft, die die Welt von Grund auf erneuern könne und daß er daher die Entwicklung einer eigenständigen «Jugendkultur» postulierte, in der dieser neue Geist aufblühen sollte. Im Sinne dieser Ideen versuchte das ACS Bereiche zu schaffen, in denen Schüler und Schülerinnen sich frei und ungehemmt äußern könnten, in denen sie insbesondere die Möglichkeit hätten, Unzufriedenheit mit Schule und Gesellschaft zu artikulieren. Das ACS griff Themen auf, die in der Jugendbewegung ausgeklammert worden waren; zu diesen Themen gehörte auch die Frage der Sexualität, um die eine «reine» Jugend bislang große Bögen geschlagen hatte. Das ACS organisierte «Sprechsäle», in denen Jugendliche sich zu freien Aussprachen treffen konnten, es förderte Schülerzeitungen und schulpolitische Gruppen und baute ein «Archiv für Jugendkultur» auf, welches Dokumente aus den Schulen sammelte. Auf deren Veränderung zielte die Hauptstoßrichtung des ACS. Am provokativsten aber wirkte in einer Gesellschaft, in der die meisten Jugendlichen nur dann sprechen sollten, «wenn sie gefragt wurden», die Herausgabe der Zeitschrift *Der Anfang* (1913). Im *Anfang* schrieben Jugendliche, zumeist anonym, was ihnen in Schule und Elternhaus nicht paßte, äußerten ihre Meinung zu privaten und politischen Problemen. Daraus entstand ein großer Skandal, ein Beobachter notierte: «Man muß es selbst miterlebt haben, welchen Sturm die grünen Hefte erregten unter den Schülern wie unter den Lehrern ...»[5] «Sprechsäle» wurden von der Polizei geschlossen, der *Anfang* und bald auch das ACS verboten. Doch hatte die Gruppe binnen kurzer Zeit nahezu 3000 Anhänger gefunden. In den wenigen Nummern des *Anfang* schrieben Jugendliche, die später sehr bekannt wurden: der Philosoph Walter Benjamin, der Politiker Carlo Schmid, der Verleger Wieland Herzfelde.

Mit dem ACS und dem *Anfang* artikulierte sich erstmals eine Gruppe derJugendbewegung, die zahlenmäßig zwar immer relativ klein blieb, wegen ihrer intellektuellen Dynamik aber vor allem in den Jahren nach dem Ersten Weltkrieg großen Einfluß gewinnen sollte: die «Entschiedene Jugendbewegung» – Jugendliche, welche die Natur- und Gemeinschaftsvorstellungen der Wandervögel mit radikaler Gesellschaftskritik verbanden. Aus diesen Gruppen bildete sich eine «alternative» Strömung unter den Jugendbewegten.

1914 hielt es der einflußreichere Teil der Freideutschen Jugend für geschickter, sich von der «Anfang»-Gruppe und damit auch von Wyneken, der erst spät zur Jugendbewegung gestoßen war, aber schnell Einfluß gewann, zu distanzieren. Der feierliche Beschluß vom Hohen Meißner, für die innere Freiheit der Jugend «unter allen Umständen geschlossen einzutreten», galt bereits wenige Monate später nicht mehr.

Auseinandersetzungen um die künftige Organisationsform der Jugendbewegung, um die Mitwirkung Erwachsener in der Bewegung schlossen sich an – Auseinandersetzungen, in welche die politischen Differenzen zwischen konservativen Wandervögeln und jugendrevolutionären Wyneken-Anhängern hineinspielten. Der Kriegsausbruch setzte diesen Streitigkeiten vorläufig ein Ende; die meisten Wandervögel zogen wie die große Mehrheit der bürgerlichen Jugendlichen enthusiastisch in den Krieg, wenn auch – bemerkenswert in der erhitzten Atmosphäre der letzten Friedenstage – die Akademische Freischar noch am 28. Juli 1914 an den Kaiser telegraphiert hatte: «Schützen Sie die Jugend der ganzen Welt vor dem entsetzlichen Unglück eines Krieges. Machen Sie in letzter Minute die äußersten Anstrengungen für die Erhaltung des Friedens.»[6]

Der Krieg brachte, neben einer schnellen Desillusionierung über das heroische Leben, den bürgerlichen Wandervögeln den unmittelbaren Kontakt mit den Arbeiterjugendlichen. Diese hatten sich, parallel zur Entwicklung der bürgerlichen Jugend, aber mit ganz anderen Zielsetzungen, erstmalig 1904 in Berlin eine autonome Jugendorganisation, den «Verein der Lehrlinge und jungen Arbeiter» geschaffen. Hier ging es nicht ums Wandern und die Natur, sondern um den Kampf gegen die menschenunwürdigen Arbeitsverhältnisse der Zeit, daneben auch um die Selbstbildung. Trotz der ganz unterschiedlichen Inhalte lief die Entwicklung der Arbeiterjugend derjenigen der Wandervögel insofern parallel, als auch die Arbeiterjugendlichen sich erstmalig ohne die Führung Erwachsener zusammenschlossen, sehr zum Mißvergnügen der leitenden Gewerkschafter. Binnen kurzem bildeten sich an verschiedenen Orten Deutschlands Arbeiterjugendvereine. Durch ein Ausnahmegesetz löste der Staat 1908 diese Vereine auf. Die Arbeiterjugend organisierte sich nun mit Hilfe der SPD und der Gewerkschaften in sogenannten «Jugendausschüssen»; die Unabhängigkeit von den Erwachsenen büßte sie damit allerdings vorerst ein.

Der Krieg verstärkte die «linken» Tendenzen auch im bürgerlichen Wandervogel. Der sozialistische Flügel der Jugendbewegung gab ab 1915 vorübergehend die Zeitschrift *Der Aufbruch* heraus, die erstmalig die Idee vom Aufbau des Sozialismus durch Schaffung jugendbewegter Landkommunen propagierte. In Berlin wurde 1916 eine von der Arbeiterjugendbewegung ausgehende «Centralarbeitsstätte für Jugendbewegung» (CAS) gegründet, welche die Zusammenarbeit von Jugendlichen aus allen Ländern und Klassen vorantreiben sollte; die kaiserliche Militärbehörde schritt schnell mit einem Verbot ein. Unter den Soldaten wirkte der «Feldwandervogel», der auch in der Kriegssituation die alten Verbindungen aufrechtzuerhalten versuchte.

Nach dem Krieg nahm die Jugendbewegung einen großen Aufschwung. Die alten gesellschaftlichen Bindungen hatten sich gelöst, mehr und mehr Jugendliche suchten eine neue Orientierung, glaubten nicht mehr daran, diese bei den Älteren zu finden. 1919 waren schätzungsweise 150000 Jugendliche in autonomen Jugendgruppen organisiert; der Einfluß der Jugendbewegung reichte jedoch weit darüber hinaus. Jugendbewegte wirkten in allen Jugendorganisationen, in den Parteien und mehr und mehr auch in der Erziehung. Die Ideen der Schulreform, der Volkskunst, der ländlichen Siedlung verbreiteten sich. Mitglieder der Jugendbewegung gründeten Versuchsschulen und Volkshochschulen, Laienspielkreise und Musikgruppen, Tanzschulen und Jugendherbergen. Kurzzeitig mögen an die hundert ländliche Gemeinschaftssiedlungen bestanden haben. Theatergruppen zogen durch die Lande, und in Thüringen löste die sektiererisch-jugendbewegte «Neue Schar» ekstatische Massentänze in der Bevölkerung aus.

Die allgemeine Politisierung des Lebens und die Vergrößerung der Jugendbewegung führten dazu, daß die politischen Gegensätze sich auch in der Bewegung zeigten. In der Revolution 1918/19 kämpften

Jugendbewegte auf beiden Seiten der Barrikaden. Es gab nationalkonservative und kommunistische Gruppen. Doch fand sich die Mehrheit von der Politik schnell desillusioniert, sie wollte die Veränderung der Gesellschaft über die *Kultur* und beschäftigte sich daher vor allem mit Bildungsprojekten.

Anders war die Lage in der Arbeiterjugend, für die der Klassenkampf vorrangig blieb, die daher auch nicht die starke Grenzziehung gegenüber den Erwachsenen vornahm wie die bürgerlichen Jugendlichen. Doch eroberten auch die jungen Arbeiter sich ihre organisatorische Selbständigkeit zurück. Auf dem 1. Reichsjugendtag der Arbeiterjugend 1920 in Weimar fanden sie ihren «Hohen Meißner» – nach dem Zeugnis von Beteiligten ein überwältigendes Gemeinschaftserlebnis. Auch die Arbeiterjugend strebte eine *unmittelbare* Veränderung der Lebensformen an; sie wollte «den ‹sozialistischen Menschen› schon jetzt, in der kapitalistischen Gegenwart», eine «Änderung der Lebensgewohnheiten der alten Generation»[7]. Teile der jungsozialistischen Bewegung – damals keine Parteijugend – opponierten gegen eine rein ökonomische Auffassung des Sozialismus, die marxistischen Dogmen schienen ihnen eng, ihre Gesellschaftsauffassung nahm kulturrevolutionäre Züge an. Auf gemeinsamen Feiern und Demonstrationen, in Jugendherbergen und städtischen Jugendheimen, auch in den Landsiedlungen, stellten sich Kontakte zwischen proletarischen und bürgerlichen, vor allem den linksbürgerlichen Jugendlichen her. Von den Wandervögeln übernahm die Arbeiterjugend die Form der Wanderfahrten und Gruppenabende; doch spielte bei ihr die Selbstbildung eine größere Rolle: Man «las sich quer durch die Gärten des Weltgeistes: Laotse und Rosa Luxemburgs Briefe, Kropotkin und Tagore, Campanella und Tolstoi».

Die Jahre nach 1918 sind die Zeit der «alternativen» Experimente innerhalb der Jugendbewegung: der radikalen Schulversuche und der Landkommunen. Einiges davon hat sich über längere Zeit erhalten, das meiste ging nach wenigen Jahren unter. Wohl blieb der «Geist» der Jugendbewegten während der gesamten Dauer der Weimarer Republik und später noch in der Bundesrepublik wirksam, wohl blieben von der Jugendbewegung Institutionen wie die Volkshochschulen und die Jugendmusikschulen, die Jugendherbergen und Laienspielkreise dauerhaft bestehen, doch gilt dies nicht für die im engeren Sinn «alternativen» Versuche.

Ab 1922, im Zusammenhang mit dem Scheitern der hochgespannten Hoffnungen auf Veränderung, die sich unmittelbar nach Kriegsende entwickelt hatten, änderte sich der Charakter der Jugendbewegung. Man wandte sich ab von der experimentellen Einstellung der Nachkriegszeit, die Jugendbünde suchten eher Stabilität als Aufbruchsstimmung zu vermitteln. Kennzeichnend ist, daß man nicht mehr von «*Frei*deutscher», sondern von «*Bündischer* Jugend» sprach. Der Einfluß konservativer Gruppen wurde stärker. Man führte «Bundestrachten» ein statt der bisherigen individuellen Kleidung. Begriffe wie «Bindung» und «Glaube» traten in den Vordergrund.

Doch blieb die Jugendbewegung vielgestaltig und war – im wesentlichen – demokratisch eingestellt. Antisemitismus und völkischer Nationalismus, die in Deutschland mehr und mehr an Boden gewannen, fanden sich auch in der Jugendbewegung, doch in geringerem Ausmaß als in der Gesamtbevölkerung. So blieb das Werben der Nationalsozialisten um die Bünde relativ erfolglos. 1933 wurden die Bünde zwangsweise in den «Großdeutschen Bund» überführt, einige Bund-Führer schlossen sich freiwillig an und riefen zum Anschluß auf, in manchen Köpfen spukte auch die Idee einer «Unterwanderung» der Hitler-Jugend herum. Die Gestapo richtete eine besondere Abteilung zur Beobachtung ehemaliger Jugendbewegter ein. Einige Gruppen gingen in den Untergrund, es bildeten sich noch während des «Dritten Reichs» neue Widerstandsgruppen aus Kreisen der Jugendbewegung, so in Düsseldorf, Tübingen, Breslau, im Ruhrgebiet. Zahlreiche Jugendbewegte wurden von den Nazis verhaftet, viele ermordet. Doch hat die Jugendbewegung als Ganze nicht gegen den Nationalsozialismus gekämpft; sie war nicht einig und politisch auch nicht klar genug.

Die Jugendbewegung war, insgesamt gesehen, keine «alternative» Bewegung – oder jedenfalls «alternativ» nur in einem beschränkten Maß. Die Masse der Jugendbewegten opponierte nur in der Freizeit gegen die bürgerliche Gesellschaft, setzte kein neues Lebensmodell an Stelle des alten, bemühte sich nicht um grundsätzlich neue Lebensformen in Beruf und Familienleben. Diese Jugendlichen schufen sich einen begrenzten Freiraum, in dem sie neue Formen des Umgangs ausprobierten; sie erwarteten im allgemeinen nicht, von diesem Freiraum aus das *ganze* Leben verändern zu können. Die Wirkungen, die von der Jugendbewegung ausgegangen sind, sind nicht zu unterschätzen; den *Bruch* mit der bürgerlichen Welt, der für die alternativen Versuche kennzeichnend ist, haben innerhalb der wandernden Jugend jedoch nur wenige vollzogen.

Dennoch ist im Rahmen einer Geschichte der alternativen Bewegungen die Jugendbewegung unter zwei Aspekten interessant. Zunächst finden wir auch im «angepaßteren» Teil der Jugendbewegung Gedankengänge und einen Stil des Umgangs, die durchaus als unbürgerlich oder antibürgerlich zu sehen sind und die verschiedene Parallelen zum Gedankengut der heutigen Alternativbewegung aufweisen. Im folgenden Abschnitt werden wir daher versuchen, die grundlegenden Vorstellungen der Jugendbewegung darzustellen, auf deren Grundlage dann – und das ist der zweite Aspekt – die radikaleren Alternativexperimente einer Minderheit von Jugendbewegten entstanden sind. Diese Minderheit hat in den Jahren nach dem Ersten Weltkrieg Vorstellungen über eine Umgestaltung des gesamten gesellschaftlichen Lebens entwickelt, die wir deshalb als alternativ bezeichnen können, weil sie unmittelbar eine tiefgreifende Veränderung des *eigenen Lebens* der Beteiligten zur Folge hatte. Die Veränderung sollte hier und heute, bei den Gruppen «bewußter» junger Menschen beginnen. Im allgemeinen wurden aus diesen Gruppen heraus Versuche ländlichen Siedelns begonnen, es gab aber auch, wie wir sehen werden, einige andere Experimente mit alternativen Lebensformen. Darüber hinaus ist in Zusammenhang der Jugendbewegung eine alternative Pädagogik entstanden. Sie stellt neben den jugendbewegten Landkommunen den zweiten Hauptstrang alternativer Lebenspraxis der Jugendbewegung dar.

Weltanschauung der Jugendbewegung

Forscht man nach einer Weltanschauung *der* Jugendbewegung, so stößt man auf Schwierigkeiten. Zunächst einmal waren die Auffassungen innerhalb der Jugendbewegung so heterogen, die Meinungen so unterschiedlich, daß eine einheitliche Ideologie nicht vorzuliegen scheint. Der Bogen spannt sich vom völkischen Pennäler zum linksradikalen Schulreformer, vom Keuschheitspropheten zum sexuellen Befreier, vom sozialistischen Landkommunarden zum antisemitischen Studenten, vom Gottesleugner zum Apostel kosmischer All-Einheit. Da scheinen die Gemeinsamkeiten gering, die Übersicht geht schnell verloren.

Eine zweite Schwierigkeit kommt hinzu. Die Jugendbewegten *wollten* oftmals ihr Handeln nicht systematisch erklären; von Theorien hätten sie genug, behaupteten sie. Sie wollten *leben*, und das Leben läßt sich bekanntlich in Worten nicht zureichend fassen. War es nicht gerade ein Kennzeichen der verlogenen Erwachsenenwelt, daß über alles mit hohlen Worten *geredet* wurde? Gaukelten die Worte nicht vor, man habe etwas begriffen, wo es doch um Ungreifbares, um nur unmittelbar zu Erfahrendes ging? An den Erfahrungen der Jugendbewegung mußte man teilhaben, um sie zu verstehen; das Erleben war das Wesentliche, nicht die Theorie. Und so scheint es, als ob die Jugendlichen jener Jahre, von inneren Elementarkräften in die Natur hinausgetrieben, ein gemeinsames *Verstehen* ihres Lebens nicht gesucht hätten – sei es, weil es darauf nicht ankam, sei es, weil dieses Selbstverständnis sich in der gemeinschaftlichen Erfahrung ohnehin einstellte.

Zum Glück für uns – die wir uns viele Jahre später darum bemühen zu begreifen, was damals vor sich ging – waren die Herzen der Jugendbewegten so voll, daß ihnen der Mund oft genug überging. Allein daß es aufs *Erleben* der Gemeinschaft ankomme und nicht aufs Drumrumreden, ist von Mitgliedern der Jugendbewegung viele Male schriftlich beschworen worden, wir können annehmen, daß noch viel mehr über die Unbegreiflichkeit der wesentlichen Erfahrungen *geredet* wurde. Es hat überhaupt wenige geschichtliche Bewegungen gegeben, deren Teilnehmer so viel über ihre Erfahrungen geschrieben und gesprochen haben wie die Jugendbewegten; viele tausend Bücher und Aufsätze, Hunderte von Dissertationen und Zeitschriftenjahrgängen bespiegeln die deutsche Jugendbewegung. Diese Vielfalt macht das Ganze zwar nicht übersichtlich, aber sie läßt doch Anhaltspunkte für bestimmte typische Sichtweisen erkennen. Allen Widersprüchen zum Trotz findet sich eine Reihe von Grund-Themen, welche immer wieder an wichtiger Stelle auftauchen. Sie bilden kein einheitliches Weltbild, aber sie zeigen, mit Hilfe welcher Vorstellungen viele Jugendbewegte ihr Leben begriffen und begründeten.

Das erste dieser Themen: die *Natur*. «Mit dem Instinkt des Lebens», so schrieb ein sympathisierender Beobachter, «hat die Jugend ihren Bundesgenossen gefunden und liebt ihn mit inbrünstiger Freundschaft: die Natur. Die ganze heutige Jugendbewegung hat vom Wandern ihren Ausgangspunkt genommen ... Brennende Sehnsucht nach der Natur ... Diese Stimmung ... lehrte ein neues Geschlecht der Jugend, in der Natur die Freiheit und die Lehrstätte ihres eigenen Wesens zu finden.»[8] Vielfältig waren die guten Wirkungen, welche man dem Kontakt mit Baum und Acker, mit Mond und Sternen, mit Sonne und Wind zuschrieb: Man fand dort Freiheit und Wahrheit, Einfachheit und Geradlinigkeit, kosmisches Sich-eins-Fühlen und vor allem Heilung vom Getriebe und Gerenne der Großstadt. «Wenn nicht mehr eine dicke Kruste von Stein den Menschen vom mütterlichen Erdboden trennt, so springen in ihm selber verschüttete Quellen auf. Der Zwang und die Unnatur, Hast und Gier des Stadtgetriebes fallen von uns ab, wenn wieder der Wald sich über uns wölbt und der Wiesenbach uns zur Seite dahinplätschert und die Wolken in endlosem

Zug über uns dahingehen! Eine Jugend, die in Mietskasernen aufwächst und in staubigen Schulzimmern lernt, wird trunken von heimlichen Schönheiten der neuentdeckten Heimat... Indem sie wandern, bewährt an ihnen die Natur ihre wunderbare Heilkraft, und die, die täglich durch die tödliche Krankheit unserer Städte gehen, werden gesund an Leib und Seele.»[9] Lächerlich sind die Vergnügungen der Stadt, Rauchen und Trinken, Kinogang und Fußballspiel die letzten mühevollen Versuche entwurzelter Menschen, sich noch einen Rest von Lebensintensität in der Großstadtwüste zu bewahren. Vergeblich – denn die Quellen des Lebens muß man außerhalb der Städte suchen, nur von dort wird die Kraft zu innerer und äußerer Erneuerung kommen. Hans Paasche schrieb 1912: «Man weiß, wie schnell zwischen Asphalt und Papier, im Dunst und künstlichen Licht der Großstadt der Sinn für Natur verkümmert. Viele bedauernswerte Menschen, zu denen nie Waldeinsamkeit und Vogelsang gesprochen hat, leben als willenlose Geschöpfe von Industrien, welche die Mode vorschreiben, als Hörige von Unternehmern, welche Konzerte und Wettrennen ansetzen.»[10] Der Pädagoge Gustav Wyneken sah die «Natur als ein Reich der freien Seele»[11], der Wandervogel Frank Fischer hörte sie in «traumhaften Bildsymbolen» sprechen «wie einen Freund»[12], der Jugendbewegte Ernst Buske fühlte «sich selbst als Teil der Natur und die Natur als Teil seines Selbst»[13], der Pädagoge Ludwig Gurlitt, einer der ersten erwachsenen Fürsprecher von Wandervogel und Jugendbewegung, lobte «das tiefe Versenken in die heimatliche Natur, die Flucht vor den mit Bier- und Tabakdunst erfüllten Gasthäusern mit ihren engen Gesprächen und ihren herabziehenden und sinnbetäubenden Vergnügungen, aber auch die Abkehr von dem falschen Pathos kirchlicher Veranstaltungen und von der Talmifreude staatlich kommandierter patriotischer Jugendfeste»[14]. Überall die Natur als Reich des Wahren und Echten, Gesunden und Klaren, des Lebens und der Freiheit.

Das Lob der Natur war nichts Neues, es begleitet seit zwei- bis dreihundert Jahren den Prozeß zunehmender Entfernung vom «einfachen Leben». Die Schäferidyllen des Rokoko, Rousseaus «Retour à la nature», die deutsche Romantik – immer wieder waren der Hof- und Stadtwelt Vorstellungen eines besseren Lebens im Einklang mit den Rhythmen der Natur entgegengesetzt worden. Insofern nahmen die Jugendbewegten Dinge auf, die längst vor ihnen gedacht worden waren; es standen genug Zitate zur Verfügung, mit denen sie ihre Auffassung befestigen konnten. Was sie von ihren Vordenkern unterschied, war, daß sie massenhaft, zu Tausenden und Zehntausenden, aufbrachen, um der Natur näher zu sein, auf Wanderungen und Zeltlagern und später, wenn auch in geringerer Zahl, in den Landkommunen. Es *geschah* etwas, und es kann kein Zweifel daran sein, daß viele der jugendlichen Wanderer vom Erlebnis geheimnisvoller Sternennächte, vom Erwachen unter freiem Himmel, von der Stille hitzeflimmernder Sommertage sich bis ins Innerste getroffen fühlten, daß sie Dimensionen der Erfahrung entdeckten, die ihren in Beruf und Familie verkrochenen Eltern nie zugänglich gewesen waren.

Aber – in dieser Hinsicht täuschten sich die meisten Jugendbewegten – solche Erlebnisse entspringen nicht dem Kontakt mit der Natur unmittelbar, sie setzen eine bestimmte Bereitschaft des Empfindens, eine bestimmte Sensibilität voraus. Der Landmann, wiewohl in täglicher Beziehung zur Natur, verspürt vor seinem Kartoffelacker und seinen Himbeersträuchern nicht notwendig «das tiefe Gefühl des Teilseins, das Bewußtsein eines überpersönlichen Zusammenhangs, in dem wir alle umfangen sind», und sein «Wesen» erfüllt sich, mag er auch «mit der Natur im Bunde stehen», nicht unbedingt «mit einem leidenschaftlichen inbrünstigen Willen zur Wahrheit»[15]. Im Gegenteil, wenn auch der Vollmond durch die Fenster scheint und jeden Morgen die Lerche zwitschert, so ist und war doch manches idyllische Dorf erfüllt von gehässigem Klatsch, soziale Kontrolle und Konventionen sind dort mindestens ebenso erstickend wie in der Stadt. Die jugendbewegten Siedler sollten das bald erfahren.

Die Heilwirkungen der Natur machten sich also gerade bei «verbildeten» Stadtjugendlichen bemerkbar, das «einfache Leben» traf auf eine in städtischer Kultur differenzierte Empfindungsfähigkeit. Losgelöst von den Ablenkungen der Stadt, fanden die wandernden Jugendlichen nicht nur die sinnlichen Eindrücke der Natur, sondern auch ihr eigenes *Inneres*. «Sie … wollen dann auch», schrieb einer von ihnen, «dem, was aus der Tiefe ihres Wesens stammt, die Ehre geben.»[16] Und er unterstrich das mit dem schönen Zitat: «Und ward ihr einziges Gebot der eignen Seele Flüstern, wenn sie sinnend wandelten in Wald und Hain und an des Berges duftgen blumigen Geländen»[17] (Carl Spitteler). Offenbar war das Flüstern der Seele deutlicher zu hören, wenn ringsum weder Straßenbahnen knirschten noch Automobile knatterten, wenn kein Gaslicht flackerte und kein Maschinensaal brummte. Das ist ja auch einleuchtend. Was sprach dort von innen heraus? Die «Seele», die «Tiefe des Wesens», die «innere Stimme» – wir wissen nicht genau, was jeweils damit gemeint war, aber eins ist klar: All das muß entgegengesetzt sein der äußerlichen Anpassung, dem Selbstbetrug, der Heuchelei. Das Innere steht gegen ein Äußeres (wir fühlen uns erinnert an das Denken mancher Bohémiens), dem Inneren müssen wir folgen, das Äußere lenkt uns ab ins Unwesentliche: die Stadt und ihre Hektik, die Eltern und ihre Unaufrichtigkeit, die zerstreuenden Vergnügungen, die phrasenhaften Ansprüche der Politik. Die berühmte «Meißnerformel», die einzige «programmatische» Äußerung, auf die sich je die gesamte Jugendbewegung einigen mochte, verabschiedet auf dem Meißner-Treffen 1913, lautete: «Die Freideutsche Jugend will nach eigener Bestimmung vor eigener Verantwortung mit innerer Wahrhaftigkeit ihr Leben gestalten. Für diese innere Freiheit tritt sie unter allen Umständen geschlossen ein.»[18] Theodor Wilhelm kommentiert zu Recht: «Die Meißner-Formel kommt einer prinzipiellen Absage an alle äußeren Werte gleich, wie sie von der Gesellschaft, die dieser Jugend vor Augen stand, verehrt zu werden schienen.»[19] Prestige und Erfolg, Reichtum und angepaßter Lebensstil schienen den Jugendlichen von 1913 fragwürdig, «aus eigener Bestimmung» wollten sie in «innerer Freiheit» leben. Die äußere Freiheit verlangten sie nicht, das wäre 1913 eine politische Forderung gewesen, und mit der Politik wollte man damals noch nichts zu tun haben, sie gehörte zum «Außen».

Aus dem Innern leben – das hieß, sich nicht verbiegen lassen durch die Forderungen der Außenwelt, unverstellt leben, «man selbst sein». Es hieß vor allem: *wahrhaftig* sein. Die Welt der älteren Generation wurde wahrgenommen als eine Welt von Lüge und Heuchelei, Unaufrichtigkeit schien ihr hervorstechendes Merkmal. Tatsächlich wirkt, auch auf uns Heutige, vieles im bürgerlichen Leben des zweiten deutschen Kaiserreichs als *Fassade*, man braucht sich nur die Wohnhäuser, Theater- oder Bahnhofsbauten jener Jahre anzuschauen: Überall der Rückgriff auf die Architektur vergangener Größe, griechische Säulen tragen die Balkone der Bürgerhäuser, als residierten dort die Nachfahren olympischer Götter, Renaissance-Portale führen in Bahnhofssäle, Textilfabriken schmücken sich mit Burgzinnen. Was wir vom gesellschaftlichen Umgang jener Zeit erfahren, unterstreicht diesen Eindruck: Vaterlands- und religiöse Rhetorik verdeckte mühevoll das Aufstiegs- und Profitdenken; Prüderie und viktorianische Moral beherrschten die Salons, während in den Kammern der Dienstmädchen die Bürgersöhne ihre sexuellen Erfahrungen sammelten und die Herren das Bordell besuchten, damit zu Hause alles «rein» blieb. Es ist kein Zufall, daß in dieser Atmosphäre viele große «Entlarver» – Nietzsche, Freud, Thomas Mann – ihren Blick schulten: ihre Bücher leben aus der Spannung von Schein und Sein, in der Gesellschaft jener Jahre fanden sie reiches Anschauungsmaterial.

«Wahrhaftigkeit» war in dieser Situation keine leere Formel, das Bekenntnis zur Aufrichtigkeit bedeutete die Absage an gequälte Umgangsformen und gespaltenes Leben, es bedeutete auch die Bereitschaft zur Auseinandersetzung mit sich selbst: die Widersprüche des eigenen Lebens nicht einfach hinzunehmen, sondern ein Leben «aus einem Guß» zu führen, modern gesprochen: seine Identität zu finden. Auch diese Vorstellungen hatten die Jugendbewegten nicht als erste gefunden, Nietzsche hatte geschrieben: «Der Mensch, der nicht zur Masse gehören will, braucht nur aufzuhören, gegen sich bequem zu sein; er folge seinem Gewissen, welches ihm zuruft: Sei du selbst!»[20], Richard Dehmel dichtete: «Sei du, sei du! / Und wenn dir einst von Sohnespflicht, / Mein Sohn, dein alter Vater spricht, / Gehorch ihm nicht, gehorch ihm nicht!»[21]

So antiautoritär wollten die Wandervögel nicht werden, sie lehnten sich gegen die Elterngeneration nicht eigentlich auf, eher versuchten sie, ungestört ein eigenes Leben zu finden. Die Natur, das ahnten sie, würde ihnen dabei helfen; die Natur, welche niemals log und der Verlogenheit der Gesellschaft nicht unterstand. Da wurde «das Verlangen nach der Einfalt und Lügenlosigkeit der Natur zum Bedürfnis» (Hans Blüher), zum «triebartigen Wunsche, sich von der Verlogenheit der Alterskultur abzuwenden»[22]. Auf dem Weg zum eigenen «innersten Wesen» und zur «eigenen Kultur», sagte Ludwig Gurlitt auf dem Meißner-Treffen, sei das einzige Mittel «unbedingte Wahrhaftigkeit». Diese müsse «zum obersten Lebensgesetz erhoben werden und alle Gebiete des Denkens und Handelns beherrschen. Wahrhaftigkeit vor allem auf den Gebieten des Glaubens, Fühlens und Wissens ... Denn alles, was gegen den Geist der Wahrheit ist, trägt den Keim der Fäulnis und des Todes in sich.»[23] Und Wilhelm Stählin: «Wer mit der Natur im Bunde steht ... wird empfindlich für jede Gestalt, in der unaufrichtiges Wesen ihm zugemutet wird, und hat das heiße Bemühen, wenn auch unter Kämpfen, Schwierigkeiten und Opfern, in der Gestaltung seines eigenen Lebens und in seinen mannigfachen Beziehungen ganz ehrlich und wahrhaftig zu sein. Erst wer einmal diesen Sinn gewonnen hat, entdeckt mit Schmerz und Abscheu, wie sehr, normalerweise, auch schon das heranwachsende Geschlecht an konventionelle Lügen, an Täuschung und Scheinwesen gewöhnt wird.»[24]

Man wollte «echt» sein, das Leben unzersplittert und unmittelbar erfahren. Kennzeichnend dafür war die «leidenschaftliche Abneigung» der Wandervögel gegen das Kino, «weil eigentlich alles, was im Kino geboten wird, jedenfalls alles, was für das Kino gemacht wird, ein ganz verlogenes Zerrbild des Lebens zeigt, widerlich und ekelhaft für jeden, der das Auge gewonnen hat für den Reichtum und die Wunder der wirklichen Welt. Nur Leute, die schon verdorben und hoffnungslos unwahr sind in ihrem Empfinden, können ... an diesem ganzen geschminkten und gestellten Scheinleben Gefallen finden ... Wer gerne und viel ins Kino geht, der wird unfehlbar blind sein für das, was

Wandervogel-Treffen (nach 1920)

Eine Wandergruppe auf Fahrt wird auf einem Bauernhof aufgenommen.

uns die Natur ist, man kann nicht mehr mit ihm wandern, und er kann nimmer unser Freund sein.»[25] Die *vermittelte* Erfahrung wollten diese Jugendlichen nicht, sie wollten selbst tätig sein und selbst erleben. Was hätten sie wohl zu Radio, Fernsehen und Stereoanlagen gesagt?

Mit Recht haben Soziologen festgestellt, daß im «technischen Zeitalter» die «Erfahrungen aus zweiter Hand» die unmittelbare Erfahrung des Selbsterlebten und Selbstgesehenen immer mehr verdrängen. Die Jugendbewegung reagierte darauf, indem sie im Wandern, Zelten, Kochen, im Musizieren und Singen das «Echte» suchte. Vor allem aber fand sie «echte» menschliche Beziehungen: in der *Gemeinschaft* der Gruppe. Das Wandern war Natur- *und* Gruppenerlebnis. Später bauten sich die Wandervögel ihre «Nester», Hütten oder Wohnungen, in denen sie sich regelmäßig trafen; und schließlich bildeten sich die zahlreichen «Bünde», die dauerhaften Kleingruppen, die vielfach jahrzehntelang Bestand hatten. Es waren «Lebensbünde», bloße Mitläufer hatten dort nichts zu suchen, die Gruppen lebten von der inneren Beteiligung, von der emotionalen Gebundenheit ihrer Mitglieder. Die «packende Erfahrung» der unreglementierten Gemeinschaft war etwas Neues für die Jugendlichen, deren Leben sich zwischen Familie und Schule unter der ständigen Aufsicht und Einmischung autoritärer Erwachsener abgespielt hatte. Man fand dort zugleich eine unbekannte Freiheit und eine unbekannte Geborgenheit. «Jede Fahrt bedeutete noch ein Abenteuer», erinnert sich der Schriftsteller Manfred Hausmann. «Noch lag der Glanz des Neuen, ja des Unerhörten über allen Unternehmungen. Man entdeckte die Landschaft, die Freiheit, die Lieder, die Spiele, die Tänze, die Freunde, sich selbst, die Welt, alles. Ich war damals vierzehn Jahre alt und erst wenige Wochen bei der Gruppe. Wir dachten nicht viel über das Leben nach, aber wir lebten. Gerade weil wir nicht über das Leben nachdachten, lebten wir ... Zum ersten Male erfuhr ich, was das ist, eine Gemeinschaft. Zum ersten Male war ich nicht mehr allein.»[26] Naiv reimte ein Wandervogel auf das Erlebnis der Gruppe: «Im Nest – wie warm und weich das klingt / Wie unzertrennlich uns verbunden! / Als hätten wir die Welt durchirrt / Und endlich, endlich heimgefunden. / Im Nest – wir sitzen eng im Kreis / Um unsres Herdes rote Gluten / Wir sind einander Du und Du / Wie losgelöst auf milden Fluten. / Im Nest – es gibt nichts Fremdes mehr – / Es binden uns die reichsten Stunden: / So Herd wie Diele, Lied und Spiel, / Aus allem rauscht es: Heimgefunden!»[27] Es gab nichts Fremdes mehr – die bedrohliche Anonymität der großen Stadt, die formalen Beziehungen des Alltags ließ man in der Gruppe hinter sich, schuf sich gleichsam

Bauarbeiten am Landheim der Göttinger Wandervögel.

eine neue, bessere Familie: Nestwärme am Herd, Unzertrennlichkeit, Du und Du, Heimat. Eine Familie, in der es freier zuging als im Elternhause, in der man sich vor allem besser *verstand* – Geborgenheit ohne Unterdrückung.

Nach dem Muster der kleinen Gemeinschaft hätten viele Jugendbewegte gern die gesamte Gesellschaft aufgebaut gesehen, eine Gesellschaft aus emotional verbundenen Gruppen. Anonymität und Beziehungskälte wären aus einer solchen Gesellschaft verbannt, sie würde sich auf Gefühlsbeziehungen gründen statt auf Leistung und Rollenzuschreibungen. In diesem Sinn sprach die Jugendbewegung von der «Volksgemeinschaft»: Sie übertrug die Vorstellung von der Gemeinschaft der Bünde auf das gesamte *Volk*.

Es fällt uns nicht leicht zu verstehen, was die Jugendbewegung mit dem «Volk» meinte; in Begriffe wie «Volk» und «Führer» projizieren wir fast automatisch die Bedeutungen, die sie für uns durch den Nationalsozialismus erhalten haben. Die Jugendbewegung glaubte – dabei knüpfte sie an Theorien der Romantik an – Volkscharaktere, einen «Volksgeist» erkennen zu können. Der Geist der verschiedenen Völker stand gleichberechtigt nebeneinander, er ergänzte sich, so wie sich die Individuen in einer Gruppe mit ihren unterschiedlichen Eigenschaften gegenseitig ergänzen. Genau wie der einzelne aber «er selbst» werden sollte, mußte das Volk «zu sich» kommen, das heißt, sich auf seine tieferen Qualitäten, auf seinen eigentlichen Willen besinnen. Der deutsche Volkscharakter nun zeichnete sich nach dieser Anschauung in erster Linie durch den *Idealismus* aus, durch die «Hingabe an letzte geistige Ziele», auch durch *Ernst, Wahrheitswillen, Pflichtbewußtsein.* All dieses wollte die Jugendbewegung zunächst in den eigenen Gruppen verwirklichen, dann im gesamten Volk wiederbeleben. Geldgier, Besitzorientierung, Heuchelei, Oberflächlichkeit und Egoismus erschienen als Entfremdung vom wahren Kern des Deutschtums; sie zu bekämpfen hieß, sich auf die wahren Werte deutschen Geistes zu besinnen.

In alldem lag kein nationaler Chauvinismus, solche Gedankengänge verbanden sich mit allgemein-humanitären Zielen. «Notwendige Ergänzung dieser völkisch-kulturellen Bindung» war etwa für Ernst Buske «die Menschheitsidee ... Denn die Nation ist uns nicht das Maß aller Dinge ... Daraus folgt, daß von sich aus kein Volk einem anderen übergeordnet ist.»[28] Und Hans Breuer schrieb: «Gereinigt und wiedergeboren im Bade des Volkstums, wird die Nation aufwärtssteigen als eine Überwinderin ihrer Zeit und mit ihr das neue Weltbürgertum kommen, das des Miteinander und nicht des Gegen- und Durcheinander.»[29]

Doch die Übergänge zur nationalistischen Engstirnigkeit waren fließend. Eine Minderheit der Jugendbewegten hat die «Notwendigkeit», sich aufs deutsche Wesen zu besinnen, aggressiv nach außen gewendet. Manche Gruppen wollten keine Juden in ihren Reihen dulden (worüber es erregte Debatten gab); indem er Unerwünschtes als «undeutsch», als «Fremdes» bekämpfte, hat der «völkische» Teil der Jugendbewegung eingestimmt in den Chor nationaler Beschränktheit.

Merkwürdig wirkt für uns auch die Vorstellung der Jugendgruppen vom *Führer*. Es entsprach vielfach der Realität, vor allem aber auch den Idealen der Jugendbewegung, daß ein Gruppenführer die Gemeinschaft anregte und integrierte. Dieser Führer hatte keine besonderen Rechte, weder war er formell ernannt oder gewählt noch hatte er etwas zu befehlen, er wirkte – solange er allgemein anerkannt wurde – kraft persönlicher Autorität. «Dies aber ist Führung», schrieb Gustav Wyneken, «daß einzelne, die Besten, Ernstesten, Tiefsten, die Zufriedenen, Immervorwärtsdrängenden, die Wissenden, Schöpferischen, daß diese zu Quellpunkten neuen Lebens und neuen Geistes für die Masse werden.»[30] Die Jugendbewegung ging nicht von der Gleichheit der Menschen aus; sie bekämpfte Autorität nicht grundsätzlich, sondern nur, wo sie ihr grundlos angemaßt schien. Mit der Führer-Vorstellung der Nationalsozialisten hatte das nichts zu tun, von «Führer befiehl – wir folgen» konnte keine Rede sein, dazu bildeten die «eigene Verantwortung» und «innere Wahrhaftigkeit» jedes einzelnen ein Gegengewicht. Die Jugendbewegung als Ganze ist daher niemals unter die Herrschaft oder auch nur den bestimmenden Einfluß einzelner geraten; sie blieb heterogen, zersplittert in Hunderte von Gruppen und Bünden. In den Einzelgruppen, auch in den Landkommunen traten aber fast immer dominierende Personen auf; manchmal bekämpft, vielfach aber unangefochten, denn «freiwillige Gefolgschaft» stand nicht im Widerspruch zu den Anschauungen der Jugendbewegung. –

Die Jugendbewegung war *antikapitalistisch*, das Geld als Maßstab der Dinge war ihr ein Greuel, die Industrialisierung schien ihr bereits damals überzogen, die rücksichtslose wirtschaftliche Ausnutzung der Natur eine Barbarei. Es ist nicht der Tonfall, wohl aber der Inhalt der Gesellschaftskritik der siebziger Jahre des 20. Jahrhunderts, wenn ein Jugendbewegter 1913 schreibt: «Alles Leben stirbt im Übermaß seiner Säfte, so kranken wir, wer weiß das nicht, am Zuviel, das wir nicht mehr beherrschen. Seit dem vorletzten Menschenalter ist unsagbar viel gearbeitet worden, einseitige Verstandesarbeit; Wissenschaft, Industrie und Technik schossen ins Kraut, über unseren Köpfen ein undurchdringliches Wirrwarr webend ...»[31] Die Rationalität, das Rechnerische hatten sich verdächtig gemacht, die Jugendlichen meinten zu spüren, daß nicht viel Gutes daraus kommen könne, zumindest nicht die neue Welt, die sie erhofften. Sie suchten die Werte des *Nicht-Meßbaren*, den Neuen Menschen, der sich vom Geist inspirieren ließ anstatt vom Gelde. Wenn sie ehrfürchtig in der Natur standen, wenn sie das Glück der Gemeinschaft erlebten, spürten die Jugendbewegten diesen neuen Menschen wohl in sich schon wachsen, sie wollten ihm Raum schaffen. Doch nicht durch politische Aktivität oder durch psychologische Selbsterfahrung; der *Geist* der Jugendbewegung sollte sich verbreiten, weitergetragen werden in alle Schichten der Gesellschaft.

Der «Glaube an den neuen Menschen», so hat ein Teilnehmer der Jugendbewegung rückblickend geschrieben, «war letzten Endes religiös – und überall waren religiöse Kräfte am Werk ... Sie führten die Jugend zur Edda und zu Laotse, zu Meister Eckehart und zu Rudolf Steiner. Aber auch hier – wie in der Politik – gab es kein gemeinsames inhaltliches Bekenntnis. Die Heilslehren überschnitten und vermischten sich ... Im Gegensatz zu den allmächtigen Konventionen des Positivismus und Intellektualismus forderten sie eine Rückkehr zu den Quellen des Lebens.»[32] Man diskutierte über die außereuropäischen Religionen. Die Zeitschrift *Freideutsche Jugend* druckte Auszüge aus der Bhagavadgita. Alfred Kurella, einflußreicher Jugend-

MISDROY
(Ostsee)
Freies Ferien- und Volkshochschulheim

Im September sind noch Plätze frei. Baldige Anmeldg. erwünscht.
1.—15. Oktober: Religiös. Kursus
15. Oktober—15. April
Hauswirtschaftskursus für Töchter aller Nationen und Konfessionen
Leitung: Frau Seni Eberlein-Schmieder
Kochunterricht/Sprachen/Musik/Rhythmus
Geselligkeit
Heizb. Zimmer/Gelegenheit z. Wintersport
Anfragen (Rückporto) an
Gotthard Eberlein, Misdroy, Bergstraße 7

Das Reichsherbergen-Verzeichnis
(6. Ausgabe),
jetzt 1600 Jugendherbergen umfassend, ist erschienen!
Für 0.75 Grundpreis als Beipack vom Buchversand des Fackelreiter Verlages zu beziehen.

Hordenpötte
8 und 10 Liter Inhalt,
und alle andern
Aluminium-Wanderausrüstungen
liefern wir allerbilligst ab Lager
Loesenbeck
Aluminium-Ges. m. b. H.
LÜDENSCHEID
Preisliste umsonst

JUNGE KUNST
Ständige Verkaufsausstellung: Charlottenburg, Bismarckstraße 85 (im Hausrat-Laden), werktags von 10 bis 6 Uhr.
Teilzahlung mit Grundzahlberechnung
Antiquarische Bücher
JUGENDBÜCHERSTUBE ADOLF GUNTHER

Jugendbewegung

	Grundpreis
KNUD AHLBORN, Das Freideutschtum in seiner politischen Auswirkung	M. 0,25
Der Anfang (Neudruck in Auswahl)	M. 1,—
BAERWALD, Das Erlebnis des Staates in der deutschen Jugendbewegung	M. 1,50
BERENDSOHN, Ethik studentischen Lebens	M. 0,50
— Der Freiheitskampf gegen die Trinksitten	M. 0,25
HANS BLÜHER, Wandervogel I und II . . . je	M. 3,—
(I und II geb. zus. Grundpreis M. 5,50)	
— Der Wandervogel als erotisches Phänomen (geb. M. 4,—)	M. 3,—
CURT BONDY, Die proletarische Jugendbewegung in Deutschland	M. 3,—
MAX BONDY, Das neue Weltbild in der Erziehung	M. 1,50
GOTTHARD EBERLEIN, Die verlorene Kirche	M. 0,25
WILHELM HAGEN, Der burschenschaftliche Gedanke	M. 0,50
HODANN/KOCH, Die Urburschenschaft als Jugendbewegung	M. 1,50
WALTHER KOCH, Urburschenschaft	M. 0,50
PAUL KRISCHE, Jugend	M. 1,—
MAX KUCKEI, Lebensstätten der Jugend	M. 2,60
ERICH LOTH, Die Entfesselung der Schule	M. 0,25
HERM. MAUTHE, Jugendbewegung und deutsche Volkswirtschaft	M. 0,25
PROF. AUG MESSER Die Freideutsche Jugendbewegung, brosch. M. 142800, geb. M. 268800	
HANS PAASCHE, Die Briefe des Negers Lukanga Mukara . . . M. 0,50 und	M. 1,—
Die Politik der Jungen Generation	M. 0,25
MAGNUS SCHWANTJE, Hans Paasche (Biographie)	M. 0,30
ERNST TOLLER, Wandlung	M. 1,80
O. WANDERER, Paasche-Buch	M. 1,—
CARL WERCKSHAGEN, Heimweg der Jugend	M. 0,30
KARL WILKER, Lindenhof	M. 3,—
GUSTAV WYNEKEN, Der Kampf für die Jugend	M. 4,—
geb.	M. 7,—
— Schule und Jugendkultur	M. 2,50
geb.	M. 5,—
— Wickersdorf	M. 2,50
ZELVENKAMP, Der Judas wider sich selbst	M. 1.40
geb.	M. 2,—

Versand nur unter Nachnahme.

Buchversand des Fackelreiter-Verlags
Werther bei Bielefeld.
Postscheckkonto: Hannover 65840.

Fahrtenlieder
Ges. u. zusammengest. von Fritz Sotke.
6.—20. Tausend.
Aus dem Inhalt: Unser lieben Frauen / Die Landknechtstrommel / Wir sind des Geyers schwarze Haufen / Frei, ledig zieh ich durch die Welt / Wir wollen zu Land ausfahren / Seeräuberlied usw., im ganzen 44 Lieder, darunter 28 Landknechtslieder.
Grundpreis 80 Pf.

Das Rüpelliederbuch
von Landsknechten, Kriegsleuten und wilden Gesellen. Liederblatt der Hagener Ortsgruppe „Die Rüpel" im Wandervogel E.V.
Aus dem Inhalt: Die Musik kommt / Der flandrische Totentanz / Ich bin Soldat vallera usw., im ganzen 80 Lieder.
Grundpreis 80 Pf.
Schlüsselzahl des Börsenvereins.
Bezug durch jede Buchhandlung oder direkt vom Verlag
Walter Severin
Hagen i. W.
Postscheck Dortmund 5466.

Aus neuer Zufuhr:
Para- und Haselnüsse, Erdnüsse, ital., span., syrische Feigen in 10-Pfd.-Säcken bzw. Kartons zu Großhandelspreisen; postfrei. Vollwertige Mühlenfabrikate. Großhandelserlaubnis Nr. 154, Landratsamt Wandsbeck. Für mich bindende Proforma-Rechnung auf Wunsch kostenfrei. Fordert Listen umsonst.
Nußhaus Heinrich Petersen
Trittau bei Hamburg
Postscheckkonto Nr. 40163 Hamburg

Dem Gedächtnis Walter Rathenaus:
WALTER RATHENAU und seine Verdienste um Deutschland
Vortrag von Prof. Dr. Lujo Brentano
Grundpreis M. 0,15
Vorrätig im Buchversand des Fackelreiter-Verlages
Werther bei Bielefeld
Postscheckverkehr: Hannover 65840

DER PIONIER
(Das Blatt der Unterdrückten und Totgeschwiegenen)
bringt in seiner Zeitung das unbekannte Deutschland, von keiner Presse unseres Landes zur Schilderung gebracht, zur Darstellung. In seinen Spalten kommt das verfemte und unterdrückte Schrifttum zur Veröffentlichung. Durch die Macht der öffentlichen Meinung soll die Beseitigung der Zensur- und Bevormundungsanmaßung des Börsenvereins der Buchhändler angebahnt werden. Abonnenten müssen sein: Verleger, Sortimenter, Schriftsteller, Völkerrechtslehrer, Freigeistige Verbände, Pazifisten, Jugendbünde, Literaturfreunde. Alle die an einem Informierungsdienste Interesse haben abseits des Machtbereiches der Literaturzentrale Leipzig.
Nummer 4 24seitig, illustriert: 6250 Mk. Nummer 1, 2 und 3 vollständig vergriffen.
Zusendung durch Zahlung auf Postscheckkonto 32791 Hamburg oder durch Nachnahme.
Nummer 5 erscheint Anfang September. Damit beginnt der „PIONIER" seine monatliche Erscheinungsweise.
Buchhändler verlangen für Vertrieb Offerte. Für größere Orte sind noch Alleinvertriebsstellen abzugeben.
Auslieferung für Oesterreich: Viktor Klemfar, Wien 16, Bankgasse 34.
Interessenten und Sortimenter aus Oesterreich bitten wir alle Bestellungen von unserer Wiener Auslieferungsstelle abzuverlangen.
Hamburg 31. PIONIER-VERLAG, G. m. b. H. Methfesselstraße 18.

Die Lichtkampfbücher
kommen aus der Jugend und dienen der Jugend! Verlangt kostenfrei ausführliche Verzeichnisse mit :: vielen Urteilen aus der Bewegung vom ::
Lichtkampfverlag Hanns Altermann, Kettwig-Ruhr
sowie gegen Grundzahl Mk. 0,15 mal Schlüsselzahl Probenummern d. Blätter v. Werden neuer Schule:
Die Schul-Bewegung

Schriftleitung: Walter Hammer-Hoesterey. — Alle Zuschriften an die Schriftleitung: Werther (Teutoburger Wald). — „Verlag Junge Menschen" G. m. b. H., Hamburg 13 (Postfach), Postscheckkonto: Hamburg 31941. — Bezug nur durch die Post! — Gedruckt bei F. E. Haag, Melle i. Hann.

Anzeigenseite aus der Jugendbewegungszeitschrift «Junge Menschen»: politische Literatur und Rohkost, «Hordenpötte» und Kurse im «selbstverwalteten» Tagungshaus bewegter und später Leiter der Kulturabteilung beim Zentralkomitee der SED, riet zum Studium der Weisheit des Ostens, er meinte damals die Weisheit des *Fernen* Ostens, nicht die des großen sozialistischen Brudervolks. Yoga und «Mazdaznan» galten als vielversprechende Heilswege. Viele meinten, durch die Jugendbewegung etwas «Letztem und Heiligstem» (Wyneken) wieder nähergekommen zu sein, in der Verbundenheit mit kosmischen Zusammenhängen, in einem «von Natur- und Kunsterlebnissen genährten Pantheismus»[33]. Die Anthroposophie Rudolf Steiners fand Anhänger in der Jugendbewegung, auch besann man sich auf die deutschen Mystiker.

Auf einen solchen berief sich Kurella im Zusammenhang des *Körpergefühls* der Jugendbewegten: «Beim Einzelmenschen nennen wir diesen Zustand, in dem die Seele in ihm klar zum Ausdruck kommt – nach Angelus Silesius – Wesentlichkeit; wir beginnen heute zu ahnen, wie die Erringung dieses höchsten menschlichen Zustandes mit der Ausbildung des in uns nun sich regenden Körpergefühls verbunden ist, durch das wir ein inniges Verhältnis unseres Geistes zu allen harmonisch ausgebildeten Teilen und Kräften unseres Körpers anstreben.»[34] Tatsächlich schenkten die Jugendbewegten ihren Körpern viel Aufmerksamkeit, und Gustav Wyneken, der seine Analysen in große Worte kleidete, behauptete sogar: «Der Kampf der Jugend ... ist der Freiheitskampf des Leibes ... Hier liegt der weltgeschichtliche Sinn der Jugendbewegung.»[35] Er hatte insoweit recht, als der Aufbruch der Jugend eine große Veränderung des Körperlichen mit sich brachte: die *Bewegung* des Wanderns; die freiere, dem Körper mehr Luft lassende *Kleidung*: das Hemd ohne steifen Kragen, die kurze Hose, die von der Lebensreform übernommene «Reformkleidung». Man wandte sich vom Leistungssport ab, pflegte *Volkstanz* und rhythmische *Gymnastik*. «Richtiges» Atmen, gesunde Ernährung, Sonnenbaden wurden aus der Lebensreformbewegung aufgegriffen. «Gesunde schöne Menschen» waren das Ideal, man begann, sich offen am nackten Körper zu freuen – aber vorsichtig, denn man wollte «rein» bleiben. Die Freude an der Nacktheit war ästhetisch, nicht sexuell, das wurde immer wieder betont. Die Jugendbewegten, die doch *wahrhaftig* sein wollten, mußten sich mehr im Zaum halten als ihre Altersgenossen, denen immerhin Schleichwege zu sexueller Befriedigung offenstanden. Sie mußten sich im Zaum halten – oder die Dämme vor den Trieben brechen lassen. Das aber kam lange Zeit nicht in Frage. Selbst in den gemischten Wandervogelgruppen hat scheinbar eine sexuelle Selbstbeherrschung gewirkt, die rätselhaft bleibt. Waren die Normen der bürgerlichen Elternhäuser so gut verinnerlicht worden? Oder hätte die Lösung des Sexualtabus den Jugendlichen einfach zuviel Aufre-

Die Natur und die Geschlechter.

Fidus als Erzieher

Welch ein Reichtum bei Fidus, welch eine Religion, welche seligen Ausblicke in die Gebiete der Schönheit und Reinheit! So entzückend die körperliche Schönheit seiner Gestalten ist, es ist nicht dies allein, was uns so unwiderstehlich anzieht bei Fidus. Er ist wahrhaft ein Darsteller unserer Seele. Er schildert fabelhafte Reiche in uns und außer uns, er bewegt sich durch Raum und Zeit, er steigt von uns Menschen hinab zu Höllentiefen und wieder empor zu weiten Reichen, wo Götter thronen, wo wie in Reigen Sternbilder kreisen, wo die Erzengel mit den Heerscharen vor Gottes Angesicht stehen. Da liegt in allem das brausende Bekenntnis: „und alle seine Werke sind herrlich wie am ersten Tag". Wahrlich, hier i s t Religion. Sie ist in allem von Fidus Auch da, wo die Götter nicht in Person sich zeigen. Denn überall ist neben dem Mut und der Unerschrockenheit des Menschen, der die Vorhänge zu lüpfen wagt, die tiefe Ehrfurcht offenbar vor allem Sein. Diese Ehrfurcht ist es ja gerade, die auch seine nackten Gestalten uns so rein wie schön erscheinen läßt, die sie heiligt. Diese Ehrfurcht macht ihn in unseren Augen befugt, die gewagtesten Probleme zu behandeln, die nur der Reine befriedigend darstellt oder löst.

Schlußvignette aus den „Lebenszeichen".

Fidus und die Gegenwartskunst.

Die Gestalten, wie sie Fidus zeichnet, sind Menschen, wie wir welche werden wollen: von der Sonne gebräunt, von der Luft gestählt, vom Wandern und Arbeiten sehnig, von Idealen hellblickend! Er stellt sie nackt vor uns hin, wie er sie mit seinem inneren Auge sieht. Und dabei haben wir nie das Gefühl von Zweideutigkeiten. Fidus belebt und beseelt alles mit seiner unbedingt reinen Künstlerauffassung. Bis in die gespannten Muskeln seiner Menschenbilder hinein glauben wir die Regungen der Seele vernehmen zu können. Auch der Leib ist ihm heilig, der Seele gleichwertig. Er räumt endlich mit dem schauderhaften Märchen auf, daß der Menschenleib immer ein mehr oder weniger unwürdiges und schmutziges Gefäß für die göttliche Seele sei. Seine Gestalten leben immer in innigstem Verhältnis mit der Natur.

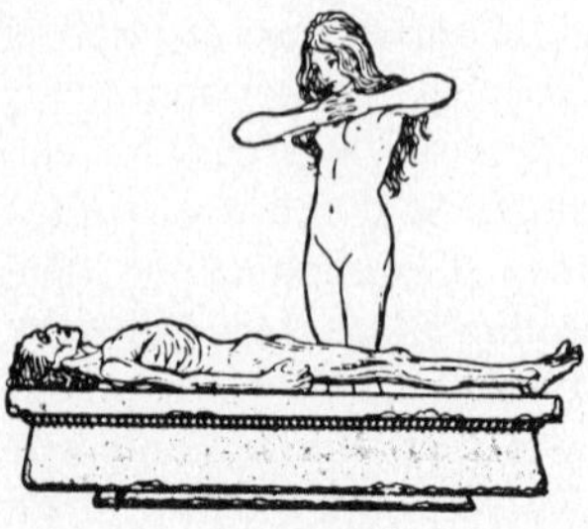

Das Rätsel.

«Die Gestalten, wie sie Fidus zeichnet, sind Menschen, wie wir welche werden wollen … Seine Gestalten leben immer in innigstem Verhältnis mit der Natur … Ehrfurcht macht ihn in unseren Augen befugt, die gewagtesten Probleme zu behandeln, die nur der Reine befriedigend darstellt oder löst.» (Aus der Zeitschrift «Junge Menschen») gung zugemutet, solange sie noch damit zu tun hatten, die neuen Erfahrungen des Wanderns, der Freiheit, der Gruppe zu verarbeiten? Elisabeth Busse-Wilson bemerkt: «Das Verhältnis der Geschlechter in der Jugendbewegung ... war in der klassischen Zeit der Jugendbewegung [das heißt vor dem Ersten Weltkrieg; C. C.] doch eines der seltsamsten, das die Geschichte der menschlichen Gesellschaft aufzuweisen hat; man muß sich vorstellen: Jünglinge und Mädchen in der ersten lebenshungrigsten Jugend, autoritätslos, ungebunden ... eine solche Jugend, die außerdem das Bewußtsein ihrer Besonderheit hat, findet sich auf Wiesen und im Mondschein, in Juninächten und in einsamen Wäldern zusammen und singt dazu jene schwermütig-sehnsüchtigen Volkslieder, die über die Natur der Leidenschaft nicht einmal einen Schleier breiten. Und diese Männer und Mädchen rühren sich nicht nur nicht an, sondern verlieben sich auch nicht und halten ihre unter derartigen Umständen bewahrte Neutralität für das Normale und Selbstverständliche.»[36] Da wäre es gar nicht nötig gewesen, daß das Land Bayern die Wanderungen gemischter Jugendgruppen verbot; die Ministerialbeamten konnten sich solch radikale Keuschheit vermutlich nicht vorstellen.

Später wurde das Geschlechtsleben der Jugendbewegten doch lebendiger. Kurz vor dem Ersten Weltkrieg stellte auf dem «linken Flügel» der Jugendbewegung die schon kurz vorgestellte Gruppe um Siegfried Bernfeld das Prinzip der sexuellen Enthaltsamkeit nachdrücklich in Frage. Während der Kriegsjahre fanden heftige Debatten über Sexualreform statt. 1918 akzeptierten und lebten Teile der Jugendbewegung die außereheliche Sexualität; die strenge Moral der Vorkriegszeit zerfiel allmählich.

Das neuerwachte Interesse der Jugendlichen am eigenen Körper führte aber, im großen und ganzen gesehen, weniger zu einer Änderung der Sexualnormen (die sich im übrigen außerhalb der Jugendbewegung in jenen Jahren mindestens ebenso rasch wandelten wie bei den Jugendbewegten), sondern bezog sich, wie schon gesagt, stärker auf die Gebiete der Kleidung, der Ernährung, der Bewegung, des Tanzes. Dem Tanz kam eine besondere Bedeutung zu: In der Jugendbewegung wurde scheinbar fast ununterbrochen getanzt, vor allem Reigen- und Volkstänze. Auf dem Meißner-Treffen 1913 scheinen zahlreiche Anwesende keinem der geladenen Redner zugehört zu haben, weil sie vom Rundtanz nicht lassen mochten; Gustav Wyneken ärgerte sich darüber, interpretierte den «peinlichen Auftritt, der einem manches verleiden konnte», jedoch im nachhinein als Versuch einer «Feier des Wiederfindens des eigenen Körpers und des neuen Bundes mit ihm»[37].

Jugendbewegte beim Volkstanz (um 1920)

Der Tanz entsprach dem Empfinden der Jugendbewegung in vielfacher Weise, nicht nur ihrem Körpergefühl, auch dem Wunsch nach Gemeinschaft und «reinen» Kontakten zwischen Männern und Frauen. Vor allem gehörte der Tanz zur *Kunst*. Kunst aber, Laienkunst insbesondere, war für die Jugendbewegten von großer Bedeutung. Die Jugendbewegung hat dauerhaft wirkende Laienkunst-Bewegungen in Gang gesetzt: die Jugendmusikbewegung, die Laienspiel-Gruppen, die Wiederbelebung des Volkstanzes, der Volkslieder, des Puppentheaters. Das Recht und die Möglichkeit zum wie auch immer dilettantischen künstlerischen Ausdruck sollte jeder haben, die Trennung zwischen Künstler und Publikum sollte geringer werden oder ganz fallen. Aus der Jugendbewegung stammende Musikpädagogen wie Fritz Jöde und Herbert Just haben sich dabei um 1930 des damals modernsten technischen Mediums, des Rundfunks bedient, um in Sendungen wie «Musizieren mit unsichtbaren Partnern» zu versuchen, die Hörer zur Eigenaktivität anzuregen. Aber auch als Kunst-«Konsumenten» setzten sich die Jugendbewegten mit den modernen Richtungen jener Jahre auseinander; so brachte die Jugendbewegungs-Zeitschrift *Junge Menschen* Anfang der zwanziger Jahre neben den obligaten Fidus-Bildern unter anderem Reproduktionen von Kokoschka, Barlach, Masereel, Käthe Kollwitz, Hoetger und Lehmbruck; Texte setzten sich auseinander mit Hermann Hesse (schon damals Idol der suchenden Jugend), mit Franz Werfel, Arbeiterdichtung, dem Bauhaus und dem modernen Ausdruckstanz.

Natur, Gemeinschaft, Wahrhaftigkeit; Körpergefühl, Religiosität, Kunst – die Begriffe, mit denen wir die Jugendbewegung zu umschreiben versucht haben, sind notwendig allgemein. Sie geben, notdürftig, etwas von der Vorstellungswelt jener Bewegung wieder, und es ist leicht zu erkennen, wie manches davon sich mit heutigen alternativen Ideen berührt; anderes wiederum überhaupt nicht. Vor allem: Das Gros der Jugendbewegung bildeten Freizeit-Alternative, welche wohl den alten Institutionen Beruf und Familie einen neuen Geist einhauchen wollten, die aber nicht daran dachten, außerhalb dieser institutionellen Formen einen neuen Lebensstil zu suchen. Diese Konsequenz – das *gesamte* Leben auch in seinen äußeren Formen umzustellen – zog nur ein recht kleiner Teil der Jugendbewegung. Sie sind diejenigen, die wir im eigentlichen Sinn als «Alternative» sehen können: die «Siedler», die Landkommunarden der Jahre nach dem Ersten Weltkrieg.

Landkommunen: Überblick

Es erscheint auf den ersten Blick merkwürdig, daß sich in fast allen jugendbewegten Siedlungen, seien sie kommunistisch oder völkisch, anthroposophisch oder anarchistisch begründet, ein religiöser Zug findet. Bei Gemeinschaften, die aus der evangelischen oder quäkerischen Jugendbewegung heraus entstanden, ist das selbstverständlich, aber auch die linken Kommunarden von 1920 drücken sich in religiösen Metaphern aus. «Die Ausgießung des Heiligen Geistes habe ich in Blankenburg wahrhaftig erlebt»[38], schreibt, sich erinnernd, einer von ihnen; Heinrich Vogeler, der Jugendstil-Maler und Begründer der Kommune Barkenhoff in Worpswede bei Bremen, spricht von der kommenden Gesellschaft als einer «himmlischen Ordnung, wie es die Ordnung der Gestirne ist». In der hessischen Siedlung «Deutsch-Ordens-Land» wollen nationalistische Siedler «deutsches Gottum und deutschen Glauben zum Ziele führen, der Wiedergeburt deutscher Art an Leib und Seele aus germanischem Gottesborne herauf Bahn brechen»[39].

«Wie einer ist / So ist sein Gott …» Es scheint, als habe jede Landsiedlung eine besondere Form des Gottesreiches herbeiführen wollen und sich selbst als dessen erste Keimzeile gesehen. Die Neue Ordnung schien manchen in den Unruhen der Nachkriegs- und Revolutionszeit greifbar nahe. Sie würde, so hofften viele Jugendliche, ihre Zukunftsträume erfüllen. Das gesellschaftliche Leben würde nicht mehr unter den Gesetzen des Geldes und Profits stehen; die Fremdheit der Menschen würde einer Vertrautheit kleiner Gruppen weichen, welche gemeinsam lebten und arbeiteten. Die Gemeinschaftssiedlung auf dem Lande war nach diesen Vorstellungen ein erster Schritt hin zur neuen Gesellschaft; die jugendlichen Siedler wollten Zeugen und Wegbereiter solcher Entwicklungen sein. Ihre eigene Bedeutung unterschätzten sie nicht. Während die Masse des Volkes, so dachten viele von ihnen, noch untätig in überlebten Formen verharrte, schufen sie, die Siedler, Modelle für die Zukunft. Bald würden ihnen andere folgen, durch die Überzeugungskraft des guten Beispiels oder durch die nackte Not getrieben. Die Landwirtschaft würde dann wieder zur Grundlage gesellschaftlicher Arbeit, die Arbeitsteilung wäre aufgehoben, der Egoismus des Konkurrenzkampfes beendet. Das Leben würde *ganz* werden, nicht mehr gespalten sein in Arbeit und Freizeit, Gefühl und Sachlichkeit.

Seit langem hatte sich die Jugendbewegung zur Wehr gesetzt gegen die einseitig zweckrationale Organisation der Gesellschaft. In den «ziellosen» Jugendbünden vor 1914 lebte man außerhalb der Gesetze von Mittel und Zweck, unterstand man nicht einer «kalten» Rationalität, welche nur am Erfolg, niemals am einzelnen Menschen orientiert schien. Aber die Jugendbewegung hatte bis zum Ersten Weltkrieg die gesellschaftlichen Institutionen nicht angetastet, man strebte nach einem neuen «Geist», nicht nach einer neuen Organisation des Lebens. Das änderte sich ab 1918. Jetzt schien es vielen jungen Menschen möglich, ihr gesamtes Leben zu verändern und damit eine neue Gesellschaft vorzubereiten. 1918 bis 1920 sind in Deutschland an die hundert jugendbewegte Landsiedlungen entstanden, Tausende von Jugendlichen waren als Siedler oder Gäste, Alternativtouristen oder bloße Plänemacher an diesen Projekten beteiligt.

Die meisten der Kommuneexperimente waren nur von kurzer Dauer. In der Praxis erwiesen sich die hohen Ziele als unerreichbar. Schwierig genug war schon die Bewältigung der ökonomischen Probleme. Auf schlechten Böden, ohne Erfahrung in der Landwirtschaft konnten die Siedler oft kaum das zur Selbstversorgung notwendige Gemüse ziehen; ein Überschuß, von dessen Erlösen man notwendige Dinge des täglichen Lebens hätte erwerben können, wurde fast nirgendwo erreicht. Häufig hatte man weit von Siedlungen und Verkehrswegen abgelegene Höfe besiedelt – denn solche waren billiger zu kaufen oder zu pachten –, damit verlor man jeden Anschluß an den städtischen Markt, dem man ohnehin skeptisch gegenüberstand. Für eine echte Autarkie aber reichten im allgemeinen weder die zur Verfügung stehenden Mittel noch die Fähigkeiten der Siedler. So blieb der Lebensstandard in nahezu allen Siedlungen extrem niedrig, vielfach wurde gehungert. Zwar waren die Konsumansprüche der jugendbewegten Kommunarden gering, aber es gab doch eine Grenze, die auf Dauer nicht unterschritten werden konnte. Man ging dann in bürgerliche Berufe zurück, die zwar in jenen Jahren vielfach auch nur einen geringen Lohn versprachen, aber immerhin das Auskommen sicherten.

Schwierigkeiten des Zusammenlebens kamen hinzu: Gruppenmitglieder gerieten in Konflikte, Paare und einzelne vertrugen sich nicht, Weltanschauungs- und Alltagsfragen führten zu Streit. Der eine arbeitete zuviel, der andere nicht genug, der dritte hing zu sehr an den bürgerlichen Werten und der vierte war zu kompromißlos. Die Jugendlichen kamen aus einer geordneten Welt, vieles war ihnen bisher vorgeschrieben gewesen. Die Selbstorganisation der Gruppen konnte daher nicht ohne weiteres funktionieren. Manche Siedlung zerbrach an solchen Problemen.

Die großen Ansprüche der Siedler trugen das Ihre dazu bei, die praktische Arbeit zu erschweren. Um unberührt zu bleiben von der Welt, die man überwinden wollte, hielt man sich vielfach gänzlich fern von allem, was an diese Welt erinnerte, von Technik und Rationalität, Finanzplanung und Regelmäßigkeit. Von Idealen allein aber konnten die Kommunarden nicht leben, noch weniger von «als Idealen bezeichneten irrigen Vorstellungen»[40], wie es eine von ihnen beschrieben hat. Der Kontakt mit der Außenwelt, auch Kompromisse mit der Außenwelt, erwiesen sich als unumgänglich; alle Siedlungen, die Bestand hatten, haben sich auf solche Kompromisse in der einen oder anderen Weise eingelassen. Da man die Welt erneuern wollte, war man jedoch versucht, jeden Einfluß von außen abzulehnen; wo das konsequent versucht wurde, endete das Experiment im Chaos.

Wir verstehen jetzt besser die *religiösen* Begründungen für das Siedeln. Ihrem eigenen Selbstverständnis zufolge arbeiteten die Siedler an der Erschaffung einer neuen Welt, in der die Zersplitterung und Sinnlosigkeit des bürgerlichen Lebens aufgehoben wäre, in der wieder jede Handlung ihre Bedeutung hätte, nicht nur bezogen wäre auf das Funktionieren eines «Systems», sondern auf die Gemeinschaft und auf die einzelnen in ihrem Erleben. Dieses Werk aber war ständig bedroht durch eine Außenwelt, die nach grundsätzlich anderen Regeln lebte. Wie anders als durch religiöse, das heißt *alles umfassende* Erklärungen konnte man sich von dieser Außenwelt abgrenzen? Wenn man behauptete, einer höheren Ordnung zu dienen, verlor die Bedrohung durch die andersartige Umgebung an Macht.

Unter allen Kommuneversuchen der neueren Geschichte haben sich vor allem die religiös motivierten als stabil erwiesen: die der Hutterer, Shaker, Quäker, die Kibbuzim. Offenbar schützt ein religiöses Selbstverständnis stärker vor den «zersetzenden» Einflüssen einer andersgearteten Umgebung als die politisch-sozialen Motivationen. Wir sehen auch an den Kommunen der Jugendbewegung, daß die im engeren Sinn religiös motivierten, vor allem die «Bruderhöfe», zu den stabilsten gehören, daß die politisch begründeten (Barkenhoff, Blankenburg, Lindenhof, Donnershag) nicht lange durchgehalten haben. Wir können aber – am Beispiel der «Frauenkommune» Schwarzerden – auch feststellen, daß es andere Wege als den der Religion gab, um eine Gemeinschaftssiedlung lebendig zu erhalten.

Landkommunen: einzelne Siedlungen

Die Siedlung *Blankenburg* bei Donauwörth in Bayern stellte den Versuch bürgerlicher und proletarischer Jugendlicher dar, ein gemeinsames Leben ohne Klassenschranken zu führen, aus dem Geiste der Jugend an der Überwindung der überlebten «Alterskultur» mitzuwirken.

Indem man in einer kleinen Gemeinschaft die Ideale einer neuen Zeit verwirklichte, würde man zugleich die eigene Selbstveränderung und – durch das Beispiel – auch die Veränderung der Gesellschaft vorantreiben. «Die Gesellschaft ändern werden wir ohne weiteres, wenn wir die Gemeinschaft leben» [41], hatte Friedrich Bauermeister 1917 auf einem Treffen linker Jugendbewegter in Berlin postuliert. Dieser Berliner Kreis um Hans Koch und Alfred Kurella lebte während des Krieges in einer großen Wohngemeinschaft, versteckte dort Deserteure und verteilte pazifistische Broschüren. 1918 zogen viele dieser Jugendlichen gemeinsam nach München, begründeten dort eine neue Kommune und waren auf unterschiedliche Weise an den Auseinandersetzungen um die Münchner Räterepublik beteiligt. Anfang 1919 begann ein Teil von ihnen zusammen mit anderen Jugendbewegten das Kommune-Experiment in Blankenburg.

Initiator der Siedlungsgründung war der fünfundzwanzigjährige Hans Koch. Er hatte, teils aus eigenen Ersparnissen, teils über Mäzene das Geld zum Kauf eines Bauernhauses mit sechzehn Zimmern (von denen keines heizbar war) aufgetrieben. Ungefähr zwanzig Jugendliche lebten in Blankenburg zusammen, Arbeiter und Intellektuelle, so wie es sich die Anhänger des «einenden» Klassenkampfes der Jugend vorgestellt hatten. Sie bauten Gemüse an, besaßen einige Stück Vieh und arbeiteten in einer kleinen Schlosserei und Schreinerei. Das Leben verlief im großen und ganzen harmonisch («... es gab keinen Streit unter den so verschiedenartigen Menschen»[42], bemerkte noch fünfzig Jahre später ein ehemaliger Siedler), doch waren die wirtschaftlichen Schwierigkeiten kaum zu überwinden. Die Erträge aus der eigenen Landwirtschaft reichten nicht zum Leben, die gelegentlichen Handwerks- und Tagelöhnerarbeiten brachten nicht viel ein. So ernährten sich die Siedler äußerst ärmlich und gingen ab und zu bei den Bauern der Gegend betteln.

Schon nach einem halben Jahr traf die Gruppe ein schwerer Schlag. Die politische Polizei Bayerns hielt die Blankenburger Kommune, in der ein reges Kommen und Gehen von Jugendbewegten üblich war, für ein Zentrum von Revolutionsplänen und rückte Mitte Juni 1919 mit hundert Mann in den Bauernhof ein, verhaftete Siedler und Gäste. Gegen Hans Koch und drei weitere Siedler wurde ein Hochverratsprozeß eröffnet, der mit drei Freisprüchen und einer Haftstrafe – die zur Bewährung ausgesetzt wurde – endete. Zwar bestand die Siedlung weiter, doch führte die Polizeiaktion, stärker aber noch die wirtschaftlichen Schwierigkeiten, zu Auflösungserscheinungen. Verschiedene Siedler verließen die Kommune, unter ihnen im Sommer 1920 auch der Initiator Koch selbst. Ende 1920 hatte sich die Kommune faktisch aufgelöst, nur noch zwei Ehepaare lebten dort.

Der «Klassenkampf der Jugend» hatte von Blankenburg aus also keine Erfolge gezeitigt. Zwar hatte sich «Jugendkultur» dort entfaltet: für kurze Zeit entwickelte sich in Blankenburg ein harmonisches und intensives Gemeinschaftsleben. Die Alltagsschwierigkeiten wurden zunächst geduldig ertragen. Doch verpuffte der Anfangsschwung nach einiger Zeit, die große Polizeiaktion vom Juni 1919 beschleunigte nur einen Auflösungsprozeß, der ohnehin im Gange war.

Aus verwandtem Geist wie Blankenburg entstand die Kommune *Barkenhoff* in Worpswede bei Bremen. Ihr Begründer, der Maler Heinrich Vogeler, war als überzeugter Pazifist und anarchistisch beeinflußter Sozialist aus dem Krieg zurückgekehrt. In Anlehnung an Kropotkins Vorstellungen über die Verflechtung von Landwirtschaft und Kleinindustrie versuchte Vogeler aus seinem Anwesen, dem Barkenhoff (= Birkenhof), eine «Zelle zum Aufbau der sozialistischen Gesellschaft»[43] zu machen. Er stellte das Haus für politische Versammlungen zur Verfügung, versteckte politische Flüchtlinge und begann ab

1919 zusammen mit Kriegsheimkehrern und arbeitslosen Jugendlichen eine landwirtschaftliche Produktions- und Lebensgemeinschaft aufzubauen.

Das Echo auf diesen Versuch war zunächst sehr groß. Vogeler war als Künstler schon vor dem Ersten Weltkrieg bekannt geworden, sein «Abfall vom Bürgertum» wirkte in weite Kreise. Er reiste durch Deutschland, hielt Vorträge vor Arbeitern wie vor Akademikern, veröffentlichte Broschüren zu Fragen des Sozialismus und des Siedlungswesens. Durch seine Tätigkeit im Bremer «Arbeiter- und Soldatenrat» von 1919 hatte er Verbindung zu den Bremer Revolutionären, durch seine schulreformerischen Pläne kam er in Kontakt zu Hamburger und Bremer Reformpädagogen und zu den Vertretern der Landerziehungsheime. Viele versuchten, sich dem Barkenhoff-Projekt anzuschließen; aus ganz Deutschland kamen Neugierige nach Worpswede, um Vogeler sprechen zu hören und «seine» Kommune zu sehen.

Doch gab es dort bald ähnliche Schwierigkeiten wie in Blankenburg: trotz großen Arbeitseifers reichte die Ernte kaum zur Selbstversorgung; der Verkauf von Metallarbeiten aus eigenen Werkstätten brachte nur wenig Geld ein. Die Kommune finanzierte sich hauptsächlich durch die Erlöse aus dem Verkauf von Vogelers Bildern und Schriften und durch die Stiftungen sympathisierender Geldgeber, so daß der Bremer Kaffeegroßhändler Ludwig Roselius, großzügiger finanzieller Förderer von Vogeler und anderen Worpsweder Malern, zu Recht später bemerken konnte: «Ist der Barkenhoff jemals eine kommunistische Schöpfung gewesen? ... Hat der Barkenhoff nicht immer nur deshalb noch fest bestanden, weil Kapitalisten Geld hineingetan haben?»[44] Dabei wollte man sich auf dem Barkenhoff vom Geld so weit wie möglich lösen. In der Siedlung war der Geldverkehr abgeschafft, jeder erhielt von der Gemeinschaft Nahrung und Kleidung sowie andere Dinge des täglichen Bedarfs. (Rauchern allerdings wurde zum Zigarettenkauf ein Taschengeld gegeben.) Im Verkehr mit der Außenwelt versuchte man, eher zu tauschen als bar zu bezahlen. Doch blieb die Notwendigkeit, Geld zu verdienen; sie wurde eins der Hauptprobleme der Siedlung.

Dazu kam, wie in anderen Kommunen, daß von den anfangs begeisterten Siedlern viele bald merkten, wie Arbeit und Leben in der neuen Umgebung ihnen zu schwer wurden. «Sie sahen nur die Gemeinschaftsfreude, nicht die harte Gemeinschaftsnot; sie sahen das beglückende Hinein in die Erde, sie brachten Feuer, Schwung und besten Willen mit; aber es gehört eine besondere Zähigkeit und Gesundheit dazu, die Entbehrungen, Arbeiten, Schicksale und die Unsicherheiten einer Aufbausiedelung, wie es der Barkenhoff ist, zu bestehen»[45], schrieb ein Beobachter. Auf Dauer blieben – aus einer ursprünglich weit größeren Zahl von «Interessenten» – auf dem Barkenhoff etwa zwanzig Personen, davon die Hälfte Kinder.

In Vogelers Siedlungsvorstellung spielte die Pädagogik eine besondere Rolle, sie sollte dazu beitragen, den neuen Menschen zu schaffen. Vogeler verfocht – modern ausgedrückt – «Entschulungs»-Vorstellungen: die Kinder sollten am Leben der Gemeinschaft, vor allem an der *Arbeit* teilnehmen und so – mit möglichst wenig formalem Unterricht – die notwendigen Fähigkeiten erlernen, zugleich ein «Kollektivgefühl für das Ganze» und die eigenen individuellen Schöpferkräfte entwickeln. Die Schule sollte also keinen abgesonderten Bereich mehr darstellen, sondern Lernen sollte integriert sein in die Lebensverhältnisse der Gruppe.

In diesem Sinne wurde auf dem Barkenhoff zwei Jahre lang pädagogisch gearbeitet, bis 1921 der Siedlung das Recht auf Schulunterricht von den Behörden aberkannt wurde. Schon vorher hatten staatliche Schikanen den Barkenhoff beeinträchtigt, mehrfach fanden polizeiliche Durchsuchungen statt, Vogeler wurde vorübergehend verhaftet; auch Teile der Presse taten das Ihre, um die Kommune, so gut es ging, zu verteufeln. Doch entsprach diesen äußeren Schwierigkeiten, wie in Blankenburg, ein innerer Auflösungsprozeß. Vogeler begann bereits ab 1920, sich von der Siedlung allmählich zurückzuziehen, offenbar erfüllte sie weder in menschlicher noch in politischer Hinsicht seine hochgespannten Erwartungen. Seine religiös angehauchten Erlösungs-Vorstellungen («Wie die Könige und Hirten in dunkler Nacht den Stern des Glaubens, der Liebe und der Hoffnung über sich erstrahlen sahen, so erkennt ihr in der Revolution das Licht der Welt: die Menschenliebe, den Völkerfrieden»[46]) begann er auf die zuvor von ihm abgelehnte kommunistische Partei zu projizieren. Die Siedlungsidee erschien ihm unter den gegebenen Verhältnissen schließlich unrealisierbar. 1923 resümierte er: «Vier Jahre eines utopistischen Siedlungsversuches. Es folgt die marxistische Erkenntnis der Unmöglichkeit derartiger Experimente innerhalb der kapitalistischen Ordnung.»[47]

1923 wurde der Barkenhoff der kommunistischen Gefangenenhilfsorganisation «Rote Hilfe» für ein Kinderheim übergeben. Die Kommune löste sich endgültig auf, als die «Rote Hilfe» ihre Kinderbetreuerinnen mit Bargeld bezahlte und sich Kinderheim und Kommune auf Grund der unterschiedlichen Gemeinschafts- und Lebensvorstellungen nicht mehr integrieren ließen. Vogeler emigrierte in die Sowjetunion, wo er 1942 starb.

Barkenhoff und Blankenburg bilden die bekanntesten Beispiele der «politisch» begründeten Siedlungsform. Es hat noch eine ganze Reihe kurzlebiger derartiger Versuche gegeben. So gründeten 1921 bei Düsseldorf jugendliche «Landbesetzer» auf unbenutztem Gelände die Gemeinschaft «Freie Erde» «im Geiste Gustav Landauers»; der Kommuneversuch scheiterte binnen kurzer Zeit an inneren Auseinandersetzungen. Bereits 1919 hatte der Schriftsteller Hugo Hertwig in Kleve bei Itzehoe die «Kommunistensiedlung» Lindenhof ins Leben gerufen, von der ein Besucher zu berichten wußte: «Es wohnen etwa 15–20 Kommunisten dort, Männer, Weiber und Kinder, die ganz nach kommunistischen Grundsätzen leben und wirtschaften, ohne jede Kultur, ohne jedes Gesetz. Das Haus ist mit den allereinfachsten Mitteln in viele kleine Kammern geteilt ... Alle Wände sind in krassen Farben kubistisch bemalt und mit expressionistischen Gemälden behangen ... Alles, was an unsere heutige Kultur erinnert, ist verbannt.»[48] Auch diese Siedlung bestand nur kurze Zeit, trotz des besonders liebevollen Umgangs der Bewohner mit ihren Tieren: «Den Hühnern wurden nicht die Flügel beschnitten, und sie erinnerten sich bald daran, daß sie Vögel waren und begannen auf die Bäume zu fliegen, dort die Nächte zu verbringen und ihre Eier im Garten zu verstecken ... Anfangs, als es einen schlimmen Regenguß gab, wurde einer Kuh, die sich draußen befand, aus Mitleid einfach das große Ölgemälde eines Malers zum Schutz übergelegt ...»[49]

Neben den «linken» fanden sich in der Zeit nach dem Ersten Weltkrieg auch verschiedene «rechte» Siedlungsversuche. Mit den «linken» stimmten sie überein in der antikapitalistischen Grundhaltung und im starken Bezug auf Natur und Landwirtschaft als Grundlage menschlicher Existenz; doch galt ihnen darüber hinaus die Siedlung als ein Ort der Erneuerung von Rasse und Volkstum. Rassenhygiene und Polygamie sollten nach Auffassung mancher völkischer Siedler – in Verbindung mit Freikörperkultur und womöglich vegetarischer Ernährung – die Wiedergeburt germanischer Art ermöglichen.

In den völkischen Siedlungen gab es häufig erbitterte Auseinandersetzungen um Mehrehe und Mutterrecht, die bis zur Spaltung der Gruppen führten. Allerdings scheint es in der Praxis nicht zu weitreichenden Experimenten mit der Polygamie gekommen zu sein.

Die Siedlung *Donnershag* oder *Deutsch-Ordens*-Land bei Sontra in Hessen wurde 1919 gegründet. Völkische Freaks wollten dort «rassisch wertvolle Kinder im Geiste deutscher Volks- und Lebenserneuerung» aufziehen, das Land bebauen und im Geiste der – deutsch-national verstandenen – Jugendbewegung ihre Freizeit verbringen: «Alle Kunst wird man pflegen, in der sich lichte deutsche Art darstellen mag; durch das Leben soll in Arbeit und Feier wieder ein Schwingen und ein Klingen gehen; die Volkslieder werden wieder mehrstimmig gesungen werden, wie sich's gebührt; im Reigen und Volkstanze wird man sich um die Linde wiegen, auch uralte Weihetänze aus reingermanischer Zeit wie das faröische Sigfridslied werden zu neuem Leben erstehen ... Und Feste werden wir zu feiern wissen!»[50]

Ungefähr fünfzig Siedler und Siedlerinnen fanden sich im Deutsch-Ordens-Land zusammen; diese Zahl stieg vorübergehend auf rund 350 Mitglieder an, um dann rapide abzusinken. Zunächst hatte man das zur Siedlung gehörende Land verpachtet, übernahm aber dann den Landbau selbst. Auch ein Verlag und eine «deutsche Herberge» gehörten zur Siedlung.

Ökonomisch bewegte sich die Gruppe, unter Schwierigkeiten, am Rande des Existenznotwendigen; mühseliger aber waren die Auseinandersetzungen um Freikörperkultur und Moral. Die Bevölkerung der Umgebung regte sich über die «Lichtbäder» der Siedler auf, die Polizei über die angebliche Sittenlosigkeit in der Kommune. Auseinandersetzungen um die von dem Leiter der Gruppe, Ernst Hunkel, propagierte «Mehrehe» kamen hinzu. Hunkel und ein Teil der Siedler wurden 1923 gezwungen, Deutsch-Ordens-Land zu verlassen; 1924 löste sich die Kommune auf, da das Interesse an der Siedlung vollständig verschwunden war und sich keine rassebewußten Siedler mehr fanden.

Beständiger war der 1921 auf der Schwäbischen Alb gegründete *Vogelhof*, vermutlich deshalb, weil die Siedlung ab 1925 ihren Schwerpunkt auf den Ausbau und die Erhaltung eines Landerziehungsheimes legte und damit ihren Kommunecharakter nach einiger Zeit verlor. Auch hier spielten völkische Gedankengänge eine Rolle, verbunden mit lebensreformerischen und deutsch-christlichen Vorstellungen. Wie in Donnershag baute man einen Verlag und ein Erholungsheim auf; nach anfänglichen großen Schwierigkeiten brachte die Landwirtschaft gute Erträge. Auf der Suche nach «alternativen Energien» ihrer Zeit weit voraus, planten die Siedler sogar den Bau eines Windmotorenturms, doch wurde das Projekt dann zugunsten des Landerziehungsheims zurückgestellt. Heftige Auseinandersetzungen um die Mehrehe führten auch hier zum Auszug eines Teils der Bewohner.

Nach dem Ausbau des Landerziehungsheims blieb die Genossenschaft zwar bestehen, wurde jedoch mehr und mehr zu einem Anhängsel der Schule. Diese wurde 1938 vom nationalsozialistischen Kultusministerium zwangsweise geschlossen, bald darauf löste sich die Siedlung endgültig auf.

Sehr eilig! **An unsere Freunde!** Lenzing 1921.

Nun gilt's! wir haben Land! Der Vogelhof bei Erbstetten O. A. Münsingen (unteres Lautertal) – 84 württembergische Morgen Land mit Gebäuden, lebendem und totem Zubehör – ist gekauft. Wir handelten im Vertrauen auf die tatkräftige Hilfe aller unserer Freunde, um das Land zu „Freiland" für unsere große Sache zu machen. Es sind außer der schon geleisteten Anzahlung bis 10. 4. 21. noch **200000 Mark (Zweihunderttausend)** zu beschaffen. Wir rechnen auf die Mitwirkung unserer Freunde. Jeder, dem die Sache am Herzen liegt, sollte sich verpflichtet fühlen, einige tausend Mark Darlehen zu geben oder zu vermitteln oder mindestens einen Anteil zu zeichnen. Alle Darlehensgeber erhalten unverzinsliche Freilandbriefe, auf runde Summen lautend, ausgehändigt, für die das Land und das gesamte Vermögen der Genossenschaft als Sicherheit dient, so daß die Darlehensgeber keinerlei Gefahr laufen. Diese Freilandbriefe werden vom fünften Jahre ab (1926) zurückbezahlt, jedes Jahr ein Zehntel der auf diese Freilandbriefe erhaltenen Gesamtsumme.

Von euch, ihr Freunde alle, hängt es ab, ob unser Werk auf gesunden Füßen stehen und gedeihen kann. Wir rechnen auf euch alle. Wir Siedler alle sind einig. Wir sind bereit, unser ganzes Sein und Haben in den Dienst unserer großen Sache zu stellen.

Da wir die Summe bis spätestens 10. 4. 21. in der Hand haben müssen, bitten wir, alle Gelder sofort auf Postscheckrechnung 3357 Stuttgart (Friedrich Schöll, Stuttgart, Landhausstraße 223) einzubezahlen mit Zweckbezeichnung auf Abschnitt. Bis zum Erscheinen der Freilandbriefe gilt Postabschnitt als Bescheinigung. Freiwillige Beiträge und Stiftungen bitten wir als solche zu bezeichnen. Jede, auch die kleinste Gabe ist herzlich willkommen.

Es sind einige Bilder vom Vogelhof, die Willo Rall selbst in Holz schneidet und druckt, im Entstehen begriffen und werden unseren Freunden demnächst zur Unterstützung der Sache zur Verfügung stehen. Vorerst erhält jeder Zeichner eines Anteils oder eines entsprechenden höheren Darlehens eines der Kunstblätter frei. Über die weiteren Bilder erfolgt Mitteilung nach Fertigstellung. Liebhaber können sich jetzt schon melden.

Wir grüßen einmütig mit Heil und Hellauf

Der Vorstand der

SIEDLUNG HELLAUF

e. G. m. b. H.:

Friedrich Schöll, August Merz, Hans Reichart.

Für den Aufsichtsrat: Willo Rall, Hans Wöllecke.

Spendenaufruf des Vogelhofs (1921)

Bewohner des Vogelhofs

Jugendbewegte Landkommunarden

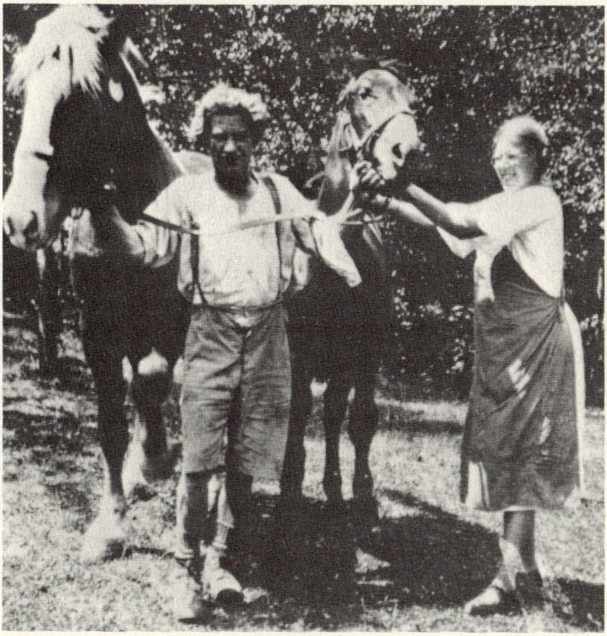

Aus einem ganz anderen Geiste, nämlich dem der christlichen «Bergpredigt und der Urgemeinde», entstand die Siedlung *Sannerz* bei Schlüchtern in Hessen. 1920 hatte sich um den Theologen Eberhard Arnold die «Neuwerk-Bewegung» gebildet, eine jugendbewegt-christliche Gruppe, welche eine antikapitalistische Haltung vertrat und den Anspruch der Bibel radikal im eigenen Leben wirken lassen wollte. «Feindschaft dem Antigott Geld und seinem furchtbaren Gefolgsmann Krieg; – freiwillige Armut; – vollkommen freie Hand, nach dem Gewissen zu leben; – Leben aus dem Unbedingten heraus; ... immer in Bewegung bleiben; – Gemeinschaft mit jeder Gewissensregung, die sich irgendwie gegen Unrecht, Haß und Mammon erhebt; – Freiheit von jeder programmatischen Bindung; – Freiheit zum Dienst in der Liebe Christi; – missionarischer Auftrag ...; – Brüderlichkeit und gegenseitiges Vertrauen ...» – so kennzeichnete Arnold die Einstellung der Neuwerk-Gruppe und bemerkte dazu: «Oft schien diese Erwartung ganz nahe an manche freideutsche, pazifistische, sozialdemokratische, kommunistische und anarchistische Ideale heranzuführen, – und doch blieb sie immer von ihnen allen unterschieden, weil sie sich ganz auf Christus und sein Kommen, auf die Auswirkung seines Geistes richtete.»[51] Man war gegen das Privateigentum und gegen jede menschliche Autorität, fühlte sich solidarisch mit dem Proletariat und allen Unterdrückten, lehnte den Staat als Inkarnation der Gewalt ab und erwartete die Entstehung einer neuen Gesellschaft; all das war fundiert in dem religiösen Vertrauen auf die göttliche «eine Quelle des Lichts»[52], nicht – wie bei den primär «politisch» argumentierenden Gruppen – in «weltlichen» Erwägungen.

Im Sinn ihrer Vorstellungen von brüderlicher Gemeinschaft gründeten die Neuwerker 1920 auf einem gepachteten Gelände die Sannerzer Siedlung. Die Siedler arbeiteten in Landwirtschaft, Gärtnerei und einem Verlag und nahmen elternlose Kinder in die Kommune auf, um sie zu betreuen. Durch große Jugendtreffen und Mitarbeit in der Jugendbewegung und der internationalen Friedensbewegung versuchten sie, ihren «missionarischen Auftrag» zu erfüllen. In der Siedlung war persönliches Eigentum – außer dem an der Kleidung – aufgehoben, Geld wurde nur im Kontakt mit der Außenwelt verwendet, man verzichtete auf alle juristischen Vereinbarungen, da man Recht und Gesetz als Institutionen des Staates ablehnte. Die «Freudengemeinschaft und Arbeitsgemeinschaft» der christlichen Kommunarden lebte zwei Jahre glücklich zusammen, und der Maler Max Schulze-Sölde, der an dem Siedlungsversuch Lindenhof in Kleve (s. oben S. 122) beteiligt gewesen war, notierte beeindruckt nach der Teilnahme an einem von den Sannerzern veranstalteten Treffen:

«Vieles von dem, worum ich auf dem Lindenhofe vergeblich gerungen hatte, war hier mit müheloser Selbstverständlichkeit erreicht, und obwohl die Liebe und Brüderlichkeit der Siedler untereinander echter gewirkt hätte, wenn sie weniger stark betont gewesen wäre, so war dennoch die gemeinsame Schwingung der Seelen so stark zu spüren, daß ich beglückt davon mitgerissen wurde ... Wie sie sich kleideten, wie sie unbefangen miteinander umgingen, wie sie in Selbstdisziplin ihre Decken empfingen und ihre Strohlager aufsuchten, wie sie sich unter frohem Lachen begnügten mit trockenem Brote und ein wenig Suppe aus dem großen Kessel, wie sie ihre Reigen tanzten auf der Wiese dahinten, wie sie barfüßig mit wehenden Haaren und hängenden Zöpfen dahinstürmten, wie ihnen die fromme Ergriffenheit aus den weitgeöffneten Augen strahlte – das alles stürzte traumartig, märchenhaft auf mich ein, als seien meine geheimsten Wünsche plötzlich lebendig geworden, und ich ging umher wie ein Trunkener.»[53] Skeptischer geworden, bemerkt er allerdings am Schluß seines Berichts: «Als ... die Reigen aber und die Klampfenlieder kein Ende nehmen wollten, kam die Ernüchterung über mich, und ich stellte bei mir fest, daß mir diese Art von Christentum zu zahm sei.»[54]

Innerhalb der Neuwerk-Bewegung (von der die Sannerzer Siedlergruppe nur einen Teil bildete) schienen die Kommunarden aber eher zu radikal. Einer «gemäßigteren» Gruppe im Neuwerk gefiel die Unbedingtheit der Sannerzer nicht: ihre kompromißlose Abwendung von der Amtskirche, die starke Hinwendung zum Proletariat. Dazu kam eine wirtschaftliche Krise der Siedlung, die zum Auszug vieler Siedler führte. So wurde 1922 eine zweite, weniger «radikale» Neuwerk-Siedlung, der Habertshof, gegründet; in Sannerz blieben nur acht erwachsene Siedler und einige Kinder zurück. Doch überstand die kleine Restgruppe die Schwierigkeiten dieses Übergangs, führte Landwirtschaft, Gärtnerei und Werkstätten weiter. Bald vergrößerte sich die Gemeinschaft wieder, es wurde eine Schule gegründet (neben den Kindern der Siedler lebten etwa 20 Waisenkinder in Sannerz), eine Druckerei und ein neuer Verlag (der alte war auf den Habertshof übergegangen) entstanden. Soweit man konnte, verwendete man bei der Arbeit moderne Maschinen. «Der Geist Gottes findet Wege in die Maschinenwelt hinein», meinte Eberhard Arnold – während manche andere jugendbewegte Kommune Maschinen aus anti-technischen Grundhaltungen heraus prinzipiell ablehnte. Eine Jugendherberge der Siedlung nahm im Laufe der Zeit Hunderte von Jugendlichen auf, die zum Teil in der Kommune mitarbeiteten.

Während die meisten anderen Jugendbewegungs-Siedlungen sich auflösten oder den Kommune-Charakter verloren, wuchs der Sannerzer «Bruderhof» zusehends. 1927 wurde der Pachtvertrag in Sannerz vom Pächter gekündigt, die Gruppe zog auf ein Anwesen in Veitsteinbach in der Rhön. 1930 schloß man sich den «Hutterischen Brüdern» an, welche in 26 christlich-kommunistischen Gemeinden in den USA und Kanada lebten und auf eine über vierhundertjährige Tradition gemeinschaftlichen Siedelns zurückblickten.

Die Nationalsozialisten schlossen 1933 Schule, Kinderheim und Verlag der mittlerweile auf 150 Personen angewachsenen Kommune. Die Siedler bereiteten daraufhin ihre kollektive Emigration vor. Als 1937 der Bruderhof zwangsweise aufgelöst wurde, waren die meisten Siedler bereits gemeinsam nach England gezogen und hatten dort zwei neue Gemeinschaften gegründet. Auch von dort wurden sie vertrieben: 1940 erwog die britische Regierung die Internierung aller deutschen Staatsbürger; daher verpflanzten sich beide Kommunen (mittlerweile 350 Menschen) Ende 1940 nach Paraguay – in das einzige Land, das sie aufnehmen wollte. Hier entstanden die Bruderhöfe unter schwierigsten Bedingungen neu; Land wurde urbar gemacht, Sägewerke und Schreinereien, eine Drechslerei und große Ziegelei, eine Bibliothek und ein Krankenhaus wurden eingerichtet. Die alten Grundsätze des Gemeinschaftslebens – kein Privateigentum, enger persönlicher Kontakt – blieben bis heute in Kraft.

Später entstanden weitere – gegenwärtig noch bestehende – Bruderhöfe in England, den USA und Uruguay. Von allen jugendbewegten Siedlungen ist also Sannerz diejenige, die am wirksamsten und konsequentesten den ursprünglichen Impuls realisieren konnte.

Der *Habertshof*, erster «Ableger» von Sannerz und seit 1922 Zentrum der Neuwerk-Bewegung, änderte demgegenüber im Laufe der Zeit seinen ursprünglichen Charakter. Er war zunächst (seit 1919) eine «weltliche» jugendbewegte Siedlung gewesen, die 1922 in eine der üblichen Krisen geriet und zu diesem Zeitpunkt von der «gemäßigten» Richtung der Neuwerker übernommen wurde. Diese «Gemäßigten» wollten eine stärkere Zuwendung zur Kirche, ein kompromißbereiteres reformerisches Engagement als die «radikalen» Sannerzer. Auch im Habertshof orientierte man sich am Sozialismus, in dem man die weltliche Erfüllung religiöser Gebote sah. Doch versuchte man im Kampf für eine neue gesellschaftliche Ordnung pragmatischer zu sein als die Sannerzer Gruppe um Eberhard Arnold.

Zum Mittelpunkt der Siedlung wurde bald eine «Arbeiter-Heimvolkshochschule», in der man dreimonatige Bildungskurse mit zumeist arbeitslosen Proletariern durchführte. Die Schule war als «Produktivschule» geplant, die Kursgänger sollten in Verbindung mit der Arbeit in der Siedlung lernen, doch erwies sich die Durchführung dieses Projekts als schwierig, weil die – großenteils städtischen – Arbeiter sich mit den landwirtschaftlichen Aufgaben schwertaten.

Um die Volkshochschule herum löste sich das ursprüngliche Kommune-Konzept bald auf: die Siedler wurden zu Angestellten, 1928 wurde der bis dahin für alle gleiche Lohn nach Leistung abgestuft. Doch erhielt sich in einem gewissen Maß das Gemeinschaftsleben in der kleinen Gruppe von 10 bis 12 Menschen, die ständig auf dem Habertshof wohnten.

1933 wurde der Hof von den Nationalsozialisten zwangsenteignet, die Siedlung löste sich auf.

Zu den bemerkenswertesten Siedlungen der Jugendbewegung gehört schließlich die 1923 gegründete «Frauenkommune» *Schwarzerden* in der Rhön. Schon 1918 hatte eine Darmstädter Freundinnengruppe um die Lehrerin Marie Buchhold den Gedanken einer Frauen-Siedlung vertreten, sich jedoch zunächst mit einer aus dem Wandervogel hervorgegangenen Männergruppe zur Siedlung Frankenfeld bei Worms zusammengetan. Frankenfeld scheiterte an den üblichen Problemen, menschlichen, ökonomischen, technischen Fragen. Marie Buchhold wagte nun zusammen mit anderen Frauen den zweiten Kommuneversuch.

Von vornherein war geplant, in Schwarzerden eine Gymnastikschule aufzubauen, welche in engem Zusammenhang mit dem sozialen Leben stehen und sich besonders der Frauen- und Mädchenbildung widmen sollte. Der Gymnastik wurde – wie in der Jugendbewegung allgemein – eine besondere Rolle bei der Bildung des «neuen Körpergefühls» zugesprochen, welches das gewandelte Bewußtsein der Jugendlichen zum Ausdruck brachte. Eine naturgemäße Leibeserziehung sollte die Menschen aus ihren anerzogenen Verkrampfungen befreien; dabei sollte nach den Absichten der Schwarzerdener Frauen die Gymnastik im Zusammenhang mit psychologischem und gesellschaftsbezogenem Wissen gelehrt werden. Die Schwarzerdener Frauen steuerten ihr Ziel einer Gymnastikschule vorsichtig und geduldig an; aus dem Frankenfelder Versuch hatten sie gelernt, daß sich diese Wirklichkeit nicht willkürlich nach Idealen formen läßt. Zunächst pachteten sie einen Hof, hielten sich notdürftig mit Landwirtschaft, Bast- und Webarbeiten über Wasser. 1924 führten sie erstmalig Ferienkurse für Lehrer und Lehrerinnen durch, zwei Jahre später betreuten sie Schulkinder in einer Ferien-Tageserholungsstätte. Ende 1926 fanden – von den staatlichen Behörden unterstützte – Gymnastikkurse statt, 1927 – vier Jahre nach dem Beginn des Experiments – konnte die geplante Schule endlich gegründet werden.

Die Siedlerinnen, die 1928 in einen größeren Hof nach Poppenhausen (ebenfalls in der Rhön) umzogen, arbeiteten nach wie vor gemeinschaftlich in der Landwirtschaft; ab 1934 wurde das Land jedoch von angestellten Landwirten und Arbeitern bestellt.

Unter dem Nationalsozialismus existierte die Siedlung weiter; nach dem Krieg wurde die Schule 1946 neu gegründet und ist heute «eine der führenden Ausbildungsstätten dieser Art in der Bundesrepublik»[55] (Ulrich Linse).

Schwarzerden unterscheidet sich in mancher Hinsicht von den anderen Siedlungen der Jugendbewegung. Die Kommune hatte keinen missionarischen Anspruch und hielt es nicht für nötig, sich von einer als feindlich empfundenen Außenwelt abzusetzen. Nirgendwo hat es so herzliche und enge Kontakte zwischen Kommunarden und bäuerlichen Nachbarn gegeben wie hier; die Frauen sahen sich nicht als überlegene «Aufklärerinnen», sondern erkannten: «Die Bauern waren in helfender Stellung, wir waren die Hilfsbedürftigen, die Lernenden und dankbar Annehmenden.»[56] Die jugendbewegten Frauen und die Rhön-Bauern halfen sich bei der Arbeit, luden sich gegenseitig ein und verbrachten lange Abende zusammen.

Offenheit nach außen zeigte sich auch in der Bereitschaft, mit staatlichen Behörden zusammenzuarbeiten, ohne die Furcht, davon korrumpiert zu werden. Tatsächlich haben die Siedlerinnen im Kommuneleben die ursprüngliche Gemeinschaft immer beibehalten, trotz aller Kompromisse mit der Außenwelt. Zwar wurde in späterer Zeit eine Unterscheidung zwischen einem «äußeren» Kreis von Angestellten und einem «inneren Kreis» von bleibenden Mitgliedern getroffen; doch ist es kennzeichnend, daß das «Taschengeld» des festen Stammes fast immer *geringer* war als der Lohn der angestellten Arbeitskräfte. Die pragmatischen Lösungen der Kommuneprobleme zerstörten also offenbar nicht den Kern der Idee: die «Lösung von kapitalistischer Besitzlust».

Nur wenige der mit hohen Ansprüchen begonnenen Siedlungen der Jugendbewegung haben eine dauerhafte Wirkung erzielen können; die meisten von ihnen sind nach wenigen Monaten oder doch nach einigen Jahren zugrunde gegangen. Nun ist die *Wirkung* gewiß nicht das einzige Kriterium, mit dem diese Kommunen sich beurteilen lassen; das zweckrationale Denken, das ständige Schielen auf den Erfolg wollten die Jugendbewegten ja gerade überwinden, um zu *leben*. Und doch: mit welch ehrgeizigen Zielen waren diese Projekte befrachtet! Keimzellen der neuen Gesellschaft, Vorboten einer anderen Welt, Zeugen des besseren Lebens sollten sie sein. Kein Wunder, daß die Enttäuschung fast überall sich schnell breitmachte.

Landarbeit auf der Frauensiedlung Schwarzerden

Schwarzerdener Siedlerinnen im Gespräch mit benachbarten Bauern

«Es gehört etwas dazu, moralische Entscheidungskraft nämlich, um in Verbindung mit der kapitalistischen Außenwelt das zu sein und zu bleiben und immer mehr zu werden, was man ist»[57], schrieb Marie Buchhold über die Schwierigkeiten des Siedelns. Die meisten Kommunarden hatten diese Kraft nicht, sie glaubten, sich nur dann «rein» erhalten zu können, wenn sie sich von der Außenwelt weitmöglichst abgrenzten. Unter den vielen Gründen für das Scheitern jugendbewegter Siedlungen war dieser gewiß einer der wichtigsten. Isoliert konnte keine dieser Kommunen bestehen; die «Gegenkultur» der Jugendbewegung war nicht stark genug, als daß sie, wirtschaftlich und menschlich, die Siedlungen hätte tragen können. In irgendeiner Weise war der Kontakt zur «kapitalistischen Außenwelt» unumgänglich: man mußte seine Erzeugnisse verkaufen, man mußte sich mit Dingen auseinandersetzen und sie womöglich akzeptieren, die man dieser Außenwelt zurechnete: Geld und Technik, Organisation und Wirtschaftsführung, Fachkenntnisse und Planung. Solche Auseinandersetzung und Kompromißbereitschaft mußten eine Siedlung nicht notwendig korrumpieren; vielmehr haben nur diejenigen Kommunen auf Dauer überlebt, die bereit waren, sich auf die widrigen Realitäten einzustellen.

Die Landsassen-Werkgemeinschaft

Die Leipziger «Landsassen» versuchten ein gemeinschaftliches Leben und Arbeiten in der *Stadt* zu verwirklichen. Die aus dem Wandervogel hervorgegangene Gruppe von zunächst etwa 20 Mitgliedern begann 1921 mit dem Aufbau von Werkstätten, zunächst einer Druckerei. Im Gegensatz zu vielen Landkommunen wurde bei den – zu einem großen Teil proletarischen – Landsassen die Technik ausdrücklich bejaht, nicht die Maschinen seien gefährlich, schrieb der «Gruppenleiter» Hans-Albert Foerster, sondern der falsche Gebrauch der Maschinen: «Warum das Handwerk wieder hochbringen, wo wir doch die besten Maschinen haben?»[58] Nur «wo sie die schöpferischen Kräfte des Menschen lähmen»[59], solle man auf Maschinen verzichten.

Die Mitglieder der Gruppe wohnten nicht zusammen, da ihnen das Geld für den geplanten Bau von Gemeinschaftshäusern fehlte, sie arbeiteten und wirtschafteten aber gemeinschaftlich, nahmen die Mahlzeiten gemeinsam ein und trafen sich häufig zu Besprechungen, Fahrten und Festen. Aus einer gemeinsamen Kasse erhielt jeder den gleichen Lohn, für besondere Bedarfsfälle gab es einen «Hausstandsfonds» (für die Beschaffung der jeweiligen Wohnungseinrichtungen) und einen «Fürsorgefonds», der an die Stelle der staatlichen Krankenkasse trat.

Die Gruppe vergrößerte sich schnell und konnte im Laufe der Zeit neben der Druckerei, die einen sehr guten Ruf bekam, weitere Werkstätten eröffnen: Buchbinderei, Schusterwerkstatt, Schneiderei, Metallkunstwerkstätte, Prägerei und Wirkerei. Eine Tischlereigenossenschaft schloß sich den Landsassen an. In einem Laden wurden Bücher und Wanderartikel verkauft; ein Mitglied der Gruppe errang große Erfolge als wandernder Puppenspieler.

Das Selbstverständnis der Gemeinschaft war revolutionär, man wollte die Überwindung des Profitsystems und gab dafür mit der eigenen Art zu wirtschaften ein Beispiel. Doch mußte nach der Auffassung Foersters neben die «Revolution der Dinge» die «Revolution der Seele» treten: die Gruppe hatte die Aufgabe der «gegenseitigen Erziehung»[60]. In diesem Sinne wandte man sich gegen übermäßige Spezialisierung bei der Arbeit und wechselte, soweit möglich, innerhalb der Gemeinschaft die Arbeitsplätze.

Trotz der vorübergehend positiven wirtschaftlichen Entwicklung blieb die Fluktuation in der Gruppe, die maximal etwa 50 Mitglieder umfaßte, immer recht groß. Das Gemeinschaftsleben zerfiel im Laufe der Zeit, so daß allmählich nur noch die Arbeit und ihre Organisation gemeinsam waren. Der Bau der geplanten Häuser wurde ständig aufgeschoben.

Als dazu verschiedene wirtschaftliche Rückschläge kamen – unter anderem blieb ein Verlag, der zahlungsunfähig wurde, der Druckerei große Summen schuldig –, löste sich die Landsassen-Werkgemeinschaft im Sommer 1927 auf. Sechs Jahre hatte sie mit einem Konzept gearbeitet, das realitätsnäher und flexibler erscheint als das der meisten Landkommunen; dann fiel sie den gleichen Schwierigkeiten wie diese zum Opfer: ökonomischen Problemen und der Unfähigkeit, ein enthusiastisch begonnenes Gemeinschaftsleben über längere Zeit durchzuhalten.

Die Neue Schar

Keine Gruppe der Jugendbewegung hat solche Massenwirkungen entfaltet wie die «Neue Schar» um den Drechsler Friedrich Muck-Lamberty. Muck, ein beeindruckender Redner, hatte im Sommer 1920 fünfundzwanzig Jungen und Mädchen um sich versammelt, mit denen er durch die Städte Thüringens zog und eine Art alternatives Tanzspektakel bot, das aus neugierigen Zuschauern binnen kurzem ekstatische Tänzer machte und schließlich Tausende in seinen Bann zog. Angeblich begannen sogar die zur Wiederherstellung der Ordnung herbeigerufenen Polizisten gelegentlich mitzutanzen. Einen Sommer lang schien es, als würde ein dionysischer Wandervogel-Rausch auch brave Bürger in kosmische Schwingungen versetzen.

Die Neue Schar hatte sich in Kronach zusammengefunden, zog von dort aus im Wandervogelstil durchs Land, die Frauen in leinenen Kitteln, die Männer langhaarig und in kurzen Hosen, alle barfuß oder in Sandalen. Wo sie hinkamen, staunten und schimpften die Zuschauer zunächst, lasen dann aber doch – neugierig geworden – die Flugblätter der Gruppe, auf denen in großen Buchstaben geschrieben stand: «BESINNT EUCH!» und darunter: «Unser Volk muß untergehen, wenn die Jungen und Junggebliebenen nicht aufstehen, an sich arbeiten und sich verständigen. Wir wollen in den Tagen, da wir bei euch sind, mit euch leben und kämpfen gegen Vergnügungen aller Art, die die Jugend ausbeuten an Leib und Seele aus Geldinteressen, und rufen euch auf, die Tage mit uns zu verbringen in *rechter* Fröhlichkeit. Das soll aber nur ein Anfang sein, wir wollen mehr als spielen!»[61] Auf der Rückseite war dann der «Spielplan» angegeben, Uhrzeit und Treffpunkt für Spiele mit Kindern und mit Erwachsenen.

Die Gruppe, geübt im Tanzen und Singen, begann zunächst mit den – schnell begeisterten – Kindern zu spielen; später kamen Erwachsene hinzu. Woran es gelegen hat, wissen wir nicht, aber schon am zweiten Tag tanzten gewöhnlich Hunderte von Menschen unter der Anleitung der Wandervögel, sangen, freuten sich. «Das sichere Auftreten der Schar zieht immer mehr Menschen in den Kreis», schrieb ein Augenzeuge. «Am zweiten, am dritten Tag ist die ganze Stadt von einem Taumel erfaßt. Die Kreise sind gewachsen. Bei uns in Erfurt war der Riesenplatz vor dem Dom der Versammlungsort. Er war belebt von tanzenden, schwingenden Kreisen. Tausende sammeln sich, um zu sehen ... Am Abend wächst die Menge ... Menschen kommen, von der Arbeit des Tages befreit, aus allem Volk. Man sieht nicht nur zu, man erregt sich in heftigen Gesprächen.»[62] Viele blieben ablehnend; man verdächtigte die Gruppe, kommunistisch unterwandert und jüdisch gesteuert zu sein, anderswo hielt man sie für rechtsradikal. In Erfurt kämpften die Deutschnationalen, in Gotha die linkssozialistische USPD gegen die allgemeine Tanzbegeisterung. Die Mehrheit der Bevölkerung stimmte jedoch den Tänzern zu. Hunderte begleiteten die Schar bei ihren Abschieden zur Stadt hinaus.

Binnen kurzem verbreitete sich der Ruf der tanzenden Jugendlichen in ganz Thüringen. Wo sie ankamen, wurden sie bereits erwartet. Mucks Volksreden fanden riesige Zuhörermengen. Er predigte in alter Wandervogeltradition gegen Alkohol und Tabak, gegen den Foxtrott und die «amerikanischen» Schiebermützen. Statt billige zerstreuende Vergnügungen zu suchen, solle man in wirklicher Gemeinschaft gesund und herzhaft fröhlich sein.

Anders als die Landkommunarden verstand es die Neue Schar, das latente Bedürfnis nach Gemeinschaft und Überwindung des beengten Alltags aufzugreifen. Der Schwung der Jugendbewegung schien auch die Bürger mitzureißen. In Weimar, Erfurt, Eisenach wurden der Gruppe die Kirchen geöffnet. Muck hielt einer gespannt zuhörenden Gemeinde lange Vorträge. Der Stadtpfarrer von Erfurt, beeindruckt von des Drechslers rhetorischen Gaben, bemerkte: «Es hat ein Ekstatiker geredet.»[63]

Im Spätherbst 1920, als es für weitere Freiluftveranstaltungen zu kalt wurde, zog sich die Schar auf die Leuchtenburg bei Jena zurück, welche ihr auf Grund der Fürsprache einflußreicher Sympathisanten als Winterquartier zur Verfügung gestellt worden war. Hier lebte sie als «Werkgemeinschaft», die Jugendlichen tischlerten, schneiderten, fertigten Schuhe und arbeiteten bei den Bauern der Umgebung. Besonderen Erfolg hatten die dort hergestellten «Muck-Leuchter», die überall bei den Jugendbewegten Absatz fanden, wenn auch ein mißgünstiger Kritiker sie als «Hausgreuel aller freideutschen Ehen»[64] bezeichnete.

Eines Tages wurde öffentlich ruchbar, daß der allgemein so gerngesehene Muck-Lamberty, nach dessen Rhythmen Hausfrauen und Familienväter, Pfarrer und Handwerksmeister, Arbeiter und Schüler getanzt hatten, nicht nur ohne Hemmungen zu tanzen verstand, sondern offenbar auch hemmungslos liebte. Von einer (nicht mit ihm) verheirateten Frau, erfuhren die erschreckten Bürger, hatte er ein Kind, ein zweites von ihm gezeugtes wurde auf der Leuchtenburg von einer anderen Frau erwartet, eine dritte Frauengeschichte wurde bekannt, weitere waren zu vermuten. Die öffentliche Meinung reagierte entsetzt. Wem war man nachgefolgt? Welchem Sittenstrolch hatte man in den städtischen Kirchen gelauscht? Die Neue Schar wurde von der Leuchtenburg vertrieben, blieb noch eine Weile zusammen und zerstreute sich schließlich.

Letzter «Erfolg» der Tänzer: 1923 druckte die thüringische Stadt Kahla während der Inflation städtisches Notgeld, auf dem die Geschichte der Neuen Schar dargestellt war – der einzigen alternativen Gruppe, deren Andenken je auf Banknoten festgehalten wurde.

Entschiedene Jugend

Die Schüler und Studenten der «Entschiedenen Jugend», des äußersten linken Flügels der Jugendbewegung um 1920, haben zur Entwicklung alternativer Lebensformen im eigentlichen Wortsinn wenig beigetragen. Sie gaben sich als «Intellektuelle», als systematische Analytiker, die gesellschaftsverändernde Strategien ausarbeiteten; ihre praktische Politik erschöpfte sich im großen und ganzen in Diskussionen und der Beschriftung großer Papiermengen. Wir würden uns daher mit ihnen nicht näher beschäftigen, wenn nicht ihre Vorstellungen eine verblüffende Nähe zu den alternativen, politisch-psychologischen Theorien der Jahre um 1970 aufwiesen. In der «Entschiedenen Jugend» finden wir Muster des Denkens ausgebildet, welche fünfzig Jahre später in nur leicht abgewandelter Form breite Wirkungen erlangen sollten. Dieses Aufblitzen von Gedanken, die ein halbes Jahrhundert später als brandneu erschienen, verdient einen kurzen Blick.

Die äußere Entwicklung der «Entschiedenen Jugend» ist schnell erzählt. Aus dem gescheiterten Versuch, die gesamte Freideutsche Jugendbewegung zu einer Kampforganisation der Jugend gegen die Kultur und Gesellschaft der «Alten» zu machen, entstand 1919 als Organisation der «revolutionären» Jugendlichen zunächst der «Provisorische Zentraljugendrat für Deutschland», bald darauf die «Entschiedene Jugend Deutschlands». Diese setzte den Schwerpunkt ihrer Interessen im Sinne der Theorien Gustav Wynekens auf die Veränderung der Schule, forderte die Einführung von «Schulgemeinden» (gemeinsame Verwaltung der Schule durch Schüler und Lehrer) und Schülerräten, die Einrichtung staatlicher Versuchsschulen, die Hinzuziehung Jugendlicher zu Reichsschulkonferenzen und in die örtlichen Schulverwaltungsgremien, aber auch die Schaffung eines Jugendschutzgesetzes sowie von Rechtsschutz- und Beratungsstellen für Jugendliche. Hinter all dem stand die Vorstellung, durch die Bildung einer eigenständigen «Jugendkultur», durch die Emanzipation der Jugend einem neuen Geist in der Gesellschaft zum Durchbruch zu verhelfen; doch sollte diese Bewußtseinsrevolution sich in Verbindung mit dem revolutionären Kampf des Proletariats vollziehen.

Allerdings gelang es den Entschiedenen Jugendlichen nicht, die angestrebte Zusammenarbeit mit proletarischen Jugendlichen zu intensivieren, im wesentlichen blieben – anders als in den gleichzeitigen Landkommunen – Schüler und Studenten unter sich. Größere Wirkungen erzielten sie nur, als 1919 in Essen ein von der Entschiedenen Jugend mitbeeinflußter Konflikt sich so weit entwickelte, daß Demonstrationszüge von Arbeitern zur Unterstützung der Jugendlichen stattfanden und ein allgemeiner Schulstreik ins Gespräch kam. Ansonsten blieb die Außenwirkung der «EJ» beschränkt; im wesentlichen versuchte man sich Klarheit über die eigene «Linie» auf vielen Tagungen und Treffen zu verschaffen. 1921 löste die Organisation sich auf, resigniert über die Erfolglosigkeit der eigenen Aktivitäten und über die allgemein restaurative politische Entwicklung. Die Mehrheit der Gruppe beschloß, sich der kommunistischen Jugend der KPD anzuschließen.

Die theoretischen Grundauffassungen der Entschiedenen Jugend entsprangen einer Gedankenmischung der Ideen von Gustav Wyneken und Karl Marx, aus Träumen vom Jugendreich und vom Sozialismus. Wyneken hatte von der «Anfang»-Gruppe 1913 über die «Aufbruch»-Gruppe 1915 bis hin zur Entschiedenen Jugend immer wieder den linken Flügel der Jugendbewegung beeinflußt. Sein Schlüsselbegriff war die «Jugendkultur»: Jugend, so meinte Wyneken, habe nicht nur das Recht, ihr eigenes Leben zu führen, vielmehr könne sie – wenn man ihr nur die Möglichkeit dazu gebe – die Gesellschaft von Grund auf erneuern. Der Geist der Jugend sei dem herrschenden Nützlichkeitsdenken der Erwachsenen fundamental entgegengesetzt, er sei «unbedingt» und ziele auf «letzte Werte»; wenn sich dieser Geist also richtig entwickle, so sei eine Überwindung des «Zeitchaos» und der «Geist und Leben bedrohenden allgemeinen Mechanisierung»[65] zu erhoffen. Nur bedürfe es dazu einer Loslösung der Jugend aus dem Einfluß der Älteren, aus herkömmlicher Schule und Familie.

Ganz allein andererseits würde die Jugend den rechten Weg auch nicht finden, sie bedürfe der Führung durch die «Besten, Ernstesten, Tiefsten»[66]. Kein Zweifel, daß Wyneken sich selbst zu diesen zählte. Sein Modell der «Freien Schulgemeinde», des zwangfreien Zusammenlebens von Lehrern und Schülern, empfahl er als *die* Bildungsinstitution der zu schaffenden Jugendkultur. Aus der von ihm selbst gegründeten «Freien Schulgemeinde Wickersdorf» war er nach endlosen Konflikten hinauskomplimentiert worden, gern hätte er jetzt die Jugendbewegung als Ganze geführt. Seine Selbstbezogenheit führte immer wieder zu unergiebigen Auseinandersetzungen; seine gesellschaftskritischen Analysen, sein Eintreten für die Jugend gegen angemaßte Autorität, gegen Nationalismus und Rassismus brachten ihm dennoch die Sympathien vieler Jugendlicher, denen die Wandervogelromantik allein nicht ausreichte.

Wynekens Gedankengänge wurden von Friedrich Bauermeister weiterentwickelt zur Vorstellung vom «Klassenkampf der Jugend».

Bauermeister sah wie Wyneken den «weltgeschichtlichen Sinn der Jugendbewegung»[67] in der Überwindung des Materialismus, der Abhängigkeit von äußerlichen Werten. Gegen das materielle Prinzip müsse sich das geistige durchsetzen. Diesen Kampf zwischen Geist und Ungeist müsse zunächst jeder in seinem eigenen Inneren ausfechten, später würde dann die Jugend in einem «einenden Klassenkampf» dem «Geist» – einem neuen «Kulturwillen»[68] – in der Gesellschaft zum Durchbruch verhelfen.

Setzen wir an Stelle der uns etwas befremdlichen Terminologie von «Ungeist» und «Geist» die Gegenüberstellung von «Haben oder Sein», so können wir Bauermeister besser verstehen: Jeder muß zunächst durch Selbstveränderung sich aus seiner Abhängigkeit von äußerer Anerkennung, Geld, Erfolg lösen, um für Liebe, Augenblicksgenuß, Gemeinschaft offen zu werden. Später soll dann die Jugend diese nicht-materiellen Werte gegen das Besitz- und Leistungsdenken überall durchsetzen.

Von solchen Gedankengängen war die Entschiedene Jugend beeinflußt. Dazu kamen die traditionellen sozialistischen Vorstellungen vom Kampf der Arbeiterklasse. Diesen wollten die Jugendlichen unterstützen, sie sahen in ihm geradezu eine Voraussetzung ihres eigenen Kampfes. Nur im Sozialismus war, so meinten sie, der Sieg des «Geistes» möglich. Doch der Sozialismus *allein* reichte nicht aus. Er begründete eine bloß materiell gerechtere Ordnung. Der Kampf der Jugend würde den ökonomischen Sozialismus weiterführen zum «Erleben reineren glücklicheren Menschentums».

Zwar ist die Übereinstimmung der Entschiedenen Jugend von 1920 mit den rebellischen Studenten von 1968 durch die Unterschiedlichkeit der Begriffe und Theorien verdeckt, doch sind bei näherem Hinsehen deutliche Parallelen zu entdecken: Beide Male halten die Jugendlichen sich selbst für die eigentlichen Revolutionäre; mit den Arbeitern möchte man zusammengehen, meint aber, deren bloß ökonomischem Kampf eine andere, nichtmaterielle Richtung geben zu müssen. Beide Male erscheint die Gesellschaft der Älteren als korrupt, ihre Werte als sinnlos; gerade weil die Jugendlichen in diese Gesellschaft noch nicht integriert sind, erkennen sie deren Schwächen, sind frei, sie zu erneuern. Sprechen die Jugendbewegten von 1920 vom «Klassenkampf der Jugend», so hoffen die Studenten von 1968 auf die Rebellion aller vom «System» an den Rand gedrängten Gruppen, wobei natürlich ihnen selbst, den Studenten, eine besondere Rolle zukam.

Interessant sind auch die Übereinstimmungen, die über das unmittelbar politische Denken hinaus die Interpretation der eigenen Lebensführung betreffen: Voraussetzung *politischer* Veränderung ist für die «Entschiedene Jugend» ebenso wie für die studentischen Rebellen ein halbes Jahrhundert später die *Selbst*veränderung. In allen steckt noch der Kern des alten Systems, es geht darum, ihn loszuwerden. «Im Grunde gibt es nur *eine* letzte Befreiung, die *Selbstbefreiung* und *niemand* nimmt sie uns ab, *niemand* kann sie für uns tun. Menschlich erlösungsbedürftig aber ist heute die gesamte Menschheit *oben* und *unten*, diesseits und jenseits. *Niemand ist er selbst*»[69], schrieb einer der Entschiedenen Jugendlichen. Es kommt zunächst einmal darauf an, sich selbst zu finden, «es kommt nur darauf an, seinen eigenen Weg bis zu Ende zu gehen»[70]. «Do your own thing», hieß es bei den Hippies Mitte der sechziger Jahre. Wie die Generation ihrer Enkel waren die linken Jugendlichen 1920 begeistert von Hermann Hesse.

Die Lösung von den alten Werten, die Selbstveränderung können zur Desorientierung führen, zum inneren Chaos. Man weiß nicht mehr, wo es lang geht. Aber dieser Zustand muß bejaht werden. «Ich suche und finde mich nicht zurecht. Und ich denke gar nicht daran, aus diesem Zustand ein Hehl zu machen, sondern setzt ihn bewußt ein als mit voller Berechtigung. Ich muß von ihm ausgehen ...»[71] Was man erreichen wollte: das *Leben*. «Wir aber wollen keine Theorien, wollen keine Systeme, wir wollen Leben und nur Leben!»[72] Doch was am Leben hindert, ist vielfältig und machtvoll: die Familie, die mit höchst modern anmutenden, «antipädagogischen» Argumenten kritisiert wird («Die übliche Familie ist der Leidensweg unserer Knaben und Mädchen ... Diese verfluchte Familienliebe, die so unsägliches Elend unsern Kindern bereitet, denn diese Familienliebe ist ja im Grunde alles andere als Liebe, ist ja nacktester Egoismus.»[73]) – die Schule – die entfremdete Berufsarbeit – das Nützlichkeits- und Gelddenken. All das, in seiner gegenwärtigen Form, muß verschwinden: «Wir wollen die Systeme zerschlagen ..., wir wollen Freiheit zum Leben!»[74]

Voraussetzung der politischen Veränderung ist die «Entfesselung der Seele» und die Befreiung der Körper. Psychologische Workshops und Bioenergetik-Kurse gab es noch nicht; um so erstaunlicher, wie stark die linken Jugendlichen die Verbindung von Politik und Psychologie betonten, auch die Körper gehörten in diesen Zusammenhang. Selbstveränderung umfaßt den ganzen Menschen, nicht nur seinen Kopf. Eine Zeitschrift, die aus dem intellektuellen Umkreis der radikalen Schulreformer stammte, hieß: «Der Leib. Blätter zur Erkenntnis wesentlichen Lebens aus der Vernunft des Leibes.»

Selbstveränderung und Politik, der «eigene Weg» und die Gemeinschaft, materielle und nicht-materielle Werte – wohl nirgendwo anders sind diese Themen in so «moderner» Form angesprochen worden wie in der kurzlebigen, aber intellektuell höchst regsamen «Entschiedenen Jugend». Verfolgt man die Diskussionen dieser Schüler und Studenten, so meint man vielfach, sich inmitten aktueller Auseinandersetzungen zu befinden. Nur der Sprachgebrauch hat sich gewandelt.

«Nur» der Sprachgebrauch? Das ist nicht ganz genau. Die Debatten von 1920 spielen in einem anderen Zusammenhang als die von 1970 und 1980, nur einiges ist gleich geblieben. Insofern ist unsere Darstellung unpräzis, sie überbetont die Parallelen. Eine Jugend, die vorwiegend Volkslieder singt und hört, denkt und empfindet nicht gleich wie Jugendliche, die sich für Jimi Hendrix begeistern. Vor allem: was 1920 in zahlenmäßig sehr kleinen Kreisen junger Intellektueller verhandelt wurde, bewegte Jahrzehnte danach Tausende und Hunderttausende. Die Geschichte wiederholt sich nicht, auch die alternative Geschichte nicht. Aber sie wiederholt offenbar einzelne *Themen*.

Erziehungsreform

Mit der Jugendbewegung ging eine *Erziehungsbewegung* einher. Die schwedische Schriftstellerin Ellen Key hatte das 20. Jahrhundert zum «Jahrhundert des Kindes» erklärt, die kommenden Jahrzehnte – so schrieb sie 1900 – sollten die Befreiung der Kinder und Jugendlichen bringen. «Die Kinder als Persönlichkeiten leben und lernen lassen; ihnen gestatten, einen eigenen Willen zu haben, ihre eigenen Gedanken zu denken, sich eigene Kenntnisse zu erarbeiten, sich eigene Urteile zu bilden; ... mit einem Worte aufhören, in den Schulen die Rohstoffe der Persönlichkeiten zu ersticken, denen wir dann vergebens im Leben zu begegnen hoffen» [75] – das waren ihre erziehungsrevolutionären Forderungen. Sie fanden großen Widerhall, zunächst in der Theorie, bald auch in der Praxis. Der Pädagoge Ludwig Gurlitt, einer der ersten erwachsenen «Sympathisanten» des Wandervogels, verfocht in vielbeachteten Schriften eine «natürliche Erziehung», welche von den Bedürfnissen der Kinder ausgehen und Schluß machen sollte mit den autoritären Unterdrückungsmethoden der herkömmlichen Schule, welche Gurlitt in bisher unbekannter Schärfe angriff. «Das Kind vor den Schulmeistern zu retten, ist jetzt die dringlichste und verdienstlichste Tat» [76], schrieb er und kündigte konsequent 1907, als Zweiundfünfzigjähriger, seine Gymnasiallehrerstelle in Berlin.

Etwa gleichzeitig begannen in Hamburg und Bremen kleine Gruppen von Volksschullehrern, ihren Unterricht nach neuen Vorstellungen zu gestalten. Fritz Gansberg und Heinrich Scharrelmann in Bremen bauten den Unterricht auf den Fragen und Interessen der Schüler auf, versuchten Produktivität und Selbständigkeit der Kinder anzuregen und hielten sich nicht mehr an den offiziellen Lehrplan. Im «freien Aufsatz» ließ Gansberg die Schüler eigene Erfahrungen und Sichtweisen ausdrücken, verzichtete dabei auf vorgegebene Themen und den Anspruch der «Fehlerlosigkeit»: «Wir denken nicht daran, fehlerlose Kinder großziehen zu wollen.» [77]

Die Hamburger Adolf Jensen und Wilhelm Lamszus griffen in einem vielbeachteten Buch 1910 den herkömmlichen Schulaufsatz als «Schundliteratur» an, als Sammlung von Phrasen, Unwahrhaftigkeit und Imitation. Demgegenüber habe die Schule die Aufgabe, die schöpferischen Kräfte des Kindes zu fördern. Durch eine Reform der musischen Fächer, durch freies Schreiben und freies Zeichnen versuchten die Lehrer der «Kunsterziehungsbewegung» Eigenständigkeit und Produktivität der Kinder zu entwickeln. Dem bloß wissenvermittelnden herkömmlichen Unterricht wurden die Werte des Gefühls, der Phantasie, des Empfindens, Genießens, Ausdrucks entgegengesetzt. Die Kindheit erschien als «Geniezeit des Menschen» [78]; Erziehung habe die Aufgabe, die im Kinde schlummernden Möglichkeiten zu wecken, so daß sie ihm für das ganze Leben zur Verfügung ständen.

Während solche Gedanken von kleinen Lehrergruppen in der Staatsschule verfochten wurden, entwickelten sich die ersten reformpädagogischen Privatschulen. 1898 hatte Hermann *Lietz* im Harz das Landerziehungsheim «Pulvermühle» gegründet, 1901 und 1904 waren in Thüringen und in der Rhön zwei weitere Heimschulen dazugekommen. Die Idee des Landerziehungsheims, welche eine ganzheitliche Gemeinschaftserziehung in der Verbindung mit der Natur anstrebte, wurde von Gustav *Wyneken* radikalisiert, der 1906 (zusammen mit Paul Geheeb) die «Freie Schulgemeinde Wickersdorf» bei Saalfeld in Thüringen gründete. Wickersdorf sollte ein Modell sein für jene «Jugendkultur», von der sich Wyneken die grundlegende Erneuerung der Gesellschaft erhoffte. Angeleitet, jedoch nicht bevormundet von den Erwachsenen, sollten die Schüler ihre eigenen Lebensformen finden und ihrem eigenen Geist gemäß leben. Die «Schulgemeinde», die Versammlung aller Lehrer und Schüler, traf sich regelmäßig zur freien Aussprache über die Probleme des Gemeinschaftslebens. Schüler und Lehrer hatten gleiches Stimmrecht in der Versammlung, rechtliche Unterscheidungen zwischen Erwach-

Gartenarbeit in der «Freien Schulgemeinde» Wickersdorf

senen und Jugendlichen wurden in der Schulgemeinde nach Möglichkeit vermieden. Zwar war das Internat nicht «selbstverwaltet», in wesentlichen Fragen behielt die Schulleitung die Entscheidungsgewalt. Doch ging, unabhängig von den Details der Verwirklichung, von der Freien Schulgemeinde Wickersdorf ein weitreichender Einfluß auf die Alternativpädagogik jener Jahre, vor allem der Zeit nach dem Ersten Weltkrieg, aus.

Ebenfalls 1906 gründete Berthold *Otto* seine «Hauslehrerschule». Otto hatte eine geplante Universitätskarriere abgebrochen, weil er sich nicht bereitfinden wollte, in seiner Dissertation den üblichen Normen wissenschaftlicher Arbeit zu folgen; anschließend war er Nachhilfe- und Hauslehrer gewesen und hatte es durchgesetzt, daß er seine eigenen Kinder selbst unterrichten durfte und nicht in die Staatsschule zu schicken brauchte. Andere Eltern baten ihn, ihre Kinder mitzuunterrichten; schließlich wurde der Schülerkreis so groß, daß Otto eine eigene Schule eröffnen konnte. Die staatlichen Schulbehörden tolerierten das Experiment, obwohl es in der Folgezeit von verschiedenen Seiten immer wieder zu Angriffen gegen Ottos Unterrichtsmethoden kam.

Otto lehnte jeden festgelegten Lehrplan, jede Vorherbestimmung des Unterrichts durch den Lehrer ab; Lernen sollte sich aus den Fragen und Interessen der Kinder spontan entwickeln. Solche Fragen wurden in wechselnden Gruppen bearbeitet, von der kleinen Lerngruppe bis zur Versammlung der ganzen Schule (die 60 bis 80 Kinder umfaßte). Den Unterricht in dieser großen Gruppe nannte Otto «Gesamtunterricht». Das Gespräch bildete eine wesentliche «Bildungsform», aber auch das eigene Experimentieren, das Forschen und Suchen der Schüler waren von Bedeutung, wenn die auftauchenden Fragen im Gruppengespräch nicht geklärt werden konnten.

In Ottos Schule gab es keine Zeugnisse und kein Sitzenbleiben, keine Klassenarbeiten und keine festen Klassenverbände. Die Schüler konnten dem Unterricht unentschuldigt fernbleiben und bestimmten selbst, wann es hitzefrei gab. Die traditionelle Schule bezeichnete Otto als «Zwangsschule» und als «Zuchthaus», seine eigene sah er stolz als «die freieste in der ganzen Welt»[79]. Paradoxerweise blieb er auch nach 1918 Monarchist, betonte jedoch, daß in seiner Schule sich alle Meinungen frei ausdrücken könnten. Das Kind, so meinte er, habe eine natürliche Neigung zum Lernen, die Schule brauche diese Neigung nur am rechten Punkt zu unterstützen. Hauptaufgabe der Schule sei es, schädigende Einflüsse fernzuhalten, nicht aber, ihre eigenen Vorstellungen dem Kinde aufzupfropfen.

Ottos Experimentalschule, die er bis zu seinem Tode 1933 leitete, stieß auf großes Interesse. Tausende von Besuchern fanden sich ein, Berthold-Otto-Schulen wurden an verschiedenen Orten eröffnet, die Schulreform der zwanziger Jahre griff viele von Ottos Ideen auf.

«Natürliche Entwicklung» und «schöpferische Kräfte» des Kindes, Bildung der Persönlichkeit und Erziehung zur Gemeinschaft, Nähe zur Natur und Verbindung von Schule und Leben – das waren die Grundideen, denen die pädagogischen Reformversuche zu Beginn des 20. Jahrhunderts folgten. Die Praxis der Schulreformer – Gruppenunterricht und Schülermitbestimmung, Zurücktreten des Lehrers und freier Ausdruck der Schüler – erschütterte das erstarrte Unterrichtssystem jener Zeit. Viele der Unterrichtsreformen gingen weit über das hinaus, was bis heute, siebzig Jahre später, in staatlichen Schulen verwirklicht ist: der Verzicht auf Benotung und Versetzung, auf Lehrpläne und Lernprogramme; die völlige pädagogische Freiheit des Lehrers; das konsequente Ausgehen von Schülerinteressen; die Verbindung von Unterricht und produktiver Arbeit (wie sie der Münchner Stadtschulrat Georg Kerschensteiner, Theoretiker und Praktiker der «Arbeitsschule» seit 1896 an den Münchner Volksschulen einführte). Aber diese radikalen Schulreformen waren ihrer Absicht nach nicht gegen die bürgerliche Gesellschaft gerichtet (am ehesten noch bei Wyneken, der von seiner Schule einen Beitrag zu gesellschaftlicher Umwälzung erhoffte). Man wollte eine geistige Erneuerung, keine grundlegende Veränderung der Gesellschaft: Lietz war erklärter Patriot, Berthold Otto Royalist, Kerschensteiner hoffte, verantwortungsbewußte Staatsbürger heranzuziehen. Erstaunlich, wie schärfste Schulkritik sich vielfach mit gesellschaftlicher Anpassung verband – als wolle man das *Kind* und *nur* das Kind von den gesellschaftlichen Zwängen befreien. «An euren Kindern sollt ihr gutmachen, daß ihr eurer Väter Kinder seid: alles Vergangene sollt ihr so erlösen!» – dieses Nietzsche-Zitat hatte Ellen Key als Motto ihrem Buch «Das Jahrhundert des Kindes» vorangestellt. Das «Vergangene» erlösten die Schulreformer des frühen 20. Jahrhunderts – um die Gegenwart zu vergessen? Die Lebensformen, die sie für die ihnen anvertrauten Schüler entwarfen, waren wahrhaftig alternativ zum gesellschaftlichen Leben jener Jahre: frei, gemeinschaftlich, produktiv, selbstbestimmt. Ihre *eigenen* Lebensformen änderten die meisten von ihnen nicht.

Ein neuer, auch im persönlichen Leben radikaler Typus des Schulreformers fand sich erst nach dem Ersten Weltkrieg. Das Schulsystem des Kaiserreichs löste sich zusammen mit dem Gesellschaftssystem der Vorkriegszeit auf; Hunderte von Reformversuchen und Initiativen versuchten, Neues an seine Stelle zu setzen. Von der Jugendbewegung beeinflußte Reformpädagogen wirkten in den staatlichen Schulen, in Behörden und Ministerien (vor allem in den norddeutschen Ländern), in der Lehrerbildung und den neu entstehenden Volkshochschulen. Radikale Gesellschaftskritiker gewannen vorübergehend Einfluß im Bildungswesen, so Gustav Landauer während der Münchner Revolution und Gustav Wyneken als Berater des preußischen Unterrichtsministers. Zwar scheiterten die großen Projekte der Revolutionsmonate schnell, doch entstanden aus der Unruhe der Nachkriegszeit dauerhafte Schulversuche, die sich bemühten, Impulse der Jugendbewegung mit solchen der Erziehungsreform vor dem Ersten Weltkrieg zu verbinden. Die radikalsten Reformschulen waren seit 1919 die *«Lebensgemeinschaftsschulen»*, welche mit Duldung und teilweise auch mit Unterstützung der staatlichen Schulbehörden insbesondere in Hamburg, Berlin und Bremen, aber auch in Dresden, Leipzig, Magdeburg, Gera, Essen und Frankfurt entstanden. Sie verbanden die pädagogischen Anregungen der Vorkriegszeit: die Idee der Schulgemeinde und der Eigenständigkeit von Kindheit und Jugend bei *Wyneken*, die freie Produktivität des Kindes in der *Kunsterziehungsbewegung*, die Orientierung an Schülerfragen und -interessen bei Berthold *Otto*, den Gedanken der Arbeitsschule bei *Kerschensteiner*, *Gaudig* und den sozialistischen Pädagogen wie *Blonskij*. Das alles schloß sich zusammen zu einer nichtautoritären Erziehungsauffassung mit «antipädagogischen» Akzenten. Die Lebensgemeinschaftsschule strebte nicht danach, festgelegte Lernziele zu verwirklichen; sie wollte die Kinder nicht in einer bestimmten Weise formen; ihr Hauptakzent lag nicht auf Wissens- und Fertigkeitenvermittlung, nicht einmal in einem allgemeinen Sinn auf Unterricht und Arbeit. Die Schule sollte vielmehr zur Stätte des *Lebens* werden, Ort der kameradschaftlichen, von gegenseitiger Liebe geprägten Begegnung von Schülern und Lehrern. «Es kommt nicht darauf an», schrieb einer der Hamburger Lehrer, «auf welche Weise bringe ich Kindern Physik bei, wie verschaffe ich ihnen Kenntnisse in der Geographie, in der Chemie, im Deutschen, sondern nur darauf, daß wir endlich einmal den Mitmenschen sehen, daß wir in jedem Menschen einen Bruder sehen lernen. Unter Brüdern, die sich liebhaben, werden sich die andern Sachen untergeordneter Natur, als da sind: Unterricht, Verteilung der Güter, des Landes, der Nahrungsmittel, der Produktion, wie selbstverständlich regeln.»[80] Die Schule hatte die «Überwindung der Schule» – wie es Wilhelm Paulsen programmatisch formulierte – zum Ziel. Daß aus einer solchen Einstellung zunächst einmal ein unbeschreibliches Chaos im Schulalltag entstand, überraschte die beteiligten Lehrer nicht. «Je stärker das Chaos auftritt, desto stärker ist der Zwang zur Selbstordnung»[81], schrieb das Kollegium einer Bremer Schule optimistisch in seine «Leitsätze». Aus der Vernichtung des Alten würde Neues entstehen: «Im Anfang ... muß stets das Chaos sein, wenn etwas wirklich Neues, Fruchtbares werden soll. Darum Mut zum Chaos!»[82] Die Lehrer weigerten sich, das Geschehen mit Strafen zu regulieren. Durch Gespräche, Schülerversammlungen, Unterstützung der lerninteressierten Kinder versuchten sie, auf eine geordnete Atmosphäre hinzuwirken. In den meisten Fällen gelang es ihnen; in den Lebensgemeinschaftsschulen entwickelte sich aus dem Getobe und Gerenne des Anfangs ein strukturiertes Schulleben. Allerdings kein gewöhnliches. Der Unterricht fand, orientiert an den Schülerfragen, im allgemeinen in Projektform statt, wobei Gruppenarbeiten und praktische Vorhaben eine besondere Bedeutung hatten. Häufig stand für lange Zeit ein bestimmtes Thema im Mittelpunkt. So berichtet ein Lehrer: «Ein kleiner Norweger ist Ostern neu in die Gruppe aufgenommen. Er erzählt viel von den hohen Bergen, von tiefen Fjorden, vom Skilaufen auf den weiten Schneefeldern ... Da fallen von seiner Seite die zwei Namen ‹Nansen› und ‹Amundsen›. Man fragt nach ... Ich teilte der Gruppe mit, daß Nansens Buch ‹In

Nacht und Eis› auch in deutscher Sprache erschienen sei, daß wir es auch in unserer Schulbücherei hätten und ich es ja holen könnte. Da nur 5 Exemplare vorhanden waren, wurde beschlossen, es gemeinsam in der Klasse zu lesen ...»[83]

Aus diesem Thema entstanden nun verschiedene Unterrichtsvorhaben, die mit dem Ausgangspunkt eher in assoziativem als in systematischem Zusammenhang standen: Zunächst wurden Schiffsmodelle gezeichnet und gebaut, dem schloß sich ein Hafenbesuch an, längere Beschäftigung mit dem Hafen folgte, Nansens Reisen warfen die Frage nach dem Skorbut und generell nach dem Schutz vor Krankheiten auf (die Kinder wollten offenbar hauptsächlich wissen, warum man sich die Zähne putzen muß), dann erschien das Problem: schützt Alkohol gegen die Kälte? usw. usf. Das Hauptthema wurde so lange beibehalten, wie sich die Mehrheit der Gruppe dafür interessierte; als Grundregel galt: «Jedes Kind hat das Recht, sich jederzeit von der Mitarbeit zurückzuziehen; denn nur in der unbedingten Freiheit – von äußerem Zwang nämlich, von der Autorität und ähnlichem – besteht die Möglichkeit der Erkenntnis notwendiger Arbeit.»[84]

Die Kinder durften in den Lebensgemeinschaftsschulen dem Unterricht fernbleiben, sie hatten jederzeit das Recht der Kritik und freien Meinungsäußerung, sie konnten sich mit gewissen Einschränkungen auch ihre Lehrer selbst wählen. Zeugnisse und Prüfungen waren abgeschafft, Lehrer und Schüler galten als gleichberechtigt. Doch hielten es die Lehrer, anders als viele antiautoritäre Pädagogen der sechziger Jahre, für richtig, die Schüler durch Ratschläge und Empfehlungen, Kritik und Vorschläge zu beeinflussen. In Übereinstimmung mit den Auffassungen der Jugendbewegung empfanden sie eine «Führung» auf Grund größerer *Erfahrung* nicht als problematisch, sie wandten sich nur gegen die institutionalisierte Macht, die nicht auf freiwilliger Gefolgschaft beruht.

Insofern waren die Lebensgemeinschaftsschulen nicht antiautoritär; nur eine Minderheit der Lehrer lehnte den Einfluß der Erwachsenen grundsätzlich ab und wollte die Kinder sich ganz aus sich selbst heraus entwickeln lassen. Im Laufe der Jahre aber verstärkte sich eher die Tendenz zu stärkerer Straffung und Lenkung des Unterrichts. In manchen Schulen wurden Zwang und Strafen wieder eingeführt, die «Wiederentdeckung der Grenze» – Titel eines Buches über die Erfahrungen in den Lebensgemeinschaftsschulen – beschäftigte die radikalen Reformpädagogen um 1925. Viele Reformschulen gaben die Ideen des Beginns weitgehend auf. Zum Teil war man enttäuscht über die Ergebnisse der mit hochfliegenden Vorstellungen verbundenen Versuche, zum Teil trugen äußere Schwierigkeiten – Druck der Be-

«Es ist wohl schon ein gewisses Genie vonnöten …

... um ein Vermögen zu erwerben. Dabei helfen weder Güte, Intelligenz, Begabung, Kraft oder Feinfühligkeit. Ich weiß nicht genau, wie man es schafft: Ich warte darauf, daß es mir jemand sagt.»

Das schrieb der französische Moralist La Bruyère im 17. Jahrhundert. Nun, dem Manne hätte geholfen werden können: Wir bilden uns schon ein zu wissen, wie man es schafft! Ein bißchen Intelligenz gehört sicherlich dazu, sodann der Wille und die Beharrlichkeit, rechtzeitig etwas zu sparen, und schließlich die richtigen Informationen, wo und zu welchen Bedingungen man das Ersparte am besten anlegt.

Den Rest besorgen die Zeit – und die Zinsen ...

hörden, materielle Mängel, Mißtrauen der Eltern – zum Scheitern bei. Immer weniger Eltern meldeten ihre Kinder bei den Experimentalschulen an, manche der Schulen gliederten sich freiwillig in das normale Unterrichtssystem ein. Von den vier Hamburger Lebensgemeinschaftsschulen des Jahres 1919 (mit rund zweieinhalbtausend Schülern) bestand 1932 nur noch eine, an anderen Orten war die Situation nicht günstiger.

Eine Sonderrolle unter den Lebensgemeinschaftsschulen spielte die von Fritz Karsen gegründete «*Aufbauschule*» in Berlin-Neukölln, außer der Hamburger Lichtwarkschule die einzige Versuchsschule, die auch ein Gymnasium umfaßte. Die Aufbauschule war eine «Eliteschule» der Arbeiterjugend. Karsen verstand die Gemeinschaftsschule als *die* Schule der neuen Republik, er wollte mit ihr die Ideale der Einheitsschulbewegung – keine konfessionellen oder sozialen Trennungen durch die Schule – verwirklichen und zugleich den Unterricht selbst im Sinne der neuen pädagogischen Ideen verändern. «Nichts hatte die zahlreichen Besucher unseres Unterrichts so sonderbar berührt», schrieb er über die Aufbauschule, «wie dieses merkwürdige Bild einer Klasse, in der der Lehrer vollkommen in der Gemeinschaft untergetaucht war. Er erteilte nicht einmal das Wort, er faßte nicht die Ergebnisse der Diskussion zusammen, er stellte nicht einmal, wenn die Jungen offenbar abgeirrt waren, die zur Behandlung stehende Frage wieder richtig, ja er unterwarf sich und seine Autorität sogar einer äußeren Ordnung, die von den Schülern selber aufgestellt war.»[85]

Die Berliner Schulbehörden ließen sich von Karsens pädagogischen Vorstellungen beeinflussen, daher können wir heute folgende Sätze aus amtlichen Richtlinien des Jahres 1923 staunend betrachten: «1. Der Gesamtunterricht wird eingestellt auf die schöpferische Arbeit der Hand und des Geistes. Mit dem Grundsatz materieller Bildung wird rücksichtslos gebrochen ... 2. Verbindliche Stoffpläne werden nicht aufgestellt. Der ordnende Grundsatz aller Schularbeit ist die Entfesselung schöpferischer Kräfte im Kinde ... 4. Stundenpläne fallen fort. Für den Fortgang der Arbeit ist das wechselnde Bedürfnis der Gemeinschaft und der natürliche Ablauf der Arbeit selbst ... entscheidend.»[86]

Neben den Lebensgemeinschaftsschulen bestand eine große Anzahl weiterer radikaler Versuche der Erziehungsreform, die im allgemeinen aus den verschiedensten Gründen nicht lange Bestand hatten. Die Schulen der Landkommunen (so die Arbeitsschule auf Heinrich Vogelers Barkenhoff) teilten das wechselvolle Schicksal der Siedlungen selbst. Siegfried Bernfelds Arbeit mit Flüchtlingskindern im Kinderheim Baumgarten bei Wien wurde schnell durch die Behörden beendet. Ebenso erging es dem vielbeachteten und weitgehend erfolgreichen Versuch freiheitlicher Fürsorgeerziehung durch Karl Wilker im Berliner Lindenhof. Antiautoritäre Erziehungsprojekte anarchistischer Gruppen wie die Erziehungsgemeinschaft «Das proletarische Kind» (angeregt durch Otto und Alice Rühle) scheiterten bereits in der Phase der Planung.

Die Jugendbewegung und die von der Jugendbewegung beeinflußten Pädagogen haben Schul- und Familienerziehung in Deutschland nachhaltig verändert. Verständnis für die Eigenart und die Produktivität des Kindes und nicht-autoritäre Erziehungshaltungen verbreiteten sich in ihrem Gefolge. Ob man dabei von «Alternativpädagogik» reden soll, ist eine schwierige Frage. Beginnt «Alternativpädagogik» schon dort, wo der Erzieher den Kindern ein «alternatives» Gemeinschaftsleben ermöglicht, ohne sein *eigenes* Leben nachhaltig zu verändern? Oder ist «alternativ» nur eine Erziehung, in der *beide*, Erzieher und «Erzogene», in neuen Lebenszusammenhängen stehen? Der Begriff schillert, wir sind nicht genötigt, ihn hier streng zu definieren.

Ausgangspunkt aller erziehungsreformerischen Überlegungen ist das *Kind*, als «Pädagogik vom Kinde aus» hat ein Beteiligter zu Recht die reformpädagogischen Bemühungen zusammengefaßt. «Das Kind mit seinen Neigungen und Begabungen, seinen Kräften und Schwächen ist der Plan, nach dem wir unsere Arbeit einrichten.»[87] Aber: Wer ist «das» Kind? oder besser: welches waren die Blickweisen, in denen die Erziehungsreformer (vor allem die radikaleren unter ihnen, welche uns hier interessieren) «das» Kind sahen?

In der Kindheit wirken – so meinten die Reformpädagogen – die schöpferischen Kräfte des Menschen; Aufgabe der Erziehung könne es daher nicht sein, die Kinder vor allem auf ein späteres Leben in der Gesellschaft *vorzubereiten*, wichtiger sei es, «die schöpferischen All-Möglichkeiten der Geniuszeit zu bewahren»[88]. Die bisherige Schule stelle, indem sie das Kind der bestehenden Gesellschaft anzupassen suche, einen «organisierten Zerstörungsprozeß»[89] dar. Kind und Gesellschaft ständen sich gegenüber, alle bisherige Erziehung opferte das Eigenleben des Kindes den Ansprüchen der Gesellschaft. Besser wäre es, das Kind sich frei entwickeln zu lassen, daraus würde auch eine gesellschaftliche Erneuerung wachsen. Im Kind wirkten Kräfte, die den meisten Erwachsenen verlorengegangen seien, Kräfte des *Lebens*. Diesen Kräften müsse der Erzieher Raum geben, vielleicht könne er selbst von ihnen lernen. Zwischen Kind und Erwachsenem bestehe kein grundsätzlicher Unterschied, beide seien Suchende, Wachsende, Lernende. Dem «alternativen», dem gesellschaftskritischen Erzieher schien das Kind nahe, wie er selbst paßte es sich nicht umstandslos in die Maschinen- und Arbeitswelt ein. Er suchte Kameradschaft und Nähe zum Kind, anders als viele Erwachsene sah man es noch lachen und weinen.

In der Schule hoffte er, mit den Kindern zu leben, er wollte nicht über ihnen stehen wie die Pauker, die er selbst kennengelernt hatte. Das Geschrei und das Getobe, die Anhänglichkeit und die Freundschaft der Kinder gab ihm ein Gefühl von Menschlichkeit, das er in anderen, «entfremdeteren» Arbeitszusammenhängen nicht gefunden hätte. Daher wurden so viele Jugendbewegte Pädagogen. Sie wollten mit Menschen zu tun haben, sie hätten in Büros und Fabriken zu viel Kälte empfunden.

Das Kind ist «lebendig», die Schule ein Ort des Lebens. Im Kind wiederholt sich auch die Kindheit des Erziehers, was ihm angetan wurde, kann er jetzt besser machen, wiedergutmachen. Im Mikrokosmos der Gruppe, der Schulklasse entsteht – wie in der Gruppe des Wandervogels – eine soziale Welt, die «in Ordnung» ist, auf Vertrauen, gegenseitiger Kenntnis, Liebe basiert. Die Welt der Erziehung zeigt der «großen» Welt der Gesellschaft, was möglich wäre, wenn nur der rechte Geist überall angenommen würde.

Das Kind – und die Welt, die der Erzieher zusammen mit den Kindern schuf – standen so für all die Werte, die die Jugendbewegung zur Geltung gebracht hatte: für Schöpferkraft und Gemeinschaft, Emotionalität und Spontaneität, Vertrautheit und Offenheit. Auch für die Natur, denn das noch ungeformte Kind stand der Natur nahe, und jeder Erziehungsprozeß – das hatte schon Ellen Key gefordert – vermochte im Grunde nichts anderes als «die Arbeit der Natur (zu) unterstützen»[90]. Die Kinder gehörten nicht zur entfremdeten Welt von Produktion und Konsum; daß sie für diese Welt zugerichtet würden, wollten die Erziehungsreformer verhindern.

4. Alternative Bewegungen seit den sechziger Jahren

Vorgeschichte

Der Höhepunkt alternativen Experimentierens im ersten Drittel dieses Jahrhunderts war 1925 überschritten, 1933 kam das Ende aller deutschen Alternativbewegungen. Im Dritten Reich war kein Platz für Sucher nach neuen Lebensformen. Zwar griffen die Nationalsozialisten viele Themen der Jugendbewegung auf: Natur, Volk, Gemeinschaft, Erotik; zwar verwirklichten sie die rauschhafte Befreiung von den Grenzen des Ich – welche die Bohème gesucht hatte – in den Massenekstasen der politischen Aufmärsche und Versammlungen, unter der tausendfach verstärkten Stimme des Führers. In merkwürdig verstellter Form brach der Wunsch nach Gemeinschaft, nach Überwindung aller Trennungen jetzt auch bei Bürgern, Bauern und Arbeitern hervor. In Ideologie und Praxis der Nationalsozialisten lassen sich Spuren der alternativen Träume von einem besseren Leben wiederfinden, aber eben nur Spuren: die Alternativbewegungen haben neben der Gemeinschaft immer auch die *Selbstverwirklichung* des einzelnen angestrebt, der Nationalsozialismus ordnete alles individuell Abweichende gewaltsam in die «Volksgemeinschaft» ein, als Zwangssystem unterdrückte er jeden individuellen Impuls. So bricht die Geschichte der alternativen Bewegungen in Deutschland 1933 ab.

Sie beginnt erst nach einem weiteren Dritteljahrhundert neu. Im Wiederaufbau-Deutschland der beiden ersten Nachkriegsjahrzehnte entwickelten sich alternative Lebensformen nicht. Wohl existierte im «Untergrund» der Großstädte seit den fünfziger Jahren eine Künstlerbohème, doch war sie an Kraft und Ausstrahlung nicht mit derjenigen des frühen 20. Jahrhunderts zu vergleichen, als «Bewegung» kann man sie kaum bezeichnen, sie ordnete sich in andere Zusammenhänge (wie den Existenzialismus einerseits, die pazifistische Ostermarschbewegung andrerseits) ein, ohne Eigenständigkeit zu erreichen.

Erst Mitte der sechziger Jahre kündigte sich das neue Erstarken alternativer Ideen und Gruppen an. Die Gedanken der amerikanischen Beatniks und der Hippies, die sich aus den Arbeits- und Konsumbeziehungen der Gesellschaft zurückzogen, um unmittelbar nach dem

Lustprinzip zu leben, die Blumen, Farben und Musik gegen Geld, Karriere und Leistung stellten, diese Gedanken wurden wie in allen westeuropäischen Ländern auch in der Bundesrepublik von vielen Jugendlichen aufgenommen. Die *Gammler* gaben seit etwa 1964 ein Gegenbild zum gesellschaftlichen Ideal von Arbeit und Ordnung: auf den Straßen und Plätzen der Großstädte saßen und lagen sie, spielten Gitarre, ließen sich die Haare wachsen und lebten in den Tag hinein, unbekümmert um Sauberkeit und Strebsamkeit, Fleiß und Disziplin. Das gesunde Volksempfinden erregte sich; es würde sich in den kommenden Jahren – noch wußte das niemand – an «Schlimmeres» gewöhnen müssen.

In der bürgerlichen Jugend breitete sich ein neues Lebensgefühl aus. Symptom dafür war der Musikgeschmack. Die Musik und die Frisuren der Beatles und Rolling Stones wirkten wie ein Schock; aus den USA kam über England der Blues. Die Jugendlichen begannen nach einer Musik zu tanzen, die ihren Ursprung bei den unterdrückten Schwarzen Nordamerikas hatte. Es war ein Symbol – die Identifikation mit «abendländischen» Werten sollte bald zerbrechen; binnen kurzem würden Studenten gegen die Unterdrückung der Völker der Dritten Welt protestieren.

Ein schwarzer Schriftsteller, Eldridge Cleaver, kommentierte: «Die Merkmale der weißen Rebellen, die die ältere Generation am meisten beunruhigten – das lange Haar, die neuen Tänze, ihre Vorliebe für Negermusik, ihr Gefallen an Marihuana, ihre Mystifizierung des Sex – sind allesamt Mittel ihrer Rebellion.» [1] Der Aufstand der Jugendlichen seit 1965 ging einher mit einer Veränderung ihres *Lebensstils*, er beschränkte sich nicht auf den politischen Protest. Die neuen Lebensformen sollten derjenige Teil der Protestbewegungen werden, der dauerhaft Bestand hatte und sie untereinander verband; wir fassen die Bewegung der letzten zwanzig Jahre hier daher in *einem* Kapitel zusammen, trotz aller Unterschiede der jeweiligen «Theorien».

Die antiautoritäre Studentenbewegung

In der Bundesrepublik fand die Rebellion ihren deutlichsten Ausdruck zunächst in der studentischen Protestbewegung. Diese war eine politische, aber auch eine kulturrevolutionäre Bewegung. Binnen weniger Jahre veränderte sie Lebensweisen und Denkformen eines großen Teils der Studenten; die Ideen, die mit ihr erstmals in Deutschland auftauchten, wirken bis heute nach.

Der Studentenprotest entzündete sich in Berlin. Der SDS (Sozialistischer Deutscher Studentenbund), die treibende Kraft der Revolte, gewann dort 1966/67 nach Jahren erfolgloser Agitation schnell Anhänger und Sympathisanten, die ihn bei seinen Aktionen gegen die Hierarchie der Universität und gegen die kapitalistische Ausbeutung der Dritten Welt unterstützten. Professoren und Politiker waren verwirrt, bislang hatten Studenten höchstens gegen Unterdrückung in der DDR protestiert, am eigenen Gesellschaftssystem schien ihnen wenig auszusetzen. Ihre Aktionsformen übernahmen die Studenten zum großen Teil aus der amerikanischen Bürgerrechtsbewegung: neben Demonstrationen protestierten sie mit «Sit-ins» (Sitzstreiks) und «Go-ins» (Gruppenbesuchen und Störungen in Vorlesungen oder Behörden). Die Rebellion war zunächst gewaltlos; als der Plan bekannt wurde, den damaligen amerikanischen Vizepräsidenten Nixon bei einem Besuch in Berlin mit einem Pudding zu bewerfen, entrüstete sich die bürgerliche Öffentlichkeit über diesen beispiellosen «Gewaltakt».

Heftiger schlug die Polizei zu. Am 2. Juni 1967, während einer Demonstration gegen den Besuch des Schahs von Persien in Berlin, erschoß ein Polizist den Studenten Benno Ohnesorg. Das war der Auslöser der Studentenbewegung auch in Westdeutschland. Zehntausende protestierten in den Universitätsstädten, das Vertrauen vieler Studenten in den Staat zersetzte sich zusehends.

Die große Mehrheit der Bevölkerung, vor allem aber die Presse, wandte sich gegen die Aktionen der Studenten, die jetzt immer häufiger auf die Straße gingen, Mitbestimmung in der Universität forderten und gegen den Krieg der USA in Vietnam demonstrierten. Besonders die Springer-Presse nahm scharf gegen die Studenten Stellung, Verdrehungen und Fehlinformationen waren an der Tagesordnung. Die Studenten, die ohnehin in der «Meinungsmanipulation» einen Grundpfeiler der Unterdrückung sahen, forderten die Enteignung Springers. Als Ostern 1968 ein Arbeitsloser den Studenten«führer» Rudi Dutschke niederschoß (Dutschke wurde schwer verletzt und starb 1979 an den Spätfolgen), richtete sich der Protest gegen die Springer-Zeitungen (*Bild, Welt, Hamburger Abendblatt* u. a.), in denen die Antiautoritären die Hauptschuldigen an dem Attentat sahen. In den «Osterunruhen» versuchten Zehntausende von Studenten, in der ganzen Bundesrepublik die Auslieferung der Springer-Blätter zu verhindern. Es kam zu tagelangen Auseinandersetzungen. Erstmalig wandte die Protestbewegung «Gewalt gegen Sachen» an: Scheiben gingen zu Bruch, Lastwagen brannten. Polizeigewalt setzte die Auslieferung der Zeitungen durch.

In ganz Deutschland war die APO, die außerparlamentarische

Rektoratsübergabe an der Hamburger Universität 1967. Die AStA-Vertreter (noch kurzhaarig und mit Krawatte) trugen dem scheidenden und dem neu einzuführenden Rektor eine «Huldigungsadresse» voran. Die Magnifizenzen, auf Studentenprotest noch nicht eingestellt, ahnten von dem Text, dem sie folgten, nichts.

Opposition der Studenten, zum beherrschenden Thema geworden. Wenige Wochen darauf brach in Paris der Mai-Aufstand 1968 los. Wochenlang beherrschten rebellierende Studenten und Arbeiter die französischen Großstädte. Fabriken, Schulen, Universitäten wurden besetzt; im Pariser Quartier Latin verschanzten sich Studenten hinter Barrikaden; ein großer Teil der Bevölkerung unterstützte die Revolte. Das System schien ins Wanken zu geraten, die Träume der Antiautoritären wurden auf einmal zur Wirklichkeit. «Die Phantasie an die Macht», lautete die Revolutionsparole, noch keine Revolution hatte unter solchem Motto gestanden.

Der französische Mai blieb eine Episode, aber er verstärkte die Hoffnungen der deutschen Studenten auf die erwartete Unterstützung aus der Arbeiterschaft. Manche meinten, man befände sich in einer vorrevolutionären Phase. Doch die erhoffte Solidarisierung der nicht-stu-

Sitzung des Konvents der Freien Universität Berlin, am 8. Mai 1968

dentischen Bevölkerung im Protest gegen die geplanten Notstandsgesetze Ende Mai 1968 blieb aus. Zwar waren die Anti-Notstands-Demonstrationen die bislang größten der Protestbewegung; aber die Fabriktore, zu denen die APO zog, um sich mit den Arbeitern zu verbinden, blieben verschlossen. Die Notstandsgesetze wurden allem Widerstand zum Trotz verabschiedet; eine Revolution schien mehr denn je in weiter Ferne.

Die Enttäuschung über die scheinbare Erfolglosigkeit der Rebellion führte zum allmählichen Ende der antiautoritären Bewegung. Mehr und mehr Studenten glaubten, die mangelnde Durchsetzungskraft der APO läge am Fehlen geeigneter Organisationsformen. Sie wandten sich orthodox-marxistischen Konzepten zu. Damit begann ab 1969 eine neue Phase des Protests.

Tatsächlich hatte die Studentenbewegung in den wenigen Jahren ihres Bestehens ihre *politischen* Ziele nicht erreicht; aber sie hatte – fast unbeabsichtigt – neuen Mustern des Lebens und neuen Denkweisen zum Durchbruch verholfen. Überall in der linken studentischen Szene wandelten sich die Lebensweisen. Wohngemeinschaften entstanden, die Sexualmoral löste sich von den bürgerlichen Normbegriffen, Kleidung, Bewegungen und Umgangston veränderten sich ebenso wie der Literatur-, Film- und Musikgeschmack, ein neuer Jargon entstand. Die Protestbewegung hatte eine «Subkultur» gebildet, deren Verhaltensweisen mehr Bestand haben sollten als die im Lauf der nächsten Jahre schnell wechselnden politischen Überzeugungen.

Um die «kulturrevolutionäre» Wirkung der APO zu verstehen, muß man sich den Lebensstil der bürgerlichen Jugend bis Mitte der sechziger Jahre vor Augen führen. Unter den Studenten war oftmals ein förmlich-höfliches Verhalten üblich, in den Seminaren redete man sich mit «Sie» an; man wohnte in Studentenheimen oder -«buden», Wohngruppen gab es nicht. Kaum ein unverheiratetes Paar lebte zusammen, «vorehelicher Geschlechtsverkehr» warf für viele Studenten moralische Probleme auf. Die Autorität der älteren Generation wurde nur zögernd in Frage gestellt.

All das zog die APO in Zweifel. Sie verstand sich als *antiautoritär*. Keine Autorität sollte selbstverständlich gelten. In Familie, Ausbildung, Berufsarbeit, Politik wollte man die autoritären Strukturen aufbrechen. Die Gesellschaft sollte demokratisiert werden, alle gesellschaftlichen Bereiche sollten von den Beteiligten selbst verwaltet werden. In einer solchen Gesellschaft ohne Unterdrückung würden die Menschen ihren Fähigkeiten und Möglichkeiten gemäß leben können, würden sich Glück und Kreativität entfalten.

Die bestehende Gesellschaft wurde als repressiv kritisiert. Die Unterdrückung wirke überall, bis ins Innere der Menschen hinein. Im allgemeinen aber sei sie «verschleiert». Nur in der Dritten Welt trete der Kapitalismus offen brutal auf, in den Industriegesellschaften verfüge er über umfassende Manipulationsinstrumente, die es ihm erlaubten, sich oberflächlich demokratisch und tolerant zu geben. Es sei dies aber eine «repressive Toleranz», die schlimmste Gewalttätigkeiten und Ungerechtigkeiten des Systems nur verhülle. Jeder dürfe seine Meinung sagen, gewiß; aber ihre Meinung *durchsetzen* könnten nur die Herrschenden, die über die Massenmedien verfügten und Arbeit und Freizeit der Menschen nach ihren eigenen Interessen organisierten.

Aus dieser Analyse resultierten drei praktische Konsequenzen: Erstens konzentrierte sich der studentische Protest stark auf die Ausbeutung der *Dritten Welt* (Vietnam, Iran), da dort der gewalttätige Charakter des Systems sichtbarer wurde als in den subtilen Unterdrückungsmechanismen im eigenen Land.

Zweitens waren ein Hauptangriffspunkt der Studenten die *Medien* – vor allem die Springer-Presse –, welche nach der Vorstellung von umfassender Bewußtseinsmanipulation eine Schlüsselstellung im Unterdrückungszusammenhang einnahmen.

Drittens hielten sich die Studenten für berechtigt, die Spielregeln der Demokratie *provokativ* zu verletzen, um ihren Auffassungen stärkeres Gehör zu verschaffen. Dabei griffen sie zu allen möglichen mehr oder minder originellen Mitteln, sie erregten in der Öffentlichkeit, die solches damals nicht gewohnt war, jeweils das beabsichtigte große Aufsehen. Vom Uni-Rektorat bis zur Botschaft wurde jede Agentur der Herrschenden, die irgendwie erreichbar war, bei Gelegenheit besetzt; in Vorlesungen erzwang man Diskussionen; in Weihnachtsgottesdiensten tauchten protestierende Studenten auf und suchten die Worte des Pfarrers zu ergänzen; bei «Spaziergangsdemonstrationen» (kleine Demonstrantengruppen zogen über belebte Einkaufsstraßen und zerstreuten sich beim Eintreffen der Polizei) prügelten die frustrierten Polizisten hauptsächlich unbeteiligte Passanten; offizielle Empfänge wurden durch Seifenblasen gestört.

Theoretisch war die Studentenbewegung vor allem durch die «Kritische Theorie» (Herbert Marcuse, Theodor W. Adorno, Max Horkheimer, Jürgen Habermas) beeinflußt, aber auch durch die Psychoanalyse, vor allem in der gesellschaftskritischen Interpretation Wilhelm Reichs. In all diesen Auffassungen wird der *repressive Charakter der Gesellschaft* betont, besonders aber ihre Einwirkung auf das *Innere* der Menschen. Nicht die materielle Ausbeutung bildet den Schwerpunkt der Arbeiten der genannten Theoretiker, sondern das «Verschwinden des bürgerlichen Individuums» (Adorno), der «eindimensionale Mensch» (Marcuse), die Entstehung des «Charakterpanzers» (Reich) – soweit sich komplexe Theorien überhaupt in solchen Schlagworten andeuten lassen.

Die antiautoritäre Studentenbewegung setzte sich vor allem mit solchen Theorien auseinander, die Gesellschaftsanalyse und Psychologie eng miteinander verbunden sehen. *Selbstveränderung*, ein klassisches Thema der alternativen Bewegungen, spielte in der APO eine große Rolle. «D'abord, contestez vous-même» hatte es im französischen Mai-Aufstand geheißen – «Vor allem stellt euch selbst in Frage!» Die Einsicht, daß die neuen Lebens- und Beziehungsformen, die man theoretisch anstrebte, nicht ohne weiteres zu verwirklichen waren, weil man sich gefangen fühlte in Besitzdenken, Ehrgeiz, Eifersucht, Machtwünschen, Minderwertigkeitsgefühlen – all dieses trug bei zu dem Interesse der Studentenbewegung an psychologischem Denken. Man scheute sich nicht mehr, eigene psychische Schwierigkeiten offenzulegen, das Seelenleben und die Gefühle der einzelnen gingen in «öffentliche» Diskussionszusammenhänge ein. Mit dem Beginn der orthodox marxistischen Phase der Protestbewegung geriet jedoch dieser Bereich der Rebellion vorübergehend aus dem Blickfeld;

Herbert Marcuse diskutiert mit Studenten am 13. Mai 1968
im Auditorium Maximum der Freien Universität Berlin.

er blieb nur für einzelne und kleinere Gruppen (wie die «Spontis») von Bedeutung, bis er in der Frauenbewegung und in der Workshop-Kultur der Jahre nach 1975 sich erneut ausweitete.

Die orthodox-marxistische Phase des Protests

Der antiautoritäre Impuls, so dachten viele Studenten nach dem Scheitern der Anti-Notstands-Proteste, hatte nicht ausgereicht, die Gesellschaft zu verändern. Man begann sich nach anderen Organisationsformen, nach anderen Theorien umzusehen und fand sie in der Tradition der Arbeiterbewegung. Für einen Augenblick hatten sich die deutschen Arbeiter in den «wilden» Septemberstreiks 1969 bewegt; es schien, als hätte der pessimistische Adorno unrecht, als hätte auch Marcuse unrecht, der eine Revolution allenfalls von den Randgruppen der Gesellschaft und nicht von der Arbeiterklasse erwartete. Viele Studenten brachen mit ihrer antiautoritären Vergangenheit, studierten die Werke der «Klassiker» Marx, Engels und Lenin und machten sich an den Aufbau von Parteien, die die Arbeiterklasse auf den rechten Weg führen sollten.

Das in der Protestbewegung jener Jahre (1969–1974) vorherrschende Bewußtsein hat mit dem der alternativen Bewegungen wenig zu tun, vielmehr finden sich in ihm von Rosa Luxemburg bis zu Stalin alle historischen Strömungen des Marxismus rezeptiv widergespiegelt. Viele «Linien» kämpften miteinander. Fast alle gingen davon aus, daß der «Grundwiderspruch» von Lohnarbeit und Kapital die Gesellschaft bestimme, daß dieser Widerspruch durch die sozialistische Revolution gelöst werden müsse und daß der Träger dieser Revolution die Arbeiterklasse sei. Nur war man sich nicht einig, wie die Arbeiter zu mobilisieren und zu organisieren seien. Jeder glaubte sich im Besitz des richtigen Rezepts, keiner erzielte irgendwelche Erfolge.

Interessant in unserem Zusammenhang ist, daß ein mit der antiautoritären Studentenbewegung entstandener «alternativer» Lebenszusammenhang auch in der marxistischen Phase fortbestand. Nur manche konsequente Kommunisten gaben die neuen Lebensformen auf, schnitten sich die Haare kurz und versuchten, im Privatleben zu «Proletariern» zu werden. Die meisten verbanden marxistische Überzeugungen mit Wohngemeinschaftsleben und wechselnden Liebesbeziehungen, mit Haschischrauchen, langen Haaren und ausgedehnten Reisen. Die klaren Linien der Theorien standen in einer merkwürdigen Spannung zu den verwickelten Kurven und Bögen eines experimentierenden Alltagslebens. Die theoretische Selbstauffassung als Klassenkämpfer war nur Maskerade, eine Vereinfachung, welche komplizierten und undurchschauten Prozessen der Veränderung übergestülpt war. Sie zerfiel im Lauf der Jahre an ihrer eigenen Schwäche, aber auch unter dem Eindruck zweier neu sich aus der Protestbewegung entwickelnder Richtungen: der Frauenbewegung und der Ökologiebewegung.

Frauenbewegung

Erste Ansätze einer Frauenbewegung hatten sich schon in der antiautoritären Studentenrevolte gezeigt: im Berliner «Aktionsrat zur Befreiung der Frau» und in den «Weiberräten», die als Fraktionen des SDS in verschiedenen Universitätsstädten entstanden. Doch erst nach der öffentlichkeitswirksamen Aktion «Wir haben abgetrieben» von 1971 bildete sich eine beständige Frauenbewegung in Deutschland. In die Auseinandersetzungen um den Paragraphen 218 des Strafgesetzbuchs griffen damals 374 Frauen ein, die sich im *Stern* dazu bekannten, selbst abgetrieben zu haben. Eine öffentliche Diskussion kam in Gang, die über die Abtreibungsfrage hinaus mehr und mehr die gesellschaftliche Lage der Frauen im allgemeinen thematisierte. Frauengruppen entstanden, Anfang 1972 fand der erste «Bundesfrauenkongreß» mit 450 Teilnehmerinnen statt. In der Abschlußerklärung dieses Treffens hieß es unter anderem:

«Frauen müssen sich selbst organisieren, weil sie ihre ureigensten Probleme erkennen müssen und lernen müssen, ihre Interessen zu vertreten …

Wir schließen Männer aus unseren Gruppen aus, weil wir die Erfahrung gemacht haben, daß sich Bevormundung und Unterdrückung, die wir in allen Lebensbereichen erfahren, in gemischten Gruppen reproduzieren …

Wir betrachten die Männer, auch wenn sie selbst der unterdrückten Klasse angehören, uns gegenüber als Privilegierte. Privilegierte haben ihre Rechte noch nie freiwillig preisgegeben. Deshalb fordern wir: Frauen müssen zu einem Machtfaktor innerhalb der anstehenden Auseinandersetzungen werden.»[2]

«Frauen gemeinsam sind stark», hieß das Schlagwort. Männer reagierten großenteils feindselig und erschreckt. Doch die Frauenbewegung breitete sich schnell aus, als erste der aus der studentischen Protestbewegung hervorgegangenen Strömungen fand sie zahlreiche

Die Zukunft
ist weiblich
oder gar nicht
NIE

nicht-studentische Anhängerinnen. Anders als die orthodoxen Marxisten jener Jahre erhielt sie die antiautoritären Impulse lebendig. Das zeigte sich in ihren Protestaktionen. Im Frankfurter Dom fand ein Go-in statt («Hört nicht auf das Geschwätz der Pfaffen – wir Frauen werden's selber schaffen!»), die Tagung des Ärzteverbandes wurde ebenso gestört wie die Miß-Wahlen, bei denen demonstrierende Frauen die «Schwanzvermessung der Jury» forderten. Bis 1974 entstanden zwischen hundert und zweihundert Frauengruppen und gut ein Dutzend Frauenzentren.

Die Gruppen institutionalisierten das Gespräch über persönliche Erfahrungen als ein Mittel, sich durch gemeinsame Analyse von alten Abhängigkeiten und verinnerlichtem Rollenverhalten zu lösen. «Indem wir unsere Ängste, die wir ja oft als Schwächen kennengelernt haben, mitteilen und bei anderen erleben, lernen wir, daß unser Sich-mies-Fühlen nicht unser eigenes Versagen ist: daß wir nicht minderwertig und unfähig sind, sondern daß wir dazu gemacht wurden. Hier setzt dann auch die Frage ein, warum das so ist, und wem das dient»[3], schrieb eine Frauengruppe 1973 über diese «CR»- (Consciousness raising-)Gruppen.

Wie die antiautoritären und die marxistischen Studenten verstand die Frauenbewegung die Gesellschaft als Unterdrückungszusammenhang, nur schien ihr wichtiger und universeller als die Strukturen des Kapitalismus die Männerherrschaft – das Patriarchat. Die gesellschaftliche Geschlechtsrollenverteilung diente nach ihrer Auffassung den Männern, den Frauen blieb im allgemeinen nur eine dienende und stützende Funktion. Das sollte anders werden. Frauen sollten sich von den erlernten Rollenmustern befreien – daher die große Bedeutung von Selbsterfahrung und Selbstreflexion in der Frauenbewegung. Frauen sollten aber auch politisch um ihre Rechte kämpfen – wie in der § 218-Kampagne. Bücher wie Betty Friedans *Weiblichkeitswahn*, Kate Milletts *Sexus und Herrschaft* und Shulamith Firestones *Frauenbefreiung und sexuelle Revolution* stellten die Zusammenhänge von Geschlechtsrolle und Frauenunterdrückung dar und dienten der Frauenbewegung jener Jahre als theoretische Grundlage.

Auch in den Liebesbeziehungen von Frauen und Männern wurde das Moment der Unterdrückung aufgespürt. Die «Beziehungsgespräche» zwischen frauenbewegten Frauen und ihren Freunden bereicherten sich durch ein neuartiges Vokabular, private Konflikte erschienen im Licht umfassender gesellschaftlich-geschichtlicher Kategorien. Das meistgelesene Frauenbuch jener Jahre, Verena Stefans *Häutungen*, schildert die Abkehr einer Frau von den frustrierenden Beziehungen mit Männern, ihre Hinwendung zur lesbischen Liebe.

Analog zur Entwicklung der nicht-feministischen Alternativbewegung baute die Frauenbewegung ab 1975 zahlreiche Projekte einer «Gegenkultur» auf: Frauenhäuser und Frauenkneipen, Frauenbuchläden und Frauenverlage, Ernährungs- und Gesundheitsgruppen, Ferien- und Tagungsstätten, Theater- und Musikgruppen. Es bildeten sich Frauenwohngemeinschaften, auf mehreren «Sommeruniversitäten» (ab 1976) wurden Themen einer «feministischen Wissenschaft» diskutiert, Frauenkalender und Frauenjahrbücher erschienen. Die beiden Zeitschriften *Courage* (ab 1976) und *Emma* (ab 1977) erreichten hohe Auflagen. Themen und Thesen der Frauenbewegung gingen wie selbstverständlich in das Bewußtsein der Alternativszene, zum Teil auch der breiteren Öffentlichkeit ein.

Ökologie- und neuere Alternativbewegungen

Seit der Mitte der siebziger Jahre bildeten sich in der gesamten Bundesrepublik Umweltschutzgruppen. Zum erstenmal seit der Entstehung der studentischen Opposition (wenn man von der einen Ausnahme der «Rote-Punkt-Aktionen» gegen Fahrpreiserhöhungen öffentlicher Verkehrsmittel absieht) fanden sich hier linke Protestler und große Gruppen der «Normal»-Bevölkerung in der politischen Auseinandersetzung auf derselben Seite. Der Anstoß dazu war von den Auseinandersetzungen um das geplante Atomkraftwerk Wyhl in Südbaden gekommen; dort hatten Anfang 1975 Winzer, Hausfrauen und Jugendliche aus dem Kaiserstuhl (und einige wenige Freiburger Studenten) den Baubeginn durch eine Platzbesetzung verhindert, hatten nach ihrer Vertreibung durch die Polizei den Platz wieder besetzt und monatelang «verteidigt», bis ein Gerichtsurteil den Bau des Kraftwerks auf unbestimmte Zeit verschob. Solche Mobilisierungen waren in den gängigen politischen Schemata der Linken nicht vorgesehen; aber bald begriffen sie, daß es aussichtsreicher und weniger frustrierend war, sich an ohnehin vorhandenen Auseinandersetzungen zu beteiligen, als auf die theoretisch vorhergesagten Klassenkämpfe zu hoffen. Die Konflikte um Atomkraftwerke wurden zum zentralen politischen Aktionsfeld der Protestbewegung zwischen 1976 und 1980, auf Wyhl folgten Brokdorf, Grohnde, Kalkar und Gorleben; Großdemonstrationen und kleinere lokale Aktionen wechselten miteinander ab.

Die Bürgerinitiativen, die nun überall entstanden, verstanden sich – wie der Name sagt – nicht unbedingt als «alternativ»; aber Alternative waren überall dabei. Die Protestbewegung erlebte einen neuen Aufschwung, endlich war das lange angestrebte Ziel einer Zusammenarbeit mit großen Teilen der Bevölkerung erreicht. Der Widerstand richtete sich bald nicht mehr nur gegen Atomkraftwerke, sondern auch gegen die Zerstörung von städtischen Wohnvierteln, gegen Straßenbauten, Zersiedelung von Landschaften, forcierte Industrialisierung – gegen die Naturzerstörung im allgemeinen und gegen spezielle Projekte umweltzerstörender Politik im besonderen. Ein «ökologisches Bewußtsein» verbreitete sich: die Überzeugung, daß weiterer Raubbau an der Natur die Zukunft der Menschen selbst gefährden; daß man zurückkehren müsse zu einer Produktions- und Konsumweise, die sich an den Naturkreisläufen orientiert. Diese Überzeugung wirkte auch auf die Lebensgewohnheiten vieler Sympathisanten der Umweltschutzbewegung zurück: man bemühte sich um eine gesunde Ernährung, entwickelte Ansätze eines «biologischen» Bauens und Wohnens, veränderte Konsumgewohnheiten im Sinne eines «einfacheren Lebensstils», ging weniger verschwenderisch mit den Dingen um. Das Fahrrad kam in Mode, leere Flaschen wanderten in die neu aufgestellten Glascontainer (denn auch die Stadtverwaltungen erkannten die Zeichen der Zeit), und die Raucher gerieten in die ideologische Defensive.

Mit der Entstehung der Ökologiebewegung verloren die orthodox marxistischen Erklärungsmodelle ihren beherrschenden Einfluß, die entsprechenden Parteien lösten sich zum größeren Teil auf. Nur wenige altgewordene Rebellen der sechziger Jahre trauerten dem «Niedergang des politischen Bewußtseins» nach und beklagten inmitten von Jugendaufständen die «Apathie der heutigen Jugend». Tatsächlich hatten die Rebellen der späten siebziger Jahre keine umfassend erklärende Gesellschaftstheorie mehr. Politisch aktiv waren sie dennoch. Zu den Anti-Atomkraft-Aktionen kam eine Welle von Hausbesetzungen, vor allem in Berlin; dort und in verschiedenen Städten der Bundesrepublik lieferten sich Jugendliche regelrechte Straßenschlachten mit der Polizei. Anders als in der Studentenbewegung hatten sie nicht mehr das große Ganze im Blick, sie wollten ihr geräumtes Haus zurück oder eine Rekrutenvereidigung verhindern, mehr nicht. Aber mehr konnten sie *im Moment* ja auch nicht erreichen. Das «Jetzt und Hier» war nicht nur in der Psycho-Szene bedeutsam, es bestimmte oftmals auch die politischen Auseinandersetzungen.

Seit Mitte der siebziger Jahre taucht nun der Name auf, den wir hier als Oberbegriff für Bohème und radikale Lebensreform, für Projekte der Jugendbewegung und den Protest der sechziger und siebziger Jahre beansprucht haben: *Alternativbewegung*. Die Alternativbewegung im engeren Sinn gibt es erst seit wenigen Jahren: die Alternativbewegung, die sich selbst als solche bezeichnet. Wir sparen uns einen Definitionsversuch und beruhigen uns mit Josef Huber: «Letztlich gibt es ... wohl überhaupt kein ‹objektives› Kriterium der Zugehörigkeit zur Alternativbewegung.»[4] Wie dem auch sei, wir können unscharf lassen, wo die Alternativbewegung beginnt und wo sie aufhört, und trotzdem sinnvoll von ihr reden, so wie man etwa von einer Stadt oder einer Landschaft sprechen kann, ohne daß man genau zu wissen braucht, wo ihre *Grenze* verläuft.

Diese neuere (neueste) Alternativbewegung zeichnet sich vor allem durch die große Zahl ihrer Projekte aus, durch die Entstehung einer Gegenkultur von Zeitungen und Verlagen, Teestuben und Kneipen, Landkommunen und Autowerkstätten, Wohngemeinschaften und Freien Schulen, Technik-Kooperativen und Mieterkollektiven, Mitfahrzentralen und Theatergruppen. Vieles davon hat es in der Studentenbewegung auch schon gegeben, aber nur vereinzelt, nicht als größeren Zusammenhang. Die heutige Alternativbewegung macht ernst mit den Plänen, das eigene Leben unmittelbar zu verändern. Sie hat sich Strukturen geschaffen, in denen Arbeit, Beziehungen, Konsum nach anderen Regeln ablaufen als im gewöhnlichen Alltagsleben. Im nächsten Abschnitt werden wir uns diese Projekte näher betrachten.

Zur Entwicklung der neueren Alternativbewegung gehört die Entstehung von Institutionen, welche die Zusammenarbeit und den Austausch unter den einzelnen Projekten unterstützen. Die wichtigsten von ihnen sind die *Tageszeitung* (taz) seit 1979 und «Netzwerk Selbsthilfe», das eine wirtschaftliche Selbsthilfe politischer und alternativer Projekte fördern will (seit 1978). Im Sinne des Selbstverständnisses der Alternativen sind *taz* und Netzwerk soweit wie möglich dezentralisiert worden; das Mißtrauen gegenüber inhaltlichen Lenkungen «von oben» ist in der Szene groß.

In einem weiteren Sinn kann man auch Bunte bzw. Alternative Listen und die «Grünen» zur Alternativszene rechnen. Zwar gehen Wählerschaft und Mitglieder der Grünen weit über die Alternativbewegung hinaus, doch ist der Einfluß der Alternativen bei den Grünen personell und programmatisch stark. Alle Fraktionen der Protestbewegungen seit 1967 sind bei ihnen vertreten: älter gewordene Antiautoritäre, Altmarxisten, frauenbewegte Frauen, alternative Umweltschützer. Die Grünen sind die erste politische Partei, die von einer Mehrheit der Alternativen ohne große Skrupel gewählt wird.

Mit der Studentenbewegung hat die neuere Alternativbewegung die grundsätzliche Ablehnung der bestehenden Gesellschaft gemein, die Auflehnung gegen jede Art von Herrschaft und die Kritik des «entfremdeten» Alltagslebens zwischen stumpfer Berufsarbeit, rollenfixierter Familie und kompensatorischem Konsum. Auch die Lebensformen und – zum Teil – die Projekte der heutigen Alternativen haben viele Wurzeln in den Protestbewegungen der sechziger Jahre. Anders als bei den rebellischen Studenten finden sich in der heutigen Alternativ- und Ökologiebewegung jedoch kaum gesamtgesellschaftliche Theorien, das Denken ist weniger systematisch als vor fünfzehn Jahren. Reste von Kapitalismuskritik haben überlebt, die strengen Ableitungen der politischen Ökonomie oder umfassende Analysen interessieren kaum noch. Subjektivität ist gefragt, «Erfahrungshunger» (M. Rutschky) prägt das Verhalten. Hier und heute will man beginnen, ein neues Leben aufzubauen, eine Revolution scheint zu unvorstellbar, als daß man auf sie warten möchte. Auch machen sich Zweifel breit, ob das Glück vorwiegend durch gesellschaftliche Veränderung zu finden sei; viele suchen ihm durch psychische Selbstveränderung, durch spirituelle Trips oder durch eine neue Beziehung zur Natur näherzukommen. Das *eigene* Leben ist das wichtigste; politische Aktivität kann für die meisten allenfalls aus persönlicher Betroffenheit kommen. Die Werte der Rationalität sind in den Hintergrund getreten; Gefühle, Sinnlichkeit, Intuition spielen eine größere Rolle.

Das eigene Leben ist das wichtigste: die Projekte der Alternativen haben zwar vielfach einen gesellschaftsverändernden Sinn; vor allem aber sollen sie Gruppen von Menschen erlauben, sich unmittelbar aus den Lebenszusammenhängen der etablierten Gesellschaft zu lösen und ihre eigenen Lebensvorstellungen zu verwirklichen.

Alternative Projekte

Die Projekte sind die Institutionen der Alternativbewegung: Läden und Handwerkskollektive, Stadtzeitungen und politische Gruppen, «freie» Schulen und Tagungszentren, Theater-, Therapiegruppen und viele andere. Die Alternativbewegung geht in ihnen nicht auf; alternativ gelebt, alternativ empfunden wird auch außerhalb der Projekte. Aber wenn wir den Begriff des «Projekts» weit genug fassen, Wohngemeinschaften und alternative Treffpunkte wie Cafés und Kneipen dazurechnen, so sind damit die Orte bezeichnet, an denen sich Alternativleben heute entfaltet.

Nicht erst heute. Der erste «alternative» Impuls in der Studentenbewegung ging von den *Kommunen* aus, unter denen die Berliner

Kommune 2, die ihre eigene Entwicklung ausführlich dokumentiert hat, die bekannteste wurde. Die Kommunen waren Alchimistenküchen zur Erzeugung des Neuen Menschen: geheimnisumwittert, verrufen bei den Nichteingeweihten, vielfach verdächtigt von außen. Die Kommunarden hofften, aus der Erfahrung der Kommune anders herauszukommen, als sie hineingegangen waren; sie hofften, verinnerlichte Familienstrukturen, Autoritätsfixierungen, sexuelle Schwierigkeiten in einem reflektierten Gemeinschaftsleben aufzulösen. Zugleich sollte die Kommune politisch wirksam werden. «Die Kommune ist nur dann fähig, systemsprengende Praxis nach außen zu initiieren, wenn innerhalb der Kommune effektiv die Individuen sich verändert haben, und diese können sich nur verändern, wenn sie jene machen»[5], analysierte der Kommunarde Dieter Kunzelmann in jenem verschrobenen Deutsch, das den Rebellen der sechziger Jahre zur Selbstverständigung diente.

Man verstand sich nicht gut in dieser Sprache, und es kann bezweifelt werden, ob die stunden- und tagelangen Gruppengespräche, welche Befreiung von den Zwängen einer als repressiv erlebten Vergangenheit bringen sollten, ob diese Gruppengespräche den Kommunarden mehr vermittelt haben als das Gefühl, da seien noch andere, denen es nicht besser ging als einem selber. Aber die Kommunen wirkten – durch ihr bloßes Vorhandensein – als *Provokation*. Auf einmal wurde, wenn auch nur von wenigen, eine Alternative zur Familie gelebt, die Selbstverständlichkeit der Geschlechterrollen in Frage gestellt, der Alltag einer bewußten Kritik unterzogen. Die Kommunen selbst scheiterten; ihr weitgespanntes Programm von Bewußtseinsveränderung, politischer Wirksamkeit, Aufhebung des Privatbesitzes und der sexuellen Zweierbeziehungen erwies sich als überfordernd, als bloße Kopfgeburt. Aber aus der Kommune-Idee entwickelten sich die *Wohngemeinschaften*, die bis heute die charakteristische und weitverbreitetste Institution der Alternativszene darstellen.

Die «WGs» entstanden mit der Studentenbewegung (für 1969/70 wird ihre Zahl in der Bundesrepublik auf etwa tausend geschätzt). Weniger als die Kommunen waren sie mit programmatischen Ansprüchen befrachtet, das Leben ihrer Bewohner verlief vergleichsweise normal. «Vergleichsweise» bedeutet: zwar hat in der Wohngemeinschaft im allgemeinen jeder sein eigenes Zimmer und seinen privaten Besitz, «teilt» seine Freunde/Freundinnen nicht mit anderen und ist über seine Gefühle nur begrenzt Rechenschaft schuldig; aber zugleich hat er sich einen Lebenszusammenhang gewählt, in dem sehr wenig *selbstverständlich* ist. Hervorstechendes Merkmal der ersten Wohngemeinschaften war daher die Dauerdiskussion. Alles war neu, alles mußte neu geregelt werden: der Abwasch und die Mahlzeiten, der Einkauf und das Verhalten untereinander. Die Dauerdiskussion konnte zum Dauerkonflikt ausarten. Die Fluktuation in den Wohngemeinschaften ist auch heute noch relativ hoch, die durchschnittliche Wohndauer eines WG-Mitglieds beträgt 18 Monate. (Danach zieht es im allgemeinen in eine andere Wohngemeinschaft.) Aber die Wohngemeinschaften haben sich dennoch als konstante Lebensform etabliert.

Die Vorteile eines alltäglichen Gemeinschaftslebens gegenüber Kleinfamilie oder «Single»-Existenz liegen für die alternativen Menschen auf der Hand. Für die Alternativen sind Kontakt, Gespräche, Anregungen wesentliche Werte; die Wohngemeinschaft schützt vor der Austrocknung durch Isolation. Im Gegensatz zur Familie kennt sie keine klaren Rollenzuweisungen, für Sauberkeit der Wohnung und fürs Kochen sind Männer wie Frauen gleichermaßen verantwortlich. Im Spiegel der anderen erlebt man sich selbst, sichert die eigene «andersartige» Identität gegen die Ansprüche der Normal-Welt.

Die typische Wohngemeinschaft gibt es nicht, dazu sind ihre Formen und Bewohner zu vielfältig. Aus der Statistik erfahren wir: die Zahl der Wohngemeinschaften in der Bundesrepublik und West-Berlin wird für 1980 sehr grob auf ca. 30000 geschätzt, mit etwa 150000 Bewohnern. Etwa zwei Drittel von diesen dürften Studenten und andere Personen in der Ausbildung sein, das restliche Drittel verteilt sich auf Lehrer und Sozialarbeiter, Menschen aus kaufmännischen Berufen, Arbeiter (nach einer Untersuchung 8%) und Arbeitslose. Frauen und Männer sind fast gleichstark in den WGs vertreten, Kinder (bei steigender Tendenz) nur zu knapp 5%. Die durchschnittliche Wohndauer der einzelnen Bewohner, wie schon gesagt, beträgt 18 Monate, die Wohngemeinschaften selbst halten dagegen, bei wechselnder Besetzung, im allgemeinen mehrere Jahre lang.[6]

Ob das alles so stimmt? Wohngemeinschaften entziehen sich weitgehend der statistischen Erfassung, noch keine Volkszählung ist ihnen beigekommen. Sie sind die Grundlage der alternativen Welt, Ausgangspunkt der zahlreichen Beziehungen, welche die Szene einer jeden Stadt zusammenhalten; Ausgangspunkt mancher Projekte, die – anders als die WGs – auch die Arbeit in den gemeinsamen Lebenszusammenhang einbeziehen.

Diese Projekte sind heute fast unüberschaubar. Für 1980 hat man ihre Anzahl auf fast 12000 geschätzt. Wieder bildet die Studentenbewegung den Ausgangspunkt: in ihrem Gefolge entstanden Kinderläden und Landkommunen, Verlage und Zeitungen, Buchläden und Jugendzentren. Aber erst die Alternativbewegung nach 1975 hat zum

Boom der Projekte geführt. Vorher standen eher die Theorie und die «politische Arbeit» im Vordergrund. In der zweiten Hälfte der siebziger Jahre wollte man ein neues Leben *hier und jetzt*, wohl wissend, daß zunächst nur vorsichtige Schritte auf diesem Weg möglich waren. Der größere Teil der Protestbewegung hörte auf, eine Revolution zu erwarten; statt dessen begann man, das eigene Leben, auch die eigene Arbeit anders als bisher zu organisieren. Es entstanden Bio-Läden und Taxikollektive, Einkaufskooperativen und Therapiegruppen, Kommunikationszentren und Alternativkneipen, Gemeinschaftspraxen von Ärzten und freie Schulen, selbstverwaltete Tagungshäuser und gemeinschaftlich betriebene Schrotbäckereien, Theaterprojekte, Clowngruppen und vieles andere mehr. Nur ein kleiner Teil all dieser Projekte (etwa ein Viertel) sichert vollständig den Lebensunterhalt der daran Beteiligten, die meisten sind «Freizeitprojekte», die allein der Selbstversorgung oder Selbstverwirklichung dienen, oder «duale Projekte», in denen nur ein Teil der Mitglieder Geld bekommt. (Die Begriffe stammen von Josef Huber.) Geld verdienen ließe sich woanders besser. Die alternativen Projekte entstehen aus einer anderen Motivation. Neue Formen der Integration von Arbeit und Leben werden gesucht, es soll gemeinschaftlich produziert werden, ohne Chefs und ohne äußere Zwänge; jeder soll alles machen, jeder soll bei allem mitentscheiden; insbesondere: die Arbeit soll wieder einen Sinn bekommen. Im alternativen Projekt versteht sich der einzelne nicht als Rädchen der großen Maschine, er ist vielmehr Mitgestalter. Arbeit wird als Selbstausdruck verstanden, nicht ihr *Ergebnis* steht im Vordergrund, sondern genauso wesentlich ist der Ablauf des *Arbeitsprozesses* selbst. Für solche Freiheit sind viele bereit, gegen niedrigen oder gar keinen Lohn mitzuarbeiten (wobei im letzteren Fall natürlich doch irgendwie Geld herbeigeschafft werden muß, sei es durch gelegentliches Jobben in «entfremdeten» Arbeitszusammenhängen, sei es durch staatliche Unterstützung in Form von BAFÖG, Arbeitslosenhilfe und dergleichen).

Wirtschaftlich sind die Projekte also keineswegs autonom; als *ökonomische* Modelle können sie kaum verstanden werden. Zu eng sind ihre inneren wie äußeren Grenzen: meist produzieren sie nur für einen «Sympathisantenmarkt» von Alternativen oder, wie manche Landkommune, nur für den Eigenbedarf; gegenüber den Großunternehmen sind sie höchstens in Marktlücken konkurrenzfähig; mangelnde Qualifikationen, Überschätzung des «Jeder kann alles», das Ausufern gruppendynamischer Prozesse in manchen Projekten – das alles schränkt die wirtschaftliche Bedeutung der Alternativprojekte ein. Der sympathisierende Beobachter Josef Huber hat hart geurteilt: «Im wirtschaftlichen Bereich erfüllen die Projekte, so wie sie bisher im allgemeinen gewesen sind, kaum eine sinnvolle Funktion.»[7] Gewiß gilt das nicht für jeden Versuch, aber zutreffend dürfte sein, daß die Erfolge der Alternativprojekte «nicht in der Weiterentwicklung der Produktionsweise, sondern mehr der alltäglichen Lebens- und Arbeitsweise»[8] liegen. In Alternativprojekten werden Entscheidungen auf Grund von Diskussionen und Mehrheitsentscheidungen gefällt, nicht durch formalisierte Hierarchien. Die Produktionsmittel – soweit solche vorhanden sind – gehören allen Beteiligten gemeinsam. Die Arbeit wird nach Möglichkeit umschichtig geleistet, auf eine bestimmte – womöglich monotone – Tätigkeit soll niemand festgelegt werden. Die Zeiteinteilung steht, wenn das den gesamten Arbeitsprozeß nicht stört, dem einzelnen frei. Teilweise – vor allem in Landkommunen und in manchen Handwerkskollektiven – sind Wohn- und Arbeitsstätte nicht getrennt.

So schön sich das alles anhört, es bringt doch in der Praxis manche Schwierigkeiten und Reibungsverluste mit sich. Die Gruppendiskussionen können zur Institutionalisierung des Dauerkonflikts ausarten. Die Abwesenheit äußeren Drucks wird von manchen auch ausgenutzt. Egoismus und Borniertheit verschwinden nicht von selbst mit neuen Organisationsformen, oftmals finden sie dort erst ihr geeignetes Betätigungsfeld.

Trotz solcher Probleme entwickeln sich seit 1975 immer mehr alternative Projekte – ein Zeichen dafür, wie stark die dahinterstehenden Motivationen wirken.

Das traditionelle Projekt der Alternativbewegung, die *Landkommune,* ist dabei gegenüber anderen Vorhaben heute in den Hintergrund getreten, spielt aber immer noch eine relativ große Rolle: Während in der Gesamtbevölkerung nur 1 Prozent in der Landwirtschaft arbeiten, machen Landkommunen rund 4 Prozent der Alternativprojekte aus. Ein Bauernhof bietet sich für naturverbundene Alternative, die gemeinsam leben und arbeiten möchten, nach wie vor als Ziel der Wünsche an. Etliche hundert Landkommunen existieren heute in der Bundesrepublik, vor allem in abgelegeneren Gebieten, wo Land billiger zu erwerben ist. Meist reicht allerdings die Landwirtschaft als einzige Einkommensquelle nicht aus; die Gruppen leben dann auch durch gelegentliche Lohnarbeit im «System», durch staatliche Sozialleistungen und durch zusätzliche Produktionszweige. Die Schäfereigenossenschaft Finkhof im Allgäu, ein bereits relativ lange existierendes Projekt, betreibt beispielsweise Wanderschäferei, eine Spinnerei und eine Gastwirtschaft. Anderswo veranstalten Landkommunen Workshops, verkaufen kunsthandwerkliche Gegenstände oder betreiben Kleinverlage.

Die meisten Landkommunen folgen den Regeln des biologischen bzw. biologisch-dynamischen Landbaus. Als «brutal» bezeichnet ein Landkommunarde die Industrialisierung der Landwirtschaft: «Brutal im Umgang mit der Natur, mit Äckern, die nach der Bestellung im Frühjahr aussehen wie Panzerübungsplätze, und Ställen, in denen die Tiere nur noch im Schnittpunkt der Optimierungskurven von Futtermenge und Gewicht vegetieren, brutal gegenüber den Produzenten, deren Arbeit tendenziell industrielle Züge annimmt und gegenüber den Konsumenten, die nicht nur minderwertiges Zeug bekommen, sondern denen bei dieser Form der Erzeugung und Verteilung von Lebensmitteln jede Möglichkeit genommen ist, zu dem, wovon sie sich ernähren, ein Verhältnis zu gewinnen ... Unser Bild einer guten Form der Nutzung des Bodens und der Tierhaltung ist das eines Kreislaufs: im Acker- und Gartenbau entstehen Güter, die der Ernährung des Menschen und der Tiere dienen, deren Mist wiederum in verrotteter Form der Erhaltung der Fruchtbarkeit des Bodens dient. Die wichtigsten Energien für diesen Kreislauf sind die Sonne, ohne die nichts wächst, und die menschliche Arbeitskraft.

Diese Form der Produktion von Lebensmitteln ist heute alternativ, unterscheidet sich radikal von der dominanten Form, bei der von Kreislauf nicht mehr die Rede sein kann.»[9]

Ökologische Vorstellungen werden bei solcher Arbeit unmittelbar in die Praxis umgesetzt; für eine soziale Bewegung, die – wie die Alternativen – gegen die Zerstörung der Natur vorgehen will, haben die Landkommunen insofern eine symbolische Bedeutung.

Handwerkskollektive sind in etwas höherer Anzahl als die Landkommunen unter den alternativen Projekten vertreten. Eine große Rolle spielen dabei die Druckereien, die wegen der hohen Produktion von alternativen Drucksachen (Flugblätter, Zeitschriften und Zeitungen, Broschüren) häufig vertreten sind und im allgemeinen über Auftragsmangel nicht zu klagen haben. Daneben finden sich klassische handwerkliche Gebiete, wie Tischlerei, Bäckerei, Kfz-Mechanik, Elektrotechnik u. a. Vielfach gehen solche Projekte unter der Anleitung studentenbewegter oder sonstwie alternativer Sozialarbeiter aus Selbsthilfegruppen arbeitsloser Jugendlicher hervor. Ähnliche Selbsthilfegruppen organisieren auch Umzüge, betreiben Trödelmärkte, bieten Entrümpelungen an.

Unter den alternativen *Läden* bilden die Buchläden fast die Hälfte aller Projekte. Die Szene ist intellektuell geblieben trotz aller Beschwörungen des «Aus-dem-Bauch-Lebens». Man liest mehr Lyrik, Frauenliteratur und Psycho-Bücher und weniger Politökonomie, aber man *liest* immer noch.

Neben den Buchläden finden sich Bioläden, die «biologisch» angebaute Lebensmittel verkaufen, daneben jener neue Typ von Gemischtwarenhandlung, in dem selbstgefärbte Wolle, verschiedene Teesorten, die *Tageszeitung* und Kerzen zum Verkauf ausliegen. Vereinzelt gibt es auch Reiseläden, Second-hand-Geschäfte und alternative Weinhandlungen.

Bei alternativen *Kneipen* muß man unterscheiden zwischen solchen, die «alternativ» heißen, weil sich die örtliche Szene dort trifft und solchen, die selbstverwaltet und in Kollektivbesitz sind. Vielfach, aber keineswegs immer, trifft beides zusammen. Der alternative Kneipengänger macht keinen großen Unterschied, solange die Preise akzeptabel bleiben. Die Kneipe gehört zu seinem Alltag: dort erweitert sich der Blick über den engen Kreis der Wohngemeinschaft hinaus, Nachrichten werden ausgetauscht und die nötigen Kontakte gepflegt.

Theater-, Musik- und *Tanzgruppen* gehören meist eindeutig dem Freizeitbereich zu; es gibt aber auch in diesem Gebiet professionelle Alternativprojekte. Dazu zählen die Berliner «Tanzfabrik» oder der Plattenvertrieb «Schneeball», der von mehreren Rockgruppen gemeinsam gegründet wurde. Alternative Theatergruppen wie die «Drei Tornados» oder «Karl Napp's Chaos Theater» entwickelten sich vom Dilettantischen zu kaberettistischen Spitzenleistungen; das ehemalige Frankfurter «Linksradikale Blasorchester» gilt nach wie vor als Beispiel für professionelles Niveau der Alternativkultur. Aber die Unterscheidung von «professionell» und «dilettantisch» hat für die Alternativen in diesem Zusammenhang wenig Sinn. *Selbstausdruck* ist jedem möglich, der Prozeß ist wichtiger als sein Ergebnis; so wird das Reden von «Kunst» nahezu hinfällig, oder, anders gesehen: jeder Mensch ist ein Künstler. Wie Heinrich Vogeler auf dem Barkenhoff 1920 zur Düngerkarre griff, so wollen auch die heutigen sich alternativ verstehenden «Künstler» nicht in der Künstler-Rolle aufgehen, nicht elitär den Unterschied zum Amateur betonen, sondern eher die Verbindung zu ihm suchen.

Erziehungsprojekte nehmen in der heutigen Alternativszene einen besonders großen Raum ein (auffallend ist die Parallele zu den Projekten der zwanziger Jahre). Dazu zählen selbstorganisierte Tagungshäuser, freie Schulen, Lehrerkooperativen, Eltern-Kind-Gruppen, aber im weiteren Sinn auch therapeutische und sozialpädagogische Projekte. Die Anzahl solcher Unternehmungen ist auf etwa 2500 (für 1980) geschätzt worden. Offenkundig nimmt im alternativen Denken die Erziehung nach wie vor eine zentrale Stelle ein. Das ist nicht verwunderlich. Man möchte anders werden als man bisher war, ein neues

Leben beginnen; man möchte auch anderen dazu verhelfen, daß sich die eigene Sozialisation nicht wiederhole. Alternatives Leben hat es wesentlich mit einer Veränderung der *Normen* zu tun; die Erziehung, in der Normen vermittelt werden, ist daher ein zentrales Gebiet der Veränderungen.

Die alternativen selbstorganisierten *Tagungshäuser*, von denen es 1980 etwa 50 in der Bundesrepublik gab, bieten dabei einen äußeren Rahmen für Lernprozesse. Sie werden für Klassenreisen genutzt, für Freizeitprojekte mit Kindern und Jugendlichen, aber auch für alle Arten von Treffen, Kursen, Konferenzen. Als Treffpunkt der Alternativen spielen sie keine geringe Rolle. Bekannter geworden sind die zahlenmäßig viel weniger bedeutsamen *Freien Schulen*. Sie versuchen eine Pädagogik ohne Repression zu verwirklichen, das Lernen mit den Interessen der Kinder zu verbinden, die Schule zum Leben hin zu öffnen. Schüler und Lehrer sollen gemeinsam über Unterrichtsinhalte und Unterrichtsorganisation bestimmen; niemand soll gegen seinen Willen zum Lernen gezwungen werden; die Festlegung auf die Geschlechtsrollen soll aus der Erziehung verschwinden. Kopf- und Handarbeit sollen im schulischen Lernen gleichermaßen vertreten sein.

Programme, die, wie man sieht, im allgemeinen schon in der radikalen Reformpädagogik der zwanziger Jahre aufgestellt wurden. Zwar hat sich die gesellschaftliche Interpretation des eigenen Handelns seit damals verändert; doch gehen die meisten der heutigen Freien Schulen, wenn ich recht sehe, trotz aller anspruchsvollen Selbstinterpretationen über die Praxis etwa der Hamburger Wendeschule von 1920 nicht hinaus. Allerdings muß man berücksichtigen, daß alle heutigen Schulen mit Schwierigkeiten seitens der Schulbehörden zu kämpfen haben; vielen von ihnen wurde die staatliche Anerkennung verweigert.

Lehrerkooperativen versuchen, den Unterricht in staatlichen Schulen zu verändern; sozialpädagogische Projekte bauen, teilweise mit der Unterstützung der ratlosen Behörden, Alternativen in der Heimerziehung oder in der Betreuung von Jugendlichen auf; therapeutische Gruppen schaffen eine «Nacherziehung» und stellen so einen Sonderfall der Erziehungsprojekte dar.

Zur Vielzahl der Erziehungsprojekte trägt obendrein bei, daß viele Mitglieder der Alternativszene aus Sozial- und Pädagogenberufen kommen und in ihrem eigenen Berufsfeld nach alternativer Praxis Ausschau halten. Jedenfalls gibt es nur einen einzigen Bereich, in dem mehr alternative Projekte angesiedelt sind als im Erziehungssektor: es ist der Bereich der *Medien*. Wir erwähnten bereits die Buchhandlungen. Interessanterweise gibt es noch mehr alternative Verlage, rund ebensoviel wie die Landkommunen. Dazu kommen Film- und Videogruppen sowie hunderte alternativer Zeitungen und Zeitschriften. «Ecrivez partout» – «Schreibt überall!» – hatte es in der Pariser Mai-Rebellion von 1968 geheißen, die Alternativszene leistet dieser Aufforderung Folge. Sie schreibt auf Häuserwände und Transparente, vor allem aber auf Papier: Flugblätter, Broschüren, Zeitungen. Jede größere Stadt hat mittlerweile ihre Stadtzeitung; Frauen, Männer, Kinder, Lehrer können sich die entsprechenden Kalender kaufen, in denen nachzulesen steht, wie sie sich von den Rollen befreien können, die dem Kalender den Namen gaben, wie also die Frau weniger «Frau», der Mann weniger «Mann» und der Lehrer weniger «Lehrer» sein kann; alternative Bücher informieren über Ernährung und Frieden, Repression und Massage, Tanz und Atomkraftwerke, ein bibliographisches Verzeichnis der alternativen Publikationen erleichtert inzwischen den Überblick. Ein «Alternativkatalog» und ein «Alternatives Adreßbuch» geben jährlich Informationen über Alternativprojekte, ein «Alternatives Vorlesungsverzeichnis» vermittelt Angebot und Nachfrage nach nicht-institutionalisierter Bildung, Stadt-(bzw. «Statt»-)Bücher erlauben den Überblick über die Projekte Berlins, Hamburgs, Münchens und anderer Großstädte. Seit 1979 existiert mit der *Tageszeitung* (*taz*) ein täglich erscheinendes überregionales Medium der Alternativen, Forum alternativer Nabelschau, aber auch Publikationsmittel für anderweitig kaum zugängliche Nachrichten.

Die *taz* ist ein Alternativprojekt, das wesentlich der Kommunikation unter den Projekten dient. In dieser Funktion steht sie nicht allein da. Mißtrauisch beäugt von den zentralisierungsfeindlichen Alternativen – und doch von der Szene unterstützt – haben sich *koordinierende Projekte* entwickelt, von denen das bedeutendste das *Netzwerk Selbsthilfe* ist. Das Netzwerk ist eine Agentur zur Umverteilung von Geld innerhalb der Alternativszene. Es erhält freiwillige Beiträge von Projekten und einzelnen, die sich eine solche Abgabe leisten können (wobei Lehrer, Ärzte, Architekten, Anwälte und andere gutverdienende Berufsgruppen eine große Rolle spielen); dieses Geld wird an «bedürftige» Projekte als Zuschuß oder Darlehen verteilt. Daneben sorgt Netzwerk auch für Kontakte und Informationsaustausch unter den Projekten. 1978 in Berlin gegründet, hat es sich mittlerweile in zahlreiche regionale «Netzwerke» aufgegliedert.

Die Projekte geben der Alternativszene eine Struktur, sie machen aber nicht die Alternativbewegung im ganzen aus. Auch außerhalb von ihnen sind alternatives Denken und alternative Lebensstile verbreitet. Um die alternativen Bewegungen der letzten Jahre genauer zu erfassen, müssen wir uns von der Außenseite, die wir bisher betrachtet haben, ihrem Inneren zuwenden: der «alternativen» Art, zu denken, zu empfinden, sich zu bewegen.

Szene-Kultur: Das Verhältnis zum Körper

Die alternativen Bewegungen in Deutschland haben seit dem Ende der sechziger Jahre Wohngemeinschaften hervorgebracht, Landkommunen, Handwerkskollektive, Verlage, Buchhandlungen und Zeitungen, Bioläden, Frauengruppen und politische Bewegungen. Das alles erscheint sehr heterogen. Gibt es eine Gemeinsamkeit unter all den verschiedenen Gruppen der Alternativen? Worin liegt die Kontinuität von 1966 bis 1983?

Mehr als in Ideen und Projekten zeigt sich eine solche Gemeinsamkeit in den selbstverständlichen, meist nicht mehr diskutierten Grundüberzeugungen, in Körperhaltungen, Formen der Selbstdarstellung, Sprechweisen: im *Stil* der Alternativszene, der dazu führt, daß man sich als zugehörig erkennt oder auch nicht. («Wer sich in einer bestimmten, schwer zu beschreibenden Form auswies, wer einen gewissen Stimmton traf, wer eine unbestimmte Verbindlichkeit erzeugte mit seinem Auftreten, der hatte Zutritt zur Innenwelt des Lehrers und seinesgleichen ...»[10], schreibt Michael Rutschky in diesem Zusammenhang). Schaut man sich die Formen der Scene-Kultur an, so kann man, mit aller gebotenen Vorsicht, die alternativen Bewegungen als Einheit begreifen, nämlich die Linie sehen, die von Studentenbewegung und Blumenkindern zu den Kernkraftgegnern und Friedensdemonstranten führt. Deutlicher, meine ich, als im Wechsel der theoretischen Überzeugungen: die Polit-Sprache von 1970 verstehen heute nur noch die, die damals dabei gewesen sind (und auch sie oft nur mit Mühe) – die Musik von 1970 wird immer noch gehört, in der Scene und anderswo.

Was die Alternativen von ihrer «bürgerlichen» Umgebung unterschied und unterscheidet, ist zunächst die Darstellung des *Körpers* und der Umgang mit ihm. Das Körper-Ideal der Scene ist *Lockerheit*, alles Verkrampfte, Steife, Strenge soll schon aus der äußeren Erscheinung verbannt werden. Die langen Haare und Bärte der «Gammler» und später der protestierenden Studenten waren ein Symbol des «Wachsenlassens»; sowenig man seine Individualität beschnitten sehen wollte, sowenig ließ man den Friseur an die Haare heran. Die Provokation wirkte so lange, bis das schulterlange Haar der Männer gesellschaftsfähig wurde. (Die Einstellung zum Körper ändert sich nicht nur in der Szene, aber sie ändert sich dort besonders schnell.)

In gleicher Weise soll die *Hülle des Körpers* – die Kleidung – Ungezwungenheit zum Ausdruck bringen. Schlips und Kragen, Bügelfalten und Anzüge, Kostüme und hochhackige Schuhe sind verpönt, allenfalls werden sie im Sinne einer stilisierenden Maskerade gebraucht. «Alternative» Kleidung darf die Bewegungsfreiheit nicht behindern, nicht zu gemessenem und gemäßigtem Verhalten zwingen. Sie ist formlos, locker, oftmals geradezu «schlabbrig». Pump- und Latzhosen, weite Röcke, Ponchos und Tücher, übergroße Hemden und Pullover hingen und hängen an den alternativen Leibern herab. Der Kleidung fehlt jede Strenge. Häufig ist sie farbenfreudig. Grau wie ein angepaßter Büromensch möchte man nicht aussehen. Man scheut sich nicht, als Farbfleck zu erscheinen in den gedämpften Tönen der Mitwelt. Nicht zufällig haben die Alternativen «Bunte Listen» ins politische Spiel gebracht: das Leben soll bunt werden, bei der Kleidung kann man damit beginnen.

Zur demonstrativen Körper-Lockerheit gehört das *Sprechen* über den Körper und seine tabuisierten Funktionen. Auch das ist heute kaum noch ein Stein des Anstoßes, so wenig wie die langen Haare. Vor fünfzehn Jahren aber ließ sich damit noch Politik machen. Der vor Gericht zitierte Kommunarde und Scene-Clown Fritz Teufel ließ mit seiner Frage «Haben Sie Orgasmusschwierigkeiten?» den vorsitzenden Richter erbleichen (und brachte mit ähnlichen Querschüssen den ganzen Prozeß durcheinander). Auch gegenwärtig wird in der Alternativszene vermutlich ungehemmter über den eigenen und fremden Körper gesprochen als in bürgerlichen Kreisen.

Offener scheint insbesondere das Verhältnis zur *Sexualität*. Die Hippies hatten propagiert «Make love, not war», die Studentenbewegung hatte sich mühevoll und manchmal zwanghaft von den angelernten Sexualnormen befreit – heute erscheinen die moralischen Skrupel vieler Jugendlicher vor zwanzig Jahren, ob etwa ein unverheiratetes Paar zusammen schlafen «dürfe», nicht nur in der Alternativbewegung unbegreiflich. Teile der Studentenbewegung hatten eine bewußte Sexual-«politik» betrieben, angefangen bei der Berliner «Kommune 2», die durch gegenseitige Analyse und sexuelle Befreiung neue Charakterstrukturen hervorbringen wollte. Manchen Gruppen schien sexuelle Festlegung auf eine Person schon gleichbedeutend mit «Besitzansprüchen» – «Wer zweimal mit derselben pennt, gehört schon zum Establishment ...» Das Gespräch über Sexualität ist in den alternativen Bewegungen seit fünfzehn Jahren fast ohne Unterlaß hörbar. Die Frauenbewegung hat es, unter neuen Gesichtspunkten, fortgesetzt; die Bhagwan-Anhänger und die vielen, die über sie reden, waren die letzten, die es lautstark führten. Wie dem auch sei: die Sexualmoral hat sich gewiß in der gesamten Gesellschaft seit 1965 tiefgreifend geändert, in den Alternativbewegungen aber besonders deutlich. Vielfach haben sie Entwicklungen vorgezeichnet, die sich dann in abgeschwächter Form auch anderswo abspielten. Nicht nur ist das moralische Verbot des «vorehelichen Geschlechtsverkehrs» vollständig zerbrochen; in der Scene haben sich auch andere Tabus zersetzt. Lesbische und homosexuelle Beziehungen, Dreierbeziehungen und sonstige «unklare» Verhältnisse, das «Rumflippen» von Männern wie Frauen werden sozial akzeptiert. Begriffe wie «Seitensprung», «Fremdgehen», «Betrug» sind aus dem alternativen Vokabular vollständig verschwunden – sie sind sinnlos geworden in einer Welt, in der die Selbstverständlichkeit der festen «Zweierbeziehung» ständig in Frage gestellt wird. Man redet über Sexualität, man verbirgt sie weniger als früher – es gab einige Jahre, in der manche Wohngemeinschaften bewußt die Türen zu den Zimmern aushängten.

Mit der «Befreiung» ist vielleicht eine Neutralisierung des Sexuellen einhergegangen, der Begriff der «Zweierbeziehung» (noch stärker der der «Beziehungskiste») hat ja einen sachlichen Klang, das Element des Geschlechtlichen ist ganz aus ihm verschwunden. Hatte (und hat) man in bürgerlichen Kreisen «Gatten» oder «Gattin» (oder auch «Mann» oder «Frau»), gegebenenfalls «Geliebte», so ist mit all diesen Worten etwas von der Geschlechterbeziehung gesagt; «mein Freund», «meine Freundin» kann demgegenüber alles oder nichts bedeuten. Vollends schablonisierend ist die Rede vom «Typen», auch gleichbedeutend mit «mein/dein Freund» als «mein» oder «dein Typ» gebraucht. Und was läuft ab, wenn ein Mann eine Frau «anmacht» – in ganz anderen Zusammenhängen hätte man dazu vielleicht «verführen» gesagt, aber diese Zusammenhänge bestehen in der Scene nicht mehr. Mit all dem will ich sagen: ob Sexualität und Liebe in der Scene intensiver, spannungsreicher, nicht nur äußerlich «freier» geworden sind, läßt sich kaum beurteilen, die Bewegung ist vermutlich ambivalent. –

Allgemein ist die Schamschwelle niedriger geworden. In vielen Wohngemeinschaften waren und sind die Klos nicht abschließbar. Nacktheit ist relativ problemlos geworden. Man kann auch in einer fremden Wohngemeinschaft als Gast mal eben nackt durch die Küche flitzen oder ins Badezimmer gehen, um sich die Zähne zu putzen, selbst wenn dort gerade jemand unter der Dusche steht. Man zieht sich um, an oder aus, auch wenn Gäste da sind.

Das bedeutet zugleich: körperliche *Nähe* wird weniger gemieden, das Gefühl für die Distanz zum fremden Körper verändert sich. Sich nackt sehen zu lassen, heißt ja: erlauben, daß einem fremde Blicke «auf den Leib rücken». In der Alternativscene läßt man generell den fremden Körper näher heran, nicht nur den fremden Blick. Berührungen, Abschieds- und Begrüßungsumarmungen sind häufiger als in anderen Kreisen der Gesellschaft. Miteinander befreundete Männer, häufiger aber Frauen gehen Arm in Arm; auch im Gespräch unter Fremden sind Berührungen möglich. Die Zärtlichkeit wird manchmal stilisiert; bei den Programmatikern der Gefühle – Teilen der Frauenbewegung und der Psycho-Szene – bekommt sie dann etwas Rituelles. Allgemein hält man weniger Abstand als außerhalb der Szene. Man duzt sich, man berührt sich, man findet wie selbstverständlich in fremden Häusern Unterkunft, sofern die Bewohner Alternative sind und irgend jemand einem die Adresse vermittelt hat. Man läßt den Gast, auch den kaum bekannten, im eigenen Schlafzimmer schlafen. Man stört sich nicht daran, gemeinsam aus einem Glas zu trinken oder notfalls von einem Teller oder aus einer Schüssel zu essen. Man verleiht seine Kleidungsstücke, man rückt selbstverständlich zusammen, um einen Tramper im Auto mitzunehmen.

Es ist interessant, wie sich dieses Verhältnis zu körperlicher Distanz und Nähe in alternativer Wohnungseinrichtung ausdrückt. Zwar gibt es hier, je nach finanzieller und sozialer Lage, große Unterschiede, vom alt-68er Hochschullehrer mit Haus im Grünen bis zum arbeitslosen Hausbesetzer. Aber wir können doch verallgemeinern, wohl wissend, daß all das nur ungefähr «stimmt».

Die Möbel sind häufig auffallend niedrig. Manchmal fehlen Stühle. Die Gäste müssen auf einem Bett, auf Matratzen, auf dem Boden Platz nehmen. Diese Einrichtung ist nicht zufällig und nicht vorwiegend durch finanzielle Gründe bestimmt. Sie drückt vielmehr eine bestimmte Einstellung zum eigenen und zum fremden Leib aus.

Im *bürgerlichen* Wohnzimmer hat jeder Besucher seinen Platz: seinen Stuhl oder Sessel. Auf diesem Platz bleibt er sitzen. Die Abstände zu den anderen Personen im Raum sind dadurch festgelegt. Bewegungen und zufällige Berührungen werden unwahrscheinlich. Das «Behalten Sie Platz» eines neuangekommenen Gastes ist wörtlich zu nehmen: er will die (Sitz-)Ordnung nicht stören, jeder soll auf seinem Platz bleiben.

Im «Alternativ»-Zimmer ist demgegenüber der Abstand zwischen den Personen im Raum jederzeit veränderbar. Das äußere Arrangement legt keine bestimmte Distanz fest: man kann näher aneinanderrücken, sich anlehnen, wegrücken, sich ausstrecken. Die körperliche Haltung des einzelnen ist nicht genau definiert. Die alternative Möblierung betont also eher Gemeinschaftlichkeit, freie Wahl des Abstands zum Nachbarn und die Flexibilität der Körperhaltung. (Dieser Zusammenhang wurde im übrigen schon in der jugendbewegten Blankenburger Kommune von 1920 gesehen, an die sich ein Beteiligter erinnert: «... kam man doch zu der Anschauung, daß es uns eigentlich fremd ist, wenn jeder auf seinem Stuhl sitzt und auf diese Weise ... sich von den Mitmenschen absondert, sich ein eigenes Reich abgrenzt, was ja doch dem Streben nach Gemeinschaft entgegengesetzt ist. Um eine neue gemeinschaftsgemäße Form zu haben, wurde ein etwas erhöhtes Podium gebaut, darauf Matratzen ... gebracht, welche Hans Koch noch bunt mit Stoffarben bemalte. Damit war ein Lager geschaffen, auf das man sich im orientalischen oder Schneidersitz setzen konnte ... Teller wurden auch nicht mehr gedeckt, man aß aus einer gemeinsamen Schüssel.» [11])

Noch in einem anderen Sinn sind alternative Wohnungen charakteristisch für die neue Einstellung zum Körper. Arbeiten, essen, schlafen, Musik hören: all diese Tätigkeiten werden kaum noch räumlich voneinander getrennt. Man geht nicht vom Wohnzimmer durchs Eßzimmer ins Schlafzimmer. Das Bett steht neben dem Schreibtisch, die Stereoanlage im Bücherregal. Die Wohnungsaufteilung sondert nicht mehr die verschiedenen Lebensbereiche voneinander ab. Man muß nicht den Raum wechseln, um etwas Neues anzufangen.

Das gilt insbesondere für das Schlafen und die Sexualität. Anders als der Bürger trennt der Alternative diese körperlichen Bereiche nicht von der Sphäre des Wohnens. «Schlafzimmer» sind in der Scene selten zu finden. Das Bett ist ein repräsentativer Teil der Wohnung geworden. Mit mexikanischen oder indischen Decken geschmückt, steht es deutlich sichtbar im Wohn-Schlaf-Arbeitszimmer. Es nimmt viel Raum ein; mit seinem Doppelbett zeigt selbst der alternative Single, daß er die Lust nicht aus seinem Leben ausschließen möchte.

Das Bett im «Wohnzimmer», im Hauptzimmer – das bedeutet: «Die Nachtseite meines Lebens, das Schlafen und die Schlaflosigkeit, die Sexualität und die Träume, gehören zu mir. Ich will sie nicht verbergen.» Diese Momente werden nicht als «Intimsphäre» ausgeklammert. Körperlichkeit wird nicht in einen abseits gelegenen Raum verbannt; der alternative Mensch will sich ihrer nicht schämen.

Auffällig sind in alternativen Wohnungen Qualität und Anzahl der *Stereoanlagen*, die weitaus mehr Raum einnehmen und viel häufiger sind als etwa Fernsehgeräte. Eine Wohngemeinschaft ohne Musikanlage ist gar nicht vorstellbar; meist hat jeder «WG'ler» seine eigene.

Musik spielt im Leben der Scene eine große Rolle. Auch das hat mit der neuen Einstellung zum Körper zu tun. Die bevorzugte Musik der Alternativen – nach wie vor Rock, Blues und verschiedene Formen der Folk-Musik – drückt ein Lebensgefühl aus, dem Maß und Mäßigung der klassischen Musik nicht mehr entsprechen. Rhythmus ist ein dominierendes Element; unmittelbar regt sie zu körperlicher Bewegung an. Der Tanz der Alternativen hat wenig Regeln, er läßt Raum zur Selbstdarstellung. Jeder kann im Tanz seinen Gefühlen Ausdruck verleihen; nicht notwendig tanzen Paare zusammen, sondern je nach Stimmung auch Gruppen oder einzelne. Man kann und darf allein tanzen und steht damit doch nicht außerhalb. Die Tänze auf den Szene-Feten haben wenig gemein mit den Ritualen der Tanzstunde, das heißt der Etikette, der Gefühls- und Körperkontrolle.

Allgemein sind in der alternativen Kultur die Regeln des «anständigen» Körperausdrucks – und das heißt ja meistens: des *Verstummens* des Leibes – gelockert. In alternativer «Gesellschaft» darf gerülpst und unter Umständen auch gefurzt werden; die Ausdünstungen des Körpers, wie das Schwitzen oder der Knoblauchgeruch, erregen weniger Anstoß als anderswo. Es darf lauter gelacht, geschrien, geredet werden. Zurückhaltung, Mäßigung stellen keine positiven Werte dar.

Diese alternativen Körper-Bewegungen haben sich unbeabsichtigt, oft unbewußt entwickelt. Sie waren nicht Gegenstand der Reflexion, sondern leiteten sich allenfalls von allgemeinen Lebenshaltungen («nicht verkrampft sein», «alles rauslassen», «es fließen lassen») ab. Sie prägen die *Einheit* der Alternativen jedoch stärker als die jeweiligen Theorie-Auffassungen; die marxistischen Studenten von 1970 waren durch sie ebenso bestimmt wie die Feministinnen von 1975 und die Friedenskämpfer von 1982.

Faßt man den *Sinn* dieser Veränderungen zusammen, so läßt sich verstehen: Der Leib soll nicht mehr eingezwängt sein in beengende Kleidung und starre Verhaltensregeln. Der Panzer der Verkrampfungen soll sich lösen, die (körperlichen) Barrieren, die von den anderen trennen, abgebaut werden. Die Körper sollen zu ihrem Recht kommen.

In den letzten Jahren ist diese Einstellung – die, wie gesagt, das Verhalten der Alternativen schon seit gut fünfzehn Jahren prägt – nun auch *ausdrücklich* formuliert worden, naiv («Der menschliche Körper ist – wie die ganze Natur – eine ganz sagenhaft phantastische Sache! Alles technische Zeugs, das bis jetzt existiert, kommt nicht annähernd an das heran, was zum Beispiel ein Körper ist ...»[12] – Alternativkatalog) oder hochreflektiert («Wie auch immer Zivilisationsüberdruß und Konsumverzicht, Alternativkulturen und ökologische Bürger[innen]initiativen soziologisch zu charakterisieren sind, sie verlaufen allesamt über eine *neue Definition der Körperlogik*, die sich der Einverleibung von Hand und Kopf in Produktion und Konsumtion entgegenstellt.»[13] – Peter Gorsen.) Es hat sich ein *Bewußtsein* vom Körper entwickelt. Im wesentlichen wird es aus zwei Quellen gespeist: Zum einen aus der Strömung der psychologischen Selbstkenntnis und Selbsterfahrung, die sich von der Beschäftigung mit der Psychoanalyse hinentwickelte zu den körperbetonten Therapieformen, schließlich auch zu den traditionellen, spirituell orientierten Körpertechniken des Ostens wie Yoga, Tai-Chi, Aikido; zum anderen aus dem mit der Ökologiebewegung erwachten Interesse an Natur und naturgemäßer Lebensweise. Nicht zu vergessen ist dabei die Frauenbewegung, die beide Ansätze, den der Selbsterfahrung durch den Körper und den des körperbetont «naturgemäßen» Lebens, programmatisch miteinander verband.

Die erste der beiden Richtungen griff zunächst mit der Bioenergetik den Grundgedanken Wilhelm Reichs auf, daß sich seelische Verkrampfungen und Verdrängungen in Körperspannungen niederschlügen, daß also jede psychische Veränderung mit Veränderungen des Körpers einhergehen müsse. Das Ziel war die Lockerung des Charakter- und Körperpanzers, die Auflösung der Dauerverkrampfungen, welche erst den Menschen lust- und glücksfähig machen würde. Selbstveränderung – in allen alternativen Bewegungen Bestandteil der Gesellschaftsveränderung – war demnach nicht denkbar ohne Veränderung des Körpers. Diese wurde vor allem seit der Mitte der siebziger Jahre von vielen Alternativen zielbewußt angestrebt, nicht nur in Bioenergetik-Gruppen, sondern auch in zahlreichen anderen Veranstaltungen der sich schnell etablierenden «Workshop-Kultur», bei Urschrei und Psychodrama, Pantomimen- und Tanzgruppen, Akupressur und Massage, Yoga und dynamischer Meditation. In solchen Gruppen geht – in konzentrierter Weise – nichts anderes vor als die Entwicklungen, die wir für die Alternativbewegungen der letzten fünfzehn Jahre generell konstatiert haben: Lockerung der körperlichen Verkrampfungen, Selbsterfahrung und Selbstreflexion, Abbau der körperlichen Distanz zum anderen. Nur läuft in den körperorientierten Psychogruppen dieser Prozeß zielgerichtet und bewußt. Dabei etablieren sich zugleich neue Normen des körperlichen Verhaltens: gilt es in der bürgerlichen Gesellschaft, zumal für Männer, «sich zusammenzunehmen», so lernt man in den Psychogruppen, sich gehenzulassen, «alles rauszulassen», «sich zu öffnen». Nicht mehr Tränen gelten als unpassend, vielmehr wird das Zurückhalten der Tränen als unschicklich empfunden, nicht Beherrschung der Gefühle ist vorbildlich, sondern das «Fließenlassen» wird erstrebenswert. Der entwikkelte Mensch ist nach dieser Vorstellung imstande, seine Gefühle auszudrücken, er «läßt sich total ein».

In der Idee der naturgemäßen Lebensweise kommt demgegenüber eine andere Form der Sorge um den Leib zum Ausdruck. Es ist dieselbe, die wir schon in der Lebensreform kennengelernt haben, allerdings wird sie heute stärker gesellschaftskritisch entwickelt: Die Großindustrie entzieht nach dieser Anschauung den Menschen die Lebensgrundlagen. Erde, Luft, Wasser sind chemisch verseucht, Nahrungsmittel werden gesundheitsschädlich, körperfeindliche Arbeits- und Lebensbedingungen gefährden die Gesundheit. Dem allen ist letzten Endes nur durch politische Veränderungen beizukommen. Aber – im Sinne der Selbstveränderung – bemüht man sich schon hier und jetzt um einen Lebensstil, der aus dem Destruktionszusammenhang ausschert. Biologisch angebaute Nahrungsmittel, natürliche Heilmethoden, Kräutertees und Müsli sollen den alternativen Menschen helfen, sich so gesund wie möglich zu erhalten. Jede mittlere Stadt hat inzwischen ihre alternativen Bioläden, kaum eine Landkommune greift zu Kunstdünger und chemischen Pflanzenschutzmitteln. Die Adressen homöopathischer Ärzte kursieren in der Szene, das Vertrauen in die Schulmedizin schwindet mehr und mehr. Natur stellt in der ökologisch beeinflußten Alternativkultur der letzten Jahre wieder einen Eigenwert da, die Körper sollen «naturgemäß» leben.

Szene-Kultur: Identität aus dem Inneren

Die alternative Szene gewinnt Identität durch ihr besonderes Verhältnis zum Körper. An Körperhaltungen, Sprechweisen, Umgangsformen, äußerlicher Aufmachung erkennt man sich gegenseitig als dazugehörig. Als dazugehörig wozu? Zur Gruppe derjenigen, die den Körper «wiederentdeckt» haben? Das wäre gewiß nicht ausreichend zur Charakterisierung der Szene, wir müssen weiter sehen.

Die Alternativen sehen sich als die, die *anders* sind; anders als die «Normalbürger», unbürgerlich, ausgeflippt; anders – muß man hinzufügen – als die eigenen *Eltern*. Der alternative Mensch definiert sich zu einem guten Teil über die *Negation*. Er ist auf der Suche. Das Neue, das kommen wird, kennt er noch nicht, das Alte – das er ablehnt – ist genauer bestimmbar. Er weiß, wie er *nicht* sein will; er weiß, in welche Zusammenhänge er nicht hineingehört. Abgelehnt werden Berufsarbeit und Geld, blinder Konsum und Anpassung, Unterdrückung und Reglementierung, Polizei und Kapital. Diese «fremde Welt» hat für die Alternativen etwas Faszinierendes: Man braucht sich nur die diversen «Stadtzeitungen», die gehefteten Broschüren und Flugblätter der Szene anzuschauen, um festzustellen, wie Polizeiübergriffe, Zensur, Unterdrückung und Gewalt immer aufs neue beschworen werden. Um anzuklagen, um zu entlarven, gewiß. Aber irgendwann, denkt man, muß es den Lesern doch klar geworden sein, wie Gesellschaft und Staat funktionieren, lohnt es sich denn, noch die hundertste Polizeiknüppelei oder Räumung eines besetzten Hauses in allen Einzelheiten zu dokumentieren? Es lohnt sich, denn es stellt Gemeinsamkeit und Besonderheit der Szene her. Die Alternativen wissen oft nicht genau, wer sie sind, wer sie *nicht* sind, dessen können sie sich leicht versichern.

Die Themen wechseln: von autoritären und repressiven Gesellschaftsstrukturen sprach die Studentenbewegung, von Ausbeutung der Arbeiterklasse die marxistischen Parteigründer, von Unterdrükkung der Frau die Frauenbewegung, von Umweltverseuchung die Ökologiebewegung, seit neuestem ist die Gefährdung des Weltfriedens der Hauptfehler des Systems. Die Denkstruktur bleibt gleich: die etablierte Gesellschaft erzeugt Ungerechtigkeit und Repression, zerstört seelisches und physisches Leben. Die Szene kämpft gegen die zerstörende Macht dieser Welt, sie will mit ihr nichts zu tun haben.

Die Gesellschaft ist in dieser Sichtweise destruktiv. Wo sie nicht mittels physischer Gewalt direkt Leben zerstört (wie in der Dritten Welt und in den befürchteten Atomkraftwerks- und Atomkriegskatastrophen), zerstört sie doch immer *Identität*. Die Strukturen der Berufsarbeit, der Erziehung, der entfremdeten Beziehungen, des Leistungs- und Erfolgsdenkens, der unmittelbaren Repression – das alles entfernt die Menschen von ihrem wahren Selbst, von ihren Empfindungen, ihrem Willen. Auch hier ist die alternative Denkweise, bei wechselnden Begriffen, in den Jahren seit 1968 ähnlich geblieben: die Studentenbewegung sprach von den wahren Bedürfnissen, die gegen die Bewußtseinsmanipulation deutlich gemacht werden müßten, die Frauenbewegung suchte zu finden, was die Frauen *wirklich* wollten (waren sie bisher nur Anhängsel der Männer gewesen, die ihr wahres Selbst erst entdecken mußten?), die psychologisch und spirituell geprägten Alternativen der späten siebziger Jahre suchen ihr «eigentliches Wesen», ihren «Kern», ihr «wahres Sein». Sich selbst finden: die große Aufgabe des alternativen Menschen. Daß er nicht in seinen gesellschaftlichen Rollen aufgeht, unterscheidet ihn vom «Normalbürger». Genauer: daß die gesellschaftlichen Rollen ihm äußerlich bleiben sollen, daß er sie nach Möglichkeit gar nicht erst spielen möchte.

Wo er sie spielt, spielt er sie mit Distanz. Der alternative Lehrer ist in Wirklichkeit kein «Lehrer», er macht deutlich, daß er die Rolle nur notgedrungen annimmt und eigentlich anders sein möchte, am liebsten nur Mensch («er selbst»), der mit den Schülern nicht als Schülern, sondern ebenfalls als Menschen zusammenkommt. Der alternative Student gibt zu verstehen, wie äußerlich ihm der Lernbetrieb an der Uni bleibt, daß er zu den meisten Seminaren nur der Scheine wegen gehe. Der alternative Ehemann ist in Wirklichkeit kein Ehemann, er hat geheiratet wegen der Kinder, nichts verbindet ihn mit dem traditionellen Familienvater von nebenan. Der alternative Kleinunternehmer weist jeden Verdacht, an Geld interessiert zu sein, weit von sich, er ist Geschäftsmann nur der äußeren Form nach, in Wirklichkeit geht es ihm um anderes, um die Befreiung von abhängiger Arbeit oder die Beförderung gesellschaftsverändernder Ideen. Die *Rollen* sind für den alternativen Menschen Zwang, er *verwirklicht* sich nicht in ihnen.

Wo verwirklicht er sich? In den *Beziehungen,* in der Liebe vor allem; auch im *Ausdruck,* in der künstlerischen oder kunsthandwerklichen Tätigkeit. Solche «Selbstverwirklichung» bleibt für die meisten ein Traum, von dem nur Teile sich gelegentlich realisieren lassen, wir müßten daher genauer sagen: der alternative Mensch *stellt sich vor,* in gelingenden Liebesbeziehungen und künstlerischer Tätigkeit *könne* er sich verwirklichen (wenn ihn nicht die Umstände, die Strukturen der Außenwelt daran hinderten). Schreibend, töpfernd, malend seinen Lebensunterhalt zu verdienen, dabei in einer Gemeinschaft zu leben, eine gute «Beziehung zu haben», das wäre ein erfülltes Leben. Warum? Es wäre ein Leben *ohne Zwänge,* es gäbe keine äußeren Strukturen, die die Selbstentfaltung hinderten. In der Arbeit drückte man aus, was aus den Tiefen des Selbst emporkäme, in den Beziehungen lebte man zwanglos und doch geborgen.

Ich vereinfache. Es gibt in der Szene andere Modelle der Selbstverwirklichung, es gibt die Vorstellung von kleinen selbstverwalteten Einheiten, «Öko-Dörfern» zum Beispiel, in denen sich ein ganzheitliches Gemeinschaftsleben entfaltete, in denen handwerkliche und landwirtschaftliche, intellektuelle und künstlerische Tätigkeiten miteinander verbunden wären, in denen die alten Trennungen beseitigt wären, die Trennungen von Kopf und Körper, Männlichem und Weiblichem, Fest und Arbeit, Liebe und Alltagsleben. Aber auch hier: Befreiung von «Rollenzwängen», jeder macht alles, jeder lebt alles, die Fixierungen auf bestimmte Aufgaben, auf bestimmte Fähigkeiten verschwänden.

Der alternative Mensch will sich nicht festlegen lassen. Er sucht seine Identität, er kann sie nur finden, wenn ihm alle Möglichkeiten offenstehen. «Der Mensch besitzt unausgeschöpfte Möglichkeiten» [14], er darf sie sich nicht *einschränken* lassen. Unendlich wiederholtes «Beziehungs»-Gespräch: Du schränkst mich ein, ich möchte mich nicht so einschränken, schränke ich dich zu sehr ein? In der *Einschränkung* liegt die Gefahr, sich selbst zu verlieren. Was aus einem empordrängt, muß zum Ausdruck kommen.

In jeder festgelegten Form liegt die Gefahr, daß das *Festlegen* zugleich Teile des Selbst ausschließt, unterdrückt, wegdrängt. Daher die Fragilität alternativer «Beziehungen», schnell werden sie zur Begrenzung des Ich; daher die Ablehnung langfristiger Planung, festgelegter Berufskarrieren, sozialer Rollen. Es soll alles offen bleiben, offen für die Bewegungen des Selbst.

Ich vereinfache wiederum: es gibt jahrelang dauernde alternative Beziehungen, es gibt jahrelang im gleichen Beruf arbeitende alternative Menschen. Aber das ist nicht die Frage. Die Frage ist vielmehr die nach der *Struktur* des alternativen Denkens. Das Leben der Szene bildet diese Struktur vielfach ab, aber nicht immer. Zwar stellt man sich Festlegungen als gefährlich für die Identität vor, trotzdem legt man sich immer wieder fest. Nur werden solche Fixierungen als *vorläufig*, als *vorübergehend* betrachtet. Nichts ist endgültig. Auch der vierzigjährige alternative Anwalt spielt mit dem Gedanken, in die Landkommune seiner Freunde zu ziehen; auch das seit zehn Jahren verheiratete alternative Paar weiß, daß die Ehe nur halten wird, wenn man sich nicht zu sehr gegenseitig *einschränkt*.

Identität – das war der Ausgangspunkt dieser Überlegungen. Wie definiert sich der einzelne Alternative, wie definiert sich die alternative Szene insgesamt? Durch die Ablehnung der bürgerlichen Gesellschaft, durch die Ablehnung aller starr festlegenden Strukturen. «Viele haben in den siebziger Jahren versucht, ihre Identität auf Negation zu begründen: *so* und *so* und *so* geht es *nicht.*» [15] Es «entsteht eine neue Utopie ...: eine Utopie der Unbestimmtheit, des Vagierens, der Strukturlosigkeit und Entgrenzung. Jederzeit muß jede Veränderung möglich sein. Vor dem Hintergrund dieser Utopie erscheint alles, was nach Bestimmung, Schema, Identität aussieht, schon auf den ersten Blick als Inbegriff von Einschränkung und Entfremdung.» [16] (Michael Rutschky) Nichts soll festgelegt sein, der dauernde Gebrauch des Füllwortes «irgendwie» in der Szene-Sprache entspricht diesem Programm: *genau* will man es weder wissen noch sagen.

Aber das ist nicht alles. Nicht Identität an sich wird abgelehnt, sondern die *Festlegung* der Identität. Aus dem *Unbestimmten* wird das eigentliche Ich auftauchen; das Unbestimmte und das Chaos sind Durchgangsstationen auf dem Weg zum *Selbst*. Sich selbst finden, man selbst sein, seinen eigenen Weg gehen – das sind Schlüsselbegriffe der Szene. Gewiß, man sucht die Grenzen aufzuheben, zu überschreiten; zugleich ist es wichtig, «sich abzugrenzen». Man will das tun, was einem entspricht; den Bedürfnissen gemäß «aus dem Bauch» leben; sich nicht verleugnen; seine Meinung, seine Gefühle ausdrükken; die Masken ablegen. Sich einbringen, offen kommunizieren. «Echt» sein, «authentisch» sein. Was dieses Echte, dieses Authentische ist, das läßt sich nicht allgemein bestimmen, es muß von Fall zu Fall neu gefunden werden.

Identität bildet sich aus dem eigenen Innern. Dort liegt die Wahrheit des Selbst, nicht in den Zuordnungen der Außenwelt. «You must follow the river inside you to its source» [17], hatten schon die amerikanischen Hippies gefordert; viele Alternative haben seither versucht, sich durch den Blick nach innen zu finden. Die psychologischen, die spirituellen Trips: Versuche, Techniken für den Blick nach innen zu erlernen. Haschisch, Marihuana, LSD: Hilfsmittel für die «inner voyage». («Die Droge wäscht uns von den hinderlichen Einflüssen der Außenwelt rein» [18], formulierte eine Untergrund-Zeitung.) Aber man muß weder Drogen nehmen noch Psycho-Workshops besuchen, um an die Wahrheit des Innern zu glauben. Man braucht es nicht notwendig ernst zu meinen mit der Selbsterkenntnis. Der Umgangston, die Konventionen, der small talk der Szene enthalten implizit die Vorstellung von der Wahrheit des Innern; paradoxerweise gibt es eine *soziale* Übereinstimmung der Alternativen darüber, daß jeder seinen *eigenen* Weg zu gehen habe.

Wir verstehen so die «Utopie der Unbestimmtheit». Wenn die Wahrheit des Selbst im Inneren liegt (nicht im äußeren Erfolg, in der «gelingenden» Ehe, in der erfolgreichen Anpassung an gesellschaftliche Leitbilder), so muß der einzelne äußere Bestimmungen nach Möglichkeit fernhalten, sich ihnen entziehen. Das Innere ist ungesellschaftlich, die gesellschaftlichen Rollen können es nur bedrükken. Sie fordern Verstellung, der Alternative möchte authentisch sein.

Eine Lehrerin klagt darüber, wie «kalt» die Arbeitsatmosphäre in der Schule sei. «Niemand, der einen umarmt, niemand, den man berühren könnte.» Schule ist entfremdend, menschliche Gefühle haben in ihr keinen Platz. Körperlicher Kontakt hat in ihr keinen Platz. Man ist dort nicht aufrichtig, man unterdrückt seine Bedürfnisse. Besser wäre es, die gesellschaftlichen Institutionen erlaubten das Ausleben der Gefühle. Die Institutionen, denkt die Lehrerin, sollten den Bedürfnissen angepaßt werden, nicht umgekehrt. Das Innere sollte das Äußere bestimmen, nicht umgekehrt.

«Revolutionen lassen die Möglichkeit aufblitzen, utopische Träume in der realen Welt zu verwirklichen» [19], konstatiert ein alternativer Autor. Nicht Vorstellungen oder Ideen können in der Revolution verwirklicht werden, sondern eben Träume, Hervorbringungen des Unbewußten, des Schlafs, des tiefsten Innern. Der Traum wird Wirklichkeit: es ist genau diese Metapher, die den politisch engagierten Alternativen vom traditionellen Linken unterscheidet, bei dem nicht Träume, sondern die geschichtliche Vernunft sich in der Revolution realisieren. Die alternativen politischen Bewegungen seit 1967 haben immer die Kräfte des Gefühls, des Inneren beschworen: «Die Phantasie an die Macht», «Wer keine Kraft zum Träumen hat, hat keinen Mut zum Kämpfen», «Was lange gärt, wird endlich Wut».

Ich vereinfache wiederum. Identität stellt sich für die Alternativen nicht *nur* über die Unbestimmtheit des Innern her, sie bildet sich auch in der Auseinandersetzung mit der äußeren Welt, im politischen «Kampf», im Alltag der Wohngemeinschaften, im Aufbau der Projekte. Identität entsteht auch über Diskussion und Theoriereflexion. Ohne diesen Kontakt mit der Außenwelt wären weder der einzelne Alternative noch die Alternativbewegung als Ganzes lebensfähig. Aber es ist doch bemerkenswert, wie die alternativen Menschen Wahrheit im eigenen Innern suchen. Schauen wir noch etwas genauer hin.

Seit den Zeiten der Studentenbewegung gehört der Konsum von Rauschmitteln zur Szene. Haschisch und Marihuana sind die gebräuchlichsten Drogen. (Vorsichtshalber sei angemerkt, daß nur ein Teil der Alternativbewegung kifft und daß Fälle von Drogen*abhängigkeit* in der Alternativszene selten vorkommen.) Man braucht nicht wie Timothy Leary in den sechziger Jahren eine «Politik der Ekstase» zu fordern, um die Zusammenhänge von Rauschmittelgenuß und Gesellschaftskritik zu verstehen. Charles Reich hat die Wirkungen von Marihuana folgendermaßen beschrieben:

«Marihuana verursacht eine Konzentration all dessen, was gegenwärtig ist; der Farben, der Gerüche, der sinnlichen Empfindungen, einfach der *Gegenwärtigkeit*. Die Persönlichkeit ist isoliert, kehrt sich nach innen, fühlt sich befreit, gelöst, weich und mild. Die stramme Haltung entspannt sich und erlaubt, alle Arten von *unlogischen Zusammenhängen* völlig natürlich erscheinen zu lassen . Die Logik der äußeren Welt ist zeitweilig aufgehoben ... Marihuana macht das unreal, was die Gesellschaft besonders ernst nimmt: Zeit, Fahr- und Stundenpläne, vernünftige Zusammenhänge, Wettbewerb, Ärger, Vorzug, Autorität, privates Eigentum, Gesetz, Status, die Vorherrschaft des Staates, des Lebensstandards, die von anderen und der Gesellschaft aufgezwungen werden. Es ist ein Wahrheitsserum, das das falsche Bewußtsein aufhebt.»[20]

Ein «Wahrheitsserum», welches sowohl den Glauben an die gesellschaftlichen Regeln als auch den an die «Logik der äußeren Welt» aufhebt. Die Struktur des rationalen Denkens löst sich auf, Augenblickseindrücke und -gefühle treten an seine Stelle. Der Marihuanaraucher ist, im Idealfall, «ganz entspannt im Hier und Jetzt»; die Wahrheit, welche er sich als Serum injiziert, liegt jenseits der sozialen Ordnung, sie kommt aus der «Wendung nach innen».

Ein anderer, neuerdings ebenso populärer Weg zur Lösung von äußeren Zwängen ist die Teilnahme an Psycho-Workshops. Die Kleinanzeige aus einer Stadtzeitung kann für Hunderte von Veranstaltungen dieser Art stehen (und der Setzer, der, wie in der Alternativpresse üblich, das Recht zu kommentierenden Bemerkungen beansprucht, hat in diesem Fall gleich hinter der Überschrift vermerkt: «Ich kann's nicht mehr hören! d. S.!»).

«*10 Abende körperorientierter Selbsterfahrung!!!* An jedem Abend soll sich jeder mehr kennenlernen, zu seinem Sein, seinem eigentlichen Wesen vordringen. Wenn Du erkennst und erlebst, aus welcher Haltung heraus Du Dich verhältst, kannst Du es ändern. Das Wiedererleben von unerledigten Situationen und abgeblockten Erlebnissen setzt Energien frei, und Du spürst Deine wahre Größe und Stärke. Ich arbeite hauptsächlich mit Methoden der Primärtherapie, des Rebirthing und der Bioenergetik. Und wir können das tun, was uns Spaß macht: malen, tanzen, lachen etc. ...» («und jede Menge Geld dafür loswerden, d. S.»), hat der unwillige Setzer respektlos dazugeschrieben.

Vielleicht hat der Setzer etwas gegen Workshops, wahrscheinlich gefallen ihm nicht die Wendungen vom «Sein», vom «eigentlichen Wesen». Dagegen ist es wahrscheinlich, daß er die anthropologischen Grundüberzeugungen des Therapeuten teilt: daß Energien aus Selbstkenntnis und Besinnung auf den eigenen Kern kommen; daß man tun solle, was einem Spaß macht; daß Kreativität zur Selbstverwirklichung des Menschen gehöre. Nur wird der Setzer möglicherweise von seinen «Bedürfnissen» sprechen, von dem, worauf er «Bock hat», von «Frustration» und «sich einbringen». Denn praktisch *überall* in der Szene, nicht nur bei den Workshop-Besuchern, glaubt man in der einen oder anderen Form an die Wahrheit des «inneren Wegs». Die

Wirklichkeit der Gefühle, die Wirklichkeit des Körpers – sie scheinen als einzige noch zu gelten in einer Welt, deren offizielle Werte den Alternativen unglaubwürdig erscheinen. Dabei ist merkwürdig, wie im Alternativ-Jargon Gefühle im allgemeinen distanziert und mechanistisch beschrieben werden. Man «fährt ab auf etwas», «blockt ab», «bringt sich ein», «schnallt ab», «rastet aus», «arbeitet etwas auf», ist «kaputt» – als wäre man eine Maschine oder jedenfalls ein toter Gegenstand. Man hat «energy», spürt «vibrations», macht «action», «checkt» etwas, ist «cool», als fände man durch die fremde Sprache Distanz zum eigenen Erleben. Die *Sprache* der Alternativen legt den Eindruck nahe, sie wollten die Emotionen handhaben wie Objekte. Aber ich finde für diese Vermutung keine weiteren Spuren. –

Von der «Psycho-Szene» gibt es einen fließenden Übergang zur «*spirituellen Szene*». Auf ihr tummelt sich eine wachsende Minderheit der Alternativbewegung. Spirituelle Sucher fanden sich schon in den fünfziger und sechziger Jahren unter amerikanischen Beatniks und Hippies. Ende der sechziger Jahre wurden auch in der Bundesrepublik Meditation und östliche Religiosität für viele interessant. Hunderttausende lasen Hermann Hesses «Siddharta», Rockstars wie George Harrison und Santana sorgten durch ihr Beispiel für ein steigendes Interesse an Meditation und Philosophie Indiens, viele machten sich auf den Indien-Trip. Verstärkung erhielt diese Bewegung durch die Entwicklung der Psycho-Szene, die mehr und mehr zu einer Verbindung von Selbsterkenntnis und Öffnung für religiöse Dimensionen tendiert: In den psycho-religiösen Gruppen geht es nicht mehr ausschließlich um die Bildung «starker», «in sich ruhender» Persönlichkeiten oder um die Integration von Es, Ich und Über-Ich, sondern darum, daß der einzelne sich öffne für überindividuelle Dimensionen, in Verbindung trete mit der kosmischen Energie. So schreiben die Therapeuten des Therapiezentrums ZIST bei München:

«Therapie, die den ganzen Menschen meint, führt in Erfahrungsbereiche, für die wir im lebendigen Kern der verschiedenen Religionen – nur zum Teil verstandene – Schlüssel finden ... Lebendig praktizierte Religion führt – will man den Erfahrungsberichten vieler trauen – zu einem Bewußtsein, das das Selbst und die Mitwelt als Teil eines größeren Ganzen begreift ... Die Einsicht in die Begrenztheit unseres linearen, analytischen Denkens ist ein weiterer Grund für unser Interesse, in verschiedenen Religionen nach diesem Kern zu suchen und von dem dort vorhandenen Wissen um die Entwicklungsmöglichkeiten zu lernen.»[21]

Zahlreiche Techniken der psychologischen Workshops stehen an der Grenze zwischen Selbsterfahrung und meditativ-religiösen Praktiken. Als wäre die mittelalterliche Tradition der Mystik zu neuem Leben erwacht, wollen manche in der «Zelle der Selbsterkenntnis wohnen», um zu Gott zu gelangen, wie die heilige Katharina von Siena im 14. Jahrhundert formulierte. Aber um genau zu sein: der Gott der christlichen Kirchen ist tot und bleibt tot für die meisten der spirituellen Sucher unter den Alternativen, von Gott ist in der alternativ-religiösen Szene kaum die Rede. Mehr von «Erleuchtung» und «Energie», von «Ausstrahlung» und «Liebe». Kosmische Energie erfüllt das Weltall, es kommt darauf an, sich ihr zu öffnen, sich einzustimmen in den großen Rhythmus. Durchlässig werden, es «fließen lassen». Therapie zielt auch in diesem Zusammenhang auf den Abbau der körperlichen Verkrampfungen und seelischen Spannungen, aber das Ziel solcher Veränderung ist nicht mehr nur die Steigerung der Lustfähigkeit, ein glücklicheres Leben, sondern vielmehr der Einklang mit den universellen Schwingungen.

Der psycho-religiöse Boom wird am deutlichsten an den Bhagwan-Jüngern; die Verbindung von Selbsterfahrung, Körpertherapie, östlichen Meditationstechniken und spirituellen Weltauffassungen findet sich aber allenthalben in der Workshop-Kultur. Doch nährt sich die alternative Spiritualität auch aus anderen Quellen als der Therapie. Naturreligiöse Einstellungen sind im Gefolge der Ökologiebewegung sichtbar geworden. Die Natur ist nach diesen Vorstellungen begeistet; nicht Objekt der Ausbeutung, sondern möglicher Gesprächspartner.

Einen starken Einfluß auf die Verbreitung solcher Ideen hatten die Berichte des Ethnologen Carlos Castañeda («Die Lehren des Don Juan», «Eine andere Wirklichkeit») über seine «Lehrzeit» bei einem indianischen Medizinmann. Sie gehörten zu den meistgelesenen Büchern der Alternativszene. Die uns bekannte, nach den Regeln der Vernunft strukturierte Wirklichkeit – entnehmen wir diesen Texten – ist nur *eine* Seite der Realität. Wenn wir den «inneren Dialog» (das verinnerlichte Reden mit den anderen, das Soziale in uns) anhalten, wird eine andere Seite vor Augen treten, eine Welt der Geister und der rational nicht erklärbaren Dinge. Dann können Raben und Coyoten «sprechen» und Menschen «fliegen». Diese Welt zu kennen, schafft eine innere Distanz zur Alltagsrealität, macht fähig, im Alltag mit Abstand und Bewußtsein zu leben.

Man hat darüber gestritten, ob Castañedas Berichte erfunden oder authentisch seien, aber das ist hier nicht von Bedeutung. Der *Erfolg* seiner Bücher – nicht nur in der Alternativszene, aber dort besonders stark – zeigt, wie neugierig auf «andere Wirklichkeiten» die Alternativen sind, wie viele von ihnen suchen, die vom Verstand interpretierte Welt der Dinge wenigstens für Augenblicke zu verlassen.

Ein großer Teil der Szene ist nicht nur von Don Juan, sondern generell von den Indianern fasziniert. «Die Indianer sind noch fern» stellt ein Filmtitel der letzten Jahre fest, bedauernd; die Indianer würden der gequälten und gelangweilten Protagonistin des Films helfen, konnte man verstehen. Der Szene sind die Indianer nicht mehr fern. Vertreter amerikanischer Stämme sprechen auf Anti-Atomkraft-Veranstaltungen, Medizinmänner treffen sich mit tibetanischen Mönchen und westdeutschen Alternativen zu Veranstaltungen im Schwarzwald. Nur ein ferner Nachklang an Karl-May-Erinnerungen bleibt noch fühlbar, wenn in irgendeiner Großstadt die Szene zusammenkommt, um die Indianer zu sehen und zu hören; nur ein ferner Nachklang, denn heute stehen die Indianer für den Kampf der Unterdrückten, für Spontaneität und Ekstatik, für Weisheit und für ein tieferes Verhältnis zur Natur. Sie waren es, die schon immer gesagt haben, daß die Ausbeutung der Natur sich rächen würde; sie haben recht behalten, die Szene hört ihnen zu.

Auf der schlichtesten Ebene bedeutet das alles die Suche nach Anhaltspunkten in der schwankenden Welt des Unbestimmten. Die Alternativen wissen oft nicht, «wo es lang geht»; von den gängigen Normen haben sie sich entfernt; wie gefährdet ihre eigene Identität oftmals ist, haben wir gesehen. Religiöse Gruppen geben klare Antworten, ohne mit dem Stigma des Bürgerlichen behaftet zu sein; Gurus und Tarot-Karten, I-Ging und Horoskope verhelfen zu einer wie immer brüchigen Orientierung in den täglichen Entscheidungsschwierigkeiten. Aber damit ist das Phänomen insgesamt nicht zureichend beschrieben. In der neuen Spiritualität steckt auch eine Abkehr von der Struktur des rationalen Denkens, eine Suche nach Unmittelbarkeit. Gegenwärtig sein, ist das Ziel; «entspannt im Hier und Jetzt» der dazugehörige Spruch. *Unmittelbarer* Kontakt, Auflösung der «Umwege» über das Denken: die spirituelle Bewegung bricht – wie die Drogenkonsumenten – mit der Vorherrschaft rationaler Strukturen. Diese scheinen nunmehr weder Glück noch Wahrheit zu versprechen: Wirkliche Erkenntnis vollzieht sich jenseits der Rationalität.

Nur ein Teil der Alternativbewegung hängt «spirituellen» Auffassungen an, aber überall erscheint die Selbstverständlichkeit des Rationalen gebrochen. Man will «aus dem Bauch leben», der Kopf ist eher hemmend als begeisternd. Man hat zuviel gedacht, jetzt soll es anders gehen. Theorie wird nicht weiterhelfen, was nottut, sind Musik, Tanz, Kreativität, Liebe. Das scheint ein krasser Gegensatz zu den Auffassungen der Studentenbewegung, die durch und durch theoretisch argumentierte. Doch der «irrationale» Zug war schon in der Studentenbewegung vorhanden, nicht in ihrem Selbstverständnis, aber in ihrer Lebenspraxis: im Haschischrauchen und den Polit-Happenings, im Rhythmus der «Ho-Ho-Ho-Tschi-Minh»-Rufe und der Rockmusik. Dennoch stellt die grundsätzliche Einstellung zur Rationalität den prinzipiellen Unterschied zwischen der Protestbewegung der sechziger und frühen siebziger Jahre und den heutigen Alternativen dar.

Schließen wir hier unseren Überblick über die Szene-Kultur der letzten fünfzehn Jahre ab. Er war nicht vollständig. Es bliebe noch einiges zu sagen, über die alternativen Reisen zum Beispiel (ständig in Bewegung bleiben! sich nicht festsetzen!), über die Betonung des Selbermachens als Gegensatz zum Konsumieren («Wenn du deinen Ofen selber heizt, bekommst du ein ganz anderes Verhältnis zum Haus», behauptet ein alternatives Blatt, jede alternative Wohnung ist voll von selbstgebauten, -gehäkelten, -gemalten Dingen). Aber um Vollständigkeit geht es hier nicht, vielmehr sollten Grundstrukturen der Szene deutlich werden. Das ging nicht ohne Vereinfachungen – Vereinfachungen, die deshalb besonders auffallen, weil die Vielfalt der Alternativbewegung jederzeit sichtbar ist und sich so leicht zu jedem Beispiel ein Gegenbeispiel findet, weil die Widersprüchlichkeit des Ganzen offenkundiger ist als bei vergangenen und längst «eingeordneten» Bewegungen, die wir nur noch aus Büchern kennen. Auch habe ich die Züge unterstrichen, die mir als *spezifisch* für die Alternativszene erscheinen, die besondere Verbindung von Gesellschaftskritik, Körpereinstellung, Selbstbewußtsein. So ist ein Bild entstanden, das sich in der Realität kaum findet; der durchschnittliche Alternative ist «normaler» als der Alternative, der hier skizziert wurde. Er geht vielfältige Kompromisse mit dem «bürgerlichen Leben» ein, an das er durch Arbeit und Gewohnheiten, Ängste und Genüsse gebunden ist. Die Gegenüberstellung von «alternativem» und «bürgerlichem» Leben ist nur eine halbe Wahrheit; wir werden im nächsten Kapitel sehen, wieviel sie, allem äußeren Anschein zum Trotz, gemeinsam haben.

5. Der Blick des Künstlers
Die Gemeinsamkeit der alternativen Bewegungen

Gibt es eine Einheit der alternativen Bewegungen der letzten hundert Jahre? Oder sind die Beziehungen zufällig, der Zusammenhang, den wir in diesem Buch hergestellt haben, willkürlich konstruiert?

Der Einfluß, den die verschiedenen hier dargestellten Gruppen – Bohème, Lebensreform, Jugendbewegung, neuere Alternativbewegungen – aufeinander genommen haben, ist gering. Bohème und Jugendbewegung blieben sich fremd. Lebensreform und Bohème trafen sich in Ascona, aber viel mehr als die Ablehnung der bürgerlichen Welt scheint ihnen nicht gemein. Die Bewegungen der letzten fünfzehn Jahre griffen nur punktuell auf ihre «Vorgänger» zurück, sie verstanden sich als etwas grundsätzlich Neues. Eine durchgängige Tradition der Alternativbewegungen existiert nicht, jede Gruppe entstand unabhängig von den anderen. Es gibt keine *kontinuierlich sich fortentwickelnde* Geschichte der Alternativen.

Dennoch sind die Gemeinsamkeiten nicht zu übersehen. Sie gehen weit über den kleinsten gemeinsamen Nenner – die Suche nach neuen Lebensformen – hinaus. Von Otto Gross scheint eine direkte Linie zu Wilhelm Reich, zu Herbert Marcuse, Ronald Laing und David Cooper zu führen. Franziska zu Reventlow wurde fünfzig Jahre nach ihrem Tod von der neuen Frauenbewegung «wiederentdeckt». Die «naturgemäße Lebensweise» der Lebensreform erfährt in den achtziger Jahren eine neue Blüte. Schulversuche der Jahre um 1920 ähneln bis in Details manchen Erziehungsprojekten der letzten Jahre. Der Gedanke des modellhaften Lebens in kleinen Gemeinschaften erscheint seit der «Neuen Gemeinschaft» von 1899 immer wieder, allen Fehlschlägen zum Trotz. Die Bohème beschwört das Leben im Augenblick, achtzig Jahre danach wird «Im-Hier-und-Jetzt-Sein» zum alternativen Schlagwort. Erich Mühsam setzt wie die studentische Protestbewegung der sechziger Jahre seine Hoffnungen auf eine antiautoritäre Revolution der gesellschaftlichen Randgruppen. Die Beispiele ließen sich fortführen. Die Parallelen zwischen den verschiedenen Alternativbewegungen sind offenkundig. Es scheint, als tauchten die alternativen Themen in der deutschen Geschichte dieses Jahrhunderts immer wieder auf, jeweils anders formuliert und doch kaum verändert. Es handelt sich nicht um ein *Fortführen* dieser Themen, um ein Aufgreifen einer «alternativen» Traditionslinie. Diese gibt es nicht. Sie *entstehen* mit jeder neuen alternativen Gruppierung vielmehr neu – und bleiben sich doch in vielem gleich. Das ist erstaunlich. Offenbar erzeugt die deutsche Gesellschaft des 20. Jahrhunderts in bestimmten Abständen alternative Denk- und Lebensweisen. Diese scheinen nicht zufällig immer wieder ähnliche Formen anzunehmen. Das Erscheinen des alternativen Lebensmodells ist – das legt seine relative Beständigkeit während der letzten hundert Jahre nahe – selbst ein Teil der gesellschaftlichen Strukturen.

Was zeichnet dieses Modell aus? Zunächst die Entwicklung nichtbürgerlicher Lebensformen, insbesondere die Suche nach Alternativen zur Kleinfamilie (die durch Wohngemeinschaften, Kommunen oder das enge Zusammenleben in bestimmten Stadtvierteln oder Dörfern – Schwabing, Ascona – ersetzt wird) und zur normalen Berufsarbeit (an deren Stelle kollektive Arbeitsprojekte oder das bohèmeartige Sich-Durchschlagen treten). Damit einher geht die radikale Ablehnung des bürgerlichen Lebenstils, häufig verbunden mit der Stilisierung des «Anders-Seins» und der Trennung von «Eigenem» und «Fremdem», «Innen» und «Außen». Schließlich finden wir in allen alternativen Bewegungen die starke Betonung der *Gemeinschaft*; zugleich – und scheinbar paradox – das Programm der *individuellen Selbstverwirklichung*, des «Jeder muß seinen Weg gehen».

Durch diese Bestimmungen – Entwicklung neuer Lebensformen, bewußte Abgrenzung zum Bürgertum, Betonung von Gemeinschaft *und* Individualität – können die alternativen Bewegungen definiert werden. Jedoch gehen ihre Gemeinsamkeiten – wie wir gesehen haben – vielfach darüber hinaus. Immer wieder findet sich die Suche nach größerer Nähe zur *Natur* und zum menschlichen *Körper*; *Ganzheit, Einheit, Authentizität* werden beschworen; aus den *Kräften des Inneren* soll sich das äußere Verhalten leiten lassen; der umfassende Anspruch *rationalen Denkens* wird zurückgewiesen; regelmäßige Berufsarbeit, gesellschaftlicher *Erfolg* und *Geldorientierung* werden abgelehnt; *übergreifende Lebenszusammenhänge* sollen Arbeit und Freizeit, Leben und Lernen, Wohnen und Produzieren miteinander verbinden. Auf den ersten Blick scheint das alles auf die Ablehnung der «modernen», in der europäischen Neuzeit und besonders in den vergangenen zweihundert Jahren entstandenen Gesellschaftsstrukturen hinauszulaufen. Diese sind – wie die Soziologie im Anschluß an Max Weber gezeigt hat – wesentlich durch folgende Merkmale gekennzeichnet: zunehmende Zweckrationalität der gesellschaftlichen Prozesse; Trennung der institutionellen Bereiche; Arbeitsteilung und Spezialisierung; anonymes Rollenhandeln; Rechenhaftigkeit und Verrechtlichung des gesellschaftlichen Handelns. Die Gesellschaft unterliegt einem Vorgang der «Rationalisierung», der nach und nach fast alle ihre Bereiche ergreift.

Dieser Tendenz opponieren die alternativen Bewegungen. Ihre Lebensformen zielen, unter ausdrücklicher Vernachlässigung der Effizienzgesichtspunkte, auf die Wiederherstellung übergreifender Einheiten, also auf die Aufhebung der institutionellen Trennungen, der Spezialisierung und der Anonymität der Rollen. Im Bohème- oder Szene-Milieu ist die Aufhebung dieser Trennungen ansatzweise erreicht. Das gilt erst recht für Landsiedlungen, «Lebensgemeinschaftsschulen», Handwerkerkollektive und ähnliche Unternehmungen, deren Mitglieder von morgens bis abends den Tag miteinander verbringen und Liebesgeschichten ebenso untereinander diskutieren wie technische Fragen der Arbeit. Hier werden Lebensformen wiederhergestellt, welche der «Modernität» (im Sinne Max Webers) diametral entgegenstehen. Fast scheint es, als würde in der Landkommune das «ganze Haus», das Arbeits- wie Privatbereich ungetrennt umfassende «grundlegende Sozialgebilde aller bäuerlichen und bäuerlich-adligen Kulturen»[1] neu angestrebt. Der Eindruck täuscht, wie wir gleich sehen werden. Aber soviel ist richtig: von den «modernen» Formen gesellschaftlichen Zusammenwirkens wenden die alternativen Formen der Lebensgemeinschaft sich ab. Spezialisierung und Arbeitsteilung, Rollenhandeln, Zeitdisziplin und Funktionalität der Normen sollen auf ein Minimum reduziert werden.

In diesen Zusammenhang gehört, daß alle alternativen Bewegungen (mit der Ausnahme der Studentenbewegung von 1968) die Vorherrschaft der *Rationalität* in Frage gestellt haben, von der «Geist»-Kritik Klages' und den Ekstasephantasien der Bohème über die Naturschwärmerei der Jugendbewegten bis hin zu den Indianerträumen der neueren Alternativbewegung. Manche haben das Verstandesdenken in Bausch und Bogen verdammt, andere – differenzierter – nur seine Bedeutung reduziert und andere Werte daneben wichtiger werden lassen: «Seele» und Unbewußtes, Kunst und Gemeinschaft, Rausch und Spiritualität. Für die alternativen Bewegungen waren im allgemeinen die Lebensprobleme *nicht* durch *mehr* Vernunft zu lösen, sondern durch die Besinnung auf Kräfte, die jenseits des Rationalen liegen. Die Drogen-Trips der letzten zwanzig Jahre stellen einen der Versuche dar, diesen Kräften näher zu kommen; andere Wege waren und sind der enge Kontakt zur Natur, die Meditationen der «Spirituellen», die aufeinanderfolgenden Ansätze «sexueller Befreiungen», die rauschhafte Chaotik des Bohèmelebens, das Erlebnis der Gemeinschaft. Immer und überall bemühen sich alternative Menschen, aus den Schranken einer bloß verstandesmäßigen Ordnung der Erfahrung auszubrechen. Das «Gefühl» soll nicht in die Sphäre des rein Privaten verbannt werden, vielmehr möchten sie das Leben im Zeichen ganzheitlicher Erfahrung führen. Die Rationalität, welche die Gesellschaft beherrscht, erscheint vielen alternativen Gruppen als niederzerrendes Gewicht, von dem sich befreien muß, wer zu Höhenflügen der Freiheit ansetzen will.

Damit hängt zusammen die besondere Wertschätzung des *Weiblichen* in der alternativen Tradition. Man kann sich darüber streiten, ob die Frau zu Recht oder Unrecht als gefühlsorientiert, den Seelen- und Erdkräften näher gesehen wird als der Mann; daß sie für die meisten Zeitgenossen solche Bilder *repräsentiert*, daran kann kein Zweifel sein. Nicht umsonst träumte die Schwabinger «Kosmische Runde» von den goldenen Zeiten des Matriarchats; sie schienen ihr gleichbedeutend mit einer Epoche, die nicht vom Diktat der ratio beherrscht wurde. Gleiches gilt für den Kreis um Otto Gross. Franziska zu Reventlow lebte beispielhaft das Leben einer «freien Frau», nirgendwo anders als in der Bohème hätte sie dafür die angemessene Umgebung gefunden. Jugendbewegung und Lebensreform kennen die programmatische Erhöhung der Frau nicht, eher werden dort die Gruppen von Männern gelenkt; dennoch finden wir in einzelnen Bereichen eine für die damalige Zeit ungewöhnliche Bedeutung der Frauen – man denke an die Rolle von Ida Hofmann auf dem Monte Verità, an die Frauenkommunen Schwarzerden und Loheland oder an die im Schnittpunkt von Lebensreform und Jugendbewegung sich bildenden neuen Formen des Ausdruckstanzes, bei denen Frauen wie Isadora Duncan und Mary Wigman von entscheidender Bedeutung waren. – Die neueren Alternativbewegungen schließlich sind seit dem Beginn der siebziger Jahre vom Einfluß der autonomen Frauenbewegung durchzogen, «Zweierbeziehungen» und Gruppenleben haben sich dem Maßstab der Frauenemanzipation zu stellen.

In dieser im Vergleich zur Gesamtgesellschaft stark ausgeprägten Bedeutung des Weiblichen in den alternativen Bewegungen drückt sich auch die Suche nach «weiblichen Werten», das heißt wiederum die Abkehr von der Rationalität aus. Gleiches gilt, obschon in geringerem Ausmaß, für die Einstellung zu *Kindern* und *Jugendlichen*. Wenn vor allem die Jugendbewegung deren «Eigenleben» zur Geltung bringen will, so heißt das unter anderem auch: die Kinder und Jugendlichen freizumachen vom drückenden Einfluß einer durchorganisierten Erwachsenengesellschaft, welche die *inneren Kräfte* der Heranwachsenden nicht mehr zu sehen vermag. Im Jugendlichen schlummert – so sahen es Gustav Wyneken und mit ihm viele Jugendbewegte – ein «Geist», der weit über die Verstandeskultur hinausgeht. Das Kind steht für Schöpferkraft, Unmittelbarkeit und Vertrauen; diese Eigenschaften zu erhalten, der kalten Organisiertheit der Gesellschaft zum Trotz, ist die Aufgabe des Erziehers. Ähnlich sehen es manche der neueren alternativen Pädagogen. Wir können das in den alternativen Bewegungen fortdauernde große Interesse an der *Erziehung* auch unter dem Aspekt verstehen, daß im Erziehungsprozeß der alternative Erwachsene einen besonders engen Kontakt zum Kinde hält, damit aber auch zu den Kräften seines eigenen Unbewußten, seiner Emotionalität und Spontaneität.

Nicht-rationale Kräfte beschwören die Alternativen auch dort, wo sie sich programmatisch der *Natur* zuwenden. Es ist nicht die Haltung des Natur*wissenschaftlers*, welche alternative Menschen an die Natur bindet; vielmehr suchen sie das *Gespräch* mit der Natur, einen Austausch, welcher nicht im Zeichen optimaler technischer Ausnutzung steht, sondern der die eigenen *inneren* Fähigkeiten stärken, Selbstkenntnis und Wahrhaftigkeit, Klarheit und Gesundheit bringen soll. Das gilt für Jugendbewegung und Lebensreform, denen die Natur das Wesentliche war, in besonderem Maß; Ökologie- und neuere Frauenbewegung vertreten ähnliche Gedankengänge, wenn auch nicht in ganz so schwärmerischer Form wie ihre Vorgänger.

«Rationalistisch» war unter den Alternativbewegungen allein die studentische Protestbewegung um 1970. Aus einem naheliegenden Grund: für die «progressiven» Interpretationen jener Jahre war alles Irrationale untrennbar mit dem Nationalsozialismus verknüpft; allein rationale Aufklärung schien zu garantieren, daß sich die Grauen der Nazizeit nicht wiederholten. Während die amerikanischen Beatniks schon in den fünfziger Jahren die «tieferen Träume der Menschenseele» [2] beschworen hatten (und damit von *heutigen* Alternativen zustimmend zitiert werden) und die Hippies der sechziger Jahre «dem inneren Fluß zu seiner Quelle folgen» [3] wollten, wurde im neulinken «Kursbuch» 1970 vor der «Neuen Sensibilität» als «Bewußtseinspräparate(n) für die neueste Form des Faschismus» [4] gewarnt und «manchem deutschen Genossen wurden die Hippies und drop-outs zu kleinen Faschisten, weil er nicht verstehen wollte, daß die amerikanische Jugendrevolte nicht im Zeichen der bürgerlichen Aufklärung und auch nicht des Marxismus stattfand» [5]. Aus dieser besonderen historischen Situation – der späten Auseinandersetzung mit dem Nationalsozialismus – erklärt sich der rationalistische Zug der Studentenbewegung, ihre Ausnahmestellung – in dieser Hinsicht – unter den alternativen Bewegungen; Natur, Gefühl, Gemeinschaft schienen ihr reaktionären Einstellungen allzu nahe. –

Die «antimoderne» Haltung der Alternativbewegungen führte zu ihrem besonderen Interesse an Gesellschaften, die nicht vom Rationalisierungsprozeß gezeichnet sind. Heute sind es vor allem die «Naturvölker», insbesondere verschiedene Indianerstämme, deren Zusammenleben gelegentlich als alternatives Ideal erscheint. In manchen Wohngemeinschaften hängt ein Plakat mit dem Foto einer Hopisiedlung und der Aufschrift: «Nach unseren Erfahrungen kann ein Mensch kein Mensch mehr sein, wenn die Gemeinde, in der er lebt, mehr als dreitausend Menschen umfaßt.» Kennzeichnend in diesem Zusammenhang, kennzeichnend besonders für die *Kontinuität* alternativen Denkens ist das Büchlein vom «Papalagi»[6], der fiktive Bericht eines durch Europa reisenden «Südseehäuptlings», der von seinem zivilisatorisch nicht verbildeten Standpunkt Kleidung und Wohnungen, Geld und Konsum, Hektik und Denkweisen der europäischen Kultur kritisiert. 1921 verfaßt, wurde der Band Ende der siebziger Jahre von Zehntausenden von alternativen Menschen gelesen; der Standpunkt des erfundenen Wilden leuchtete vielen von ihnen unmittelbar ein. Vergleichbar, wenn auch nicht so elegant geschrieben, ist *Die Forschungsreise des Afrikaners Lukanga Mukara ins innerste Deutschland*[7], 1919 von dem Jugendbewegten Hans Paasche verfaßt; auch dieses Buch erlebte Neuauflagen in den siebziger Jahren.

Der antimoderne Exotismus der Alternativen drückt sich auch in ihren Reisen aus. Schon unter den Bohémiens waren manche, die in Java, Mexiko oder der Südsee das andere, mit dem Makel der Zivilisation nicht behaftete Leben suchten; einige der alternativen Jugendbewegten wanderten nach dem Scheitern der Kommune- und Schulexperimente in «unterentwickelte» Länder aus; die Alternativtouristen der letzten fünfzehn Jahre hofften, auf griechischen Inseln, in Nepal, Indien, Guatemala oder Peru dem «Wahnsinn der mechanisierten Welt»[8] zu entgehen.

Für manche der frühen Alternativen bildete nicht die Exotik, sondern das europäische Mittelalter den positiven Gegenpol zur entfremdeten Moderne. Die Wandervögel nannten sich in Anknüpfung an die mittelalterlichen fahrenden Studenten gelegentlich «Scholaren» und «Bachanten». Der Rückgriff auf handwerkliche und agrarische Produktionsweisen, das Leben in kleinen Gemeinschaften, die kritische Haltung gegenüber der Technik, das Aufgreifen meditativ-mystischer Spiritualität – das alles hat Beobachter der Bohème und der jugendbewegten Kommunen vom Ziel einer «Feudalgesellschaft ohne Feudalismus»[9] bzw. einer «Flucht ins Mittelalter»[10] sprechen lassen. Die

Nähe alternativer Bewegungen zu mittelalterlichen Vorstellungen ist allerdings ebenso wie ihre Neigung zu den Naturvölkern auf einen eng umgrenzten Bereich beschränkt: auf die Ablehnung der bestehenden, durch die moderne Rationalität bestimmten Lebensformen. Im Ernst hätte gewiß niemand das Leben eines Scholaren, Mönchs, Ritters oder gar Leibeigenen führen wollen, so wenig wie der Frankfurter Sponti oder Hamburger Atomkraftgegner *wirklich* in die Hopi-Gemeinde ziehen wird. Das Mittelalter und die Indianer haben eine symbolische Bedeutung: Sie stehen für nicht-verplante Zeit und direkte Beziehung zur Natur, für überschaubare Gemeinschaften und sinnvolle Arbeit, für geldlose Wirtschaft und ganzheitliche Lebenszusammenhänge.

«Antimodern» ist in gewisser Hinsicht schließlich das Verhältnis der Alternativen zum *Körper*. In allen alternativen Gruppen spielt es eine wesentliche Rolle: in der Bohème als sexuelle Revolution, in der Lebensreform als Sorge um die eigene Gesundheit, in der Jugendbewegung als «Freiheitskampf des Leibes», welcher in Tanz und Gymnastik, freier Kleidung und Bewegung seine Ausdrucksformen fand; schließlich in den neueren Alternativgruppen in einer Verbindung all dieser Motive. Gegen die «Modernität» gerichtet ist die Einstellung der Alternativen zum Leib insofern, als sie sich einfügt in die generelle Tendenz des Widerstands gegen die gesellschaftlichen Funktionalisierungen. Die Körper sollen, so empfinden die Alternativen, sich nicht umstandslos einpassen in die vorgegebenen Lebensschemata. In den industriellen Arbeitsprozessen bildet der Leib vielfach nur ein Anhängsel der Maschinen, nach deren Anforderungen er sich bewegt; demgegenüber verstehen die Alternativen den Körper als Ausdrucksmedium und Lustquelle. Der «Prozeß der Zivilisation» – das hat vor allem Norbert Elias gezeigt – hat seit dem ausgehenden Mittelalter eine zunehmende Einengung der körperlichen und gefühlsmäßigen Ausdrucksmöglichkeiten mit sich gebracht; in einer jahrhundertelangen Entwicklung ist der moderne Körper- und Affektpanzer entstanden. Diese Panzerung versuchen die Alternativen zu lockern.

Das «Mittelalterliche» des alternativen Körper-Verhaltens wird uns bei einem Vergleich heutiger alternativer Körper-Normen mit den von Elias vorgetragenen historischen Befunden besonders deutlich. Über das vormoderne Verhalten berichtet Elias beispielsweise – und Ähnliches ließe sich über die heutigen Alternativen sagen –, es sei «mindestens die außereheliche Beziehung des Mannes, zuweilen auch die der Frau, in der Meinung der weltlichen Gesellschaft als mehr oder weniger selbstverständlich» [11] erschienen, die Verheimlichung des «Seitensprungs» sei daher nicht üblich gewesen. Die Unterdrückung der Fürze habe als gesundheitsschädlich gegolten, Rülpsen und Ausspucken hätten keinerlei Anstoß erregt. Bei Tisch habe man häufig aus einer gemeinsamen Schüssel gegessen, gemeinschaftlich Gläser und Besteck benutzt. Es war «durchaus üblich, in den Räumen, in denen Betten standen, Besuch zu empfangen, und die Betten hatten daher je nach ihrer Ausstattung einen Prestigewert. Es war sehr gewöhnlich, daß viele Menschen in einem Raum übernachteten ..., häufig selbst Männer und Frauen in dem gleichen Raum, oft auch Gäste, die über Nacht blieben.» [12] Man verhielt sich zu seinem Körper unbefangener, seine Ausdrucksformen waren weniger begrenzt, die als schicklich empfundene Distanz zu den Leibern der anderen war geringer als heute.

All das entspricht dem Verhalten der Alternativen. «Jene unsichtbare Mauer von Affekten, die sich gegenwärtig zwischen Körper und Körper der Menschen, zurückdrängend und trennend, zu erheben scheint, der Wall, der heute oft bereits bei der bloßen Annäherung an etwas spürbar ist, das mit Mund oder Händen eines anderen in Berührung gekommen ist» [13], diese Grenzlinie wird in der Alternativszene immer wieder überschritten. (Es gehört in diesen Zusammenhang, daß man sich in der Szene auch unter Fremden selbstverständlich mit «Du» und Vornamen anredet – der Abstand zum anderen ist verringert.)

Wir haben gesehen, daß die alternativen Bewegungen der «Rationalität» der Moderne opponieren. Erfolgs- und Leistungsdenken, «Rechenhaftigkeit» und rationale Arbeitsorganisation nach Effizienzgesichtspunkten, Rollenhandeln und Spezialisierung, Trennung der Lebensbereiche und Funktionalisierung der Körper – das alles suchen die Alternativen zu überwinden. Die Faszination durch vormoderne Gesellschaften, die Betonung «weiblicher» Qualitäten, die «Befreiung» des Leibes, die Suche nach «Authentizität» und «Ganzheit», die Besinnung auf die «Kraft der Natur» sind Ausdrucksformen einer Haltung, welche den gesellschaftlichen Rationalisierungsprozessen andere Werte entgegenhält.

Nun stehen die Alternativen mit ihrer Kritik der modernen Gesellschaft nicht allein. Vor allem in Deutschland gibt es bekanntlich eine reiche Tradition der Kulturkritik, welche mit den Folgen von Industrialisierung, Verstädterung und Anonymisierung der Gesellschaft auch die Betonung des Rationalen angriff und demgegenüber das «Leben», die Natur und die überschaubaren Gemeinschaften beschwor. Solche Überlegungen finden sich unter anderem in der Lebensphilosophie, bei Nietzsche und in den einflußreichen Schriften von Paul Lagarde und Julius Langbehn («Der Rembrandtdeutsche») vom Ende des 19. Jahrhunderts. Was die Alternativen von den verschiedenen Strömungen der Kulturkritik unterschied, war, daß sie ihre Auseinandersetzung mit der Gesellschaft in praktische Lebensentwürfe umsetzten und es nicht bei theoretischer Kritik beließen.

Aber nicht nur das. In fast allen alternativen Gruppen lebt ein individualistisch-freiheitlicher Impuls, der sie zu den rückwärtsgewandten Richtungen der Kulturkritik in einen scharfen Gegensatz bringt. Gewiß, man wollte Gemeinschaft und Gefühl anstelle von Anonymität und Zweckdenken; aber die alternativen Gemeinschaften waren nicht naturwüchsig, sie waren von Individuen frei gewählt und konnten jederzeit wieder verlassen werden, ob es sich um die Bohème-Szene, den großen Treffpunkt Ascona oder die Landkommunen der Jugendbewegung handelte. Die Emotionalität andrerseits, die man der ratio entgegenstellte, erschöpfte sich gelegentlich wohl in sentimentaler Schwärmerei; häufiger aber war der Versuch, Gefühle zu klären, zu beobachten und bewußt zu entfalten. Die kritische Selbstwahrnehmung ist von Franziska zu Reventlow und Otto Gross bis hin zu den neueren Psycho-Gruppen ein Bestandteil alternativen Umgangs mit der Gefühlswelt. Diese Form der Emotionalität kann also nicht in einen Topf geworfen werden mit dem dumpfen antimodernen Affekt, der in mancher kulturkritischen Vernunftkritik anklingt. Im Gegenteil, wenn alternative Menschen Subjektivität entfalten wollten, so befand sich diese, bei aller Gemeinschaftssehnsucht, ganz im Gegensatz zu den selbstverständlichen Bindungen traditioneller Gesellschaften.

Allerdings stehen Ichkult und Gemeinschaftswunsch in vielen alternativen Gruppen in einer merkwürdigen Spannung. Durch ihre Lösung von Familie und «Normalwelt» bringen sich die Alternativen zunächst in die Situation der Vereinzelung, sie empfinden sich als besonders, als «Aussteiger», als solche, «die ihren eigenen Weg gehen». Diese Lage wird im allgemeinen programmatisch bejaht, die Idee der *Selbstverwirklichung* – unter deren Fahne ja in den meisten Fällen der Bruch mit der bürgerlichen Welt sich vollzog – hochgehalten. Man will frei sein von äußeren Zwängen, das «eigene Leben leben», sich ungehindert ausdrücken, die innere Welt erforschen und die Subjektivität zur Grundlage der Lebensgestaltung machen. Durch äußere Attribute – ungewöhnliche Kleidung, «ausgeflipptes» Verhalten und dergleichen mehr – unterstreicht man seine Besonderheit. Konventionen haben ihre Gültigkeit verloren, man folgt der «inneren Bestimmung». Einsamkeit und Größenwahn der Bohème sind Konsequenzen dieses Individualismus, in der neueren Alternativbewegung ließen sich leicht Entsprechungen dafür finden. Positiv gewendet bringt der Wille zur «Selbstverwirklichung» jedoch auch einen großen Freiheitsdrang mit sich, die Entschlossenheit, sich weder durch Autoritäten noch durch Normen fremdbestimmen zu lassen und für diese Selbständigkeit auch Opfer auf sich zu nehmen. So ist einerseits der Wunsch nach individueller Selbstbestimmung in den alternativen Bewegungen viel ausgeprägter anzutreffen als in der «bürgerlichen» Welt (aus der das Motiv ja letzten Endes stammt). Um nicht der Fremdbestimmung zu unterliegen, betont man – wie Otto Gross – das «Eigene» oder – in der neueren Alternativsprache – «grenzt man sich ab». Es geht um die «Einhaltung der Grenzen des Individuums»[14], von der Nietzsche bei der Bestimmung des «Apollinischen» spricht.

Aber es gibt eine andere Seite. Das «Dionysische», «die wonnevolle Verzückung, die bei demselben Zerbrechen des principii individuationis aus dem innersten Grunde des Menschen, ja der Natur emporsteigt»[15]. Immer findet sich bei den Alternativen auch diese Sehnsucht, die Grenzen des Ich zu überschreiten, sich aufzugeben, mit einem größeren Ganzen zu verschmelzen. Die Bohème, die sich ja ausdrücklich auf Nietzsche berief, hat in ihrem Versuch, das Leben als *Rausch* zu leben, dieser Sehnsucht Ausdruck gegeben. Die Jugendbewegten suchten mystische Einheitserfahrungen in der Gemeinschaft und im Kontakt mit der Natur. Die verlorengegangene Einheit mit der Natur wollten auch die Lebensreformer wiederfinden. Ekstase und die «Steigerung des Subjektiven zu völliger Selbstvergessenheit»[16] erstreben schließlich in den neueren Alternativbewegungen nicht nur Bhagwan-Jünger und Sufi-Schüler, sondern ähnliche Motive finden sich auch in der Bewegung der sexuellen Befreiung mit ihren an Wilhelm Reich anknüpfenden Orgasmushoffnungen. Schließlich können wir alle Gemeinschaftsprojekte der Alternativen unter dem Gesichtspunkt betrachten, daß sie eine – wenn auch nicht unbedingt ekstatische – neue Verbindung des Ich, eine Geborgenheit in größeren Zusammenhängen ermöglichen sollen.

Das Eingehen in größere Ordnungen, das Schwingen mit der Masse, das instinktive Gemeinschaftsgefühl beschworen nun allerdings auch die konservativen Gruppierungen und insbesondere die Nationalsozialisten. Und nicht nur an diesem Punkt gibt es Übereinstimmungen zwischen den Alternativbewegungen – insbesondere denen des ersten Jahrhundertdrittels – und dem Nationalsozialismus. Im Unterschied zu Sozialdemokraten und Liberalen scheinen Alternative und Rechtsextreme einig in der Kritik der Industriezivilisation: an Mechanisierung und Anonymisierung, an der Unterdrückung der Natur und der Volkskultur, an der Sinnlosigkeit des reinen Erwerbslebens. Die Kulturkritik, welche im Hintergrund der frühen alternativen Bewegungen steht, ist auch von den Nazis aufgenommen worden. So erstaunt es nicht, daß manche Bohémiens oder Jugendbewegte sich später bei den Nationalsozialisten fanden.

Die Übereinstimmungen sind dennoch äußerst begrenzt. Das Moment der individuellen Selbstverwirklichung, der ausgelebten Subjektivität blieb dem nationalsozialistischen Zwangssystem vollkommen fremd; das gleiche gilt für die rauschhafte Überschreitung der gesellschaftlichen Normen (die «Sittenlosigkeit» der Bohème), die skeptische Haltung der Alternativen gegenüber Arbeit und Familie, das «wurzellose» Vagabundieren und Reisen. Andrerseits lag es den Alternativen fern, ihre autonomen kleinen Gruppen gegen eine starre «Volksgemeinschaft» einzutauschen; mochte das Gemeinschafts-Vokabular auch manchmal ähnlich klingen, so war doch jeweils völlig anderes gemeint. Zur alternativen Lebensvorstellung gehört untrennbar die Verwirklichung von Subjektivität; Führertum und Rigidität der Lebensweise sind mit ihr nicht vereinbar.

Der Nationalsozialismus machte etwas anderes deutlich: Mit ihrem «dionysischen» Wunsch nach Entgrenzung des Ich standen die Alternativen nicht allein. Unausgesprochen wirkte er offenbar in der gesamten Gesellschaft; wie anders hätte man sich die Massenekstasen, das pervertierte Loslassen von Individualität in den faschistischen Organisationen erklären können? Da man die inneren Grenzen nicht überschreiten mochte – Klaus Theweleit hat diese Zusammenhänge in dem Buch *Männerphantasien* verdeutlicht –, überschritt man als Eroberer die Landesgrenzen, der Rausch der Parteitagsaufmärsche endete im Rausch des Tötens. Einsamkeit und Größenwahn waren nicht auf die Bohème beschränkt gewesen, uneingestanden wucherten sie bei vielen. Was die Bohème *offen* ausgetragen und offen dargestellt hatte, fand im Nationalsozialismus zu unbewußten Lösungsversuchen: Einsamkeit sollte sich in der Volksgemeinschaft aufheben, Größenwahn trieb zur Unterwerfung der Welt.

Wie der *Rausch* der Bohème im Faschismus wiederauftaucht, so auch das *Gemeinschafts*denken der Jugendbewegung. Ebenfalls in pervertierter Weise. Die jugendbewegten Bünde beruhten auf einer freiwilligen Ordnung, der Nationalsozialismus verwandte die bündische Struktur im Rahmen eines Zwangssystems. Bewußt griff die Hitler-Jugend Elemente der Jugendbewegung auf – die Jugendgruppe, die Fahrt, das Singen. Wie die Jugendbewegung vermittelte sie Geborgenheit in der Gruppe und Aufbruchstimmung – jedoch im Rahmen einer paramilitärischen Ordnung.

«Alternative» Wünsche – Wünsche, die einer rational durchorganisierten Gesellschaft entgegenstanden – waren, das zeigte der Nationalsozialismus, offenbar weit verbreitet: die Sehnsucht nach dem Überschreiten der Ich-Grenzen, der Wunsch nach Gemeinschaft. Die Nazi-Diktatur hat diese Wünsche organisiert. Sie ließen sich in eine *Zwangs*form pressen, weil – anders als bei den alternativen Bewegungen – in großen Teilen der Bevölkerung kein tiefsitzender Wunsch nach individueller Selbstverwirklichung dieser Organisation widerstand. Elend der deutschen Gesellschaft, welche die Industriezivilisation – und die Opposition dagegen – erfuhr, ohne daß die bürgerlichen Werte von Freiheit und Individualität sich je in ihr durchgesetzt hätten.

Wir haben die alternativen Bewegungen als gegen die Rationalisierung der Gesellschaft gerichtet begriffen, als «anti-modern», insofern sie der Funktionalisierung und zweckrationalen Organisation des Lebens opponieren; zugleich aber als Gruppen, die – im Gegensatz zu konservativen und reaktionären Strömungen – Individualität und Subjektivität besonders wichtig nehmen. Ihre Kulturkritik rückt sie in einen Abstand zu den politisch «fortschrittlichen» Parteiungen, zu Kommunisten, Sozialdemokraten und Linksliberalen; ihr Individualismus trennt sie radikal von der politischen Rechten; das erklärt die Schwierigkeiten, sie politisch «einzuordnen», Schwierigkeiten, die sich noch heute bei der Bewertung der «Grünen» wiederholen. Gewiß, die Linke ist den Alternativen näher als die Rechte; aber vor Naturverklärung, Politik der Ekstase, Subjektivismus und Kritik der Rationalität – Konstanten der alternativen Bewegungen – steht die traditionelle Linke ratlos.

Wie aber, wenn nicht mit den Begriffen von «links» und «rechts», sind die alternativen Bewegungen nun im gesellschaftlichen Zusammenhang zu verstehen? Reicht es aus, sie als «anti-modern» zu bezeichnen? Ist das überhaupt zutreffend?

Kommen wir noch einmal zurück auf den *Subjektivismus* der Alternativen. In allen alternativen Bewegungen ist die Vorstellung wirksam, das *Innere* müsse sich uneingeschränkt von der Außenwelt entfalten, ja, es solle die Außenwelt nach seinen Vorstellungen formen. Jeder muß seinen eigenen Weg gehen. Das «Eigene» steht gegen das «Fremde». Die gesamte Lebensführung soll dem inneren Empfinden entsprechen. «Inneres» – Gefühl, Traum, Ekstase, Intensität, Liebe, «Leben» – stellt den Bereich positiver Werte dar, «Äußeres» – Erfolg, Leistung, Prestige, Anpassung, Pflichterfüllung, Besitz – wird negativ gesehen. Im Leben wollen die Alternativen «ihre Träume verwirklichen» – das Innere zu einem Außen machen. Das genaue Gegenteil moderner rationaler Organisation, welche alle Empfindung dem äußeren Funktionieren der Institution unterordnet.

Die modernen Gesellschaften bringen jedoch nicht nur den Typ des

«Technikers» hervor, sondern als dessen Gegenpol auch den des «Künstlers». Die – nach der Klischeevorstellung – frei sich entwikkelnde Subjektivität des letzteren ist ebenso wie die strenge Rationalität der funktionalen Systeme eine Erfindung der Neuzeit. Individualismus und Subjektivität sind für die westlichen Industriegesellschaften, wie sie sich in den letzten Jahrhunderten allmählich herausgebildet haben, nicht weniger charakteristisch als Organisation und Rationalität. Auf diesem – ebenfalls «modernen» – Pol der «Kunst», des Subjektiven, des Schöpferischen, siedeln sich die alternativen Bewegungen an. Betrachten wir einen Moment, wie diese Seite der Moderne sich gleichsam im Rücken der Rationalisierung entwickelt hat. Wir können dann die alternativen Bewegungen im historischen Zusammenhang besser verstehen.

Mit der Auflösung der Wirtschaftseinheit des «ganzen Hauses», mit der Zersplitterung der institutionellen Sphären gliedert sich die Subjektivität aus den «objektiven» gesellschaftlichen Prozessen aus. Gerade weil die Arbeit rational durchorganisiert ist und auf die Bedürfnisse und Erfahrungen der beteiligten Personen kaum noch Bezug nimmt, bleibt sie den Individuen äußerlich. «Im Vergleich zu den traditionellen sozialen Ordnungen tragen die wesentlichen öffentlichen Institutionen (heute) nicht mehr in erheblichem Maß zur Bildung des Bewußtseins und der Einzelpersönlichkeit bei ... Die persönliche Identität wird im wesentlichen zur Privatsache. Das ist vielleicht der revolutionärste Aspekt der modernen Gesellschaft. Die Auftrennung der Institutionen hat weite Zonen des individuellen Lebens unstrukturiert gelassen ...» [17]

Keineswegs also bedeutet der «Rationalisierungs»-Prozeß eine Durchorganisierung der gesamten Gesellschaft im Sinne von Orwells «1984»-Visionen. Im Gegenteil schafft er mit den funktionalen Systemen von Arbeit und Verwaltung zugleich auch einen eigenständigen Raum der «Privatheit», den es in vormodernen Gesellschaften in dieser Form nicht gab. Diese Privatheit entsteht zunächst – seit dem 18. Jahrhundert – im Bürgertum. Sie hängt zusammen mit der Herausbildung der Kleinfamilie als dem Ort von Intimität und Subjektivität – also mit der «Trennung von Haushalt und Betrieb» [18], welche Max Weber zu den Grundvoraussetzungen rationalen kapitalistischen Wirtschaftens zählt. Damit «tritt der ‹Rationalität› des Betriebs die ‹Sentimentalität› der Familie gegenüber» [19]. Indem die Lebensgemeinschaft der Familie ihrer «sachlichen» Komponente – nämlich Arbeitsgemeinschaft zu sein – weitgehend entkleidet wurde, entwikkelte sie sich zum Ort der Gefühle. Die Gefühle selbst und das Bewußtsein von ihnen änderten von diesem Moment an ihren Charakter. Sie differenzierten sich, wurden mehr beachtet, reflektierter. «Das 18. Jahrhundert» – welches den Beginn dieser Entwicklung sieht – «wird nicht zufällig zu einem des Briefes; Briefe schreibend entfaltet sich das Individuum in seiner Subjektivität ... Das psychologische Interesse wächst von Anbeginn in der doppelten Beziehung auf sich selbst und auf den anderen: Selbstbeobachtung geht eine neugierige teils, teils mitfühlende Verbindung ein mit den seelischen Regungen des anderen Ichs.»[20]

Individuelles Selbstbewußtsein und Erleben des Subjektiven entstehen also zugleich mit der Anonymisierung und «Objektivierung» der gesellschaftlichen Beziehungen. Das ist nur scheinbar paradox. Beide Momente, die vorher miteinander verschränkt waren – das «Objektive» und das «Subjektive» – treten auseinander; beide differenzieren sich in vorher ungeahnter Weise. «Die europäische Industrieperiode, die Psychologie als Wissenschaft und die sentimentalpsychologische Literatur (treten) ... ungefähr gleichzeitig in Erscheinung.»[21] Gemeinsam entwickeln sie sich auch fort.

Die modernen Industriegesellschaften haben nicht nur den aufwendigsten und effizientesten technischen Apparat zu ihrer Verfügung, den es jemals gab; sie produzieren nicht nur Mittel, welche die vollständige Planung auch des individuellen Lebens anzudrohen scheinen; zugleich zeigt sich in ihnen eine «Differenzierung der Subjektivität ..., wie sie noch kein Jahrhundert kannte ... Wohl noch niemals waren so viele Menschen mit den feinsten Antennen ausgestattet ...»[22] Wahrnehmung und Kenntnis des Psychischen sind, zumal seit der Entstehung der Psychoanalyse, enorm gewachsen; der Anspruch auf Selbstausdruck und Selbstverwirklichung ist, für den privaten Bereich, zur Selbstverständlichkeit geworden; Erotik und Partnerwahl haben sich aus den objektiven Bindungen gelöst und sind der gefühlsbezogenen Entscheidung des einzelnen überlassen; die «Privatsphäre» soll kein Staat und kein Vorgesetzter antasten. Vollends wird die Emanzipation der Subjektivität in der Kunst deutlich, vom psychologischen Roman über den Film bis hin zum Großteil der modernen Malerei.

«Objektives» und «Subjektives» treten also in der Moderne auseinander. Dem «Techniker» und dem «Beamten» steht der «Künstler» gegenüber. Die *Spannung* zwischen beiden Polen bestimmt die gesellschaftliche Wirklichkeit, nicht – wie man glauben könnte – das Element der Rationalität allein.

Diese Spannung ist heute in der gesamten Gesellschaft zu beobachten. Um nur einige Beispiele unter vielen möglichen zu geben: *Natur* ist in der europäischen Neuzeit – zumal im 20. Jahrhundert – zum

Objekt wirtschaftlicher und technischer Ausbeutung geworden; gleichzeitig hat sich ein reflektiertes subjektivistisches Naturbewußtsein gebildet, wie es vordem nicht bestand. Es tritt uns vor allem in der Kunst, hier besonders in den romantischen Strömungen entgegen. Heute aber bekommt es in den Auseinandersetzungen um die Ökologie auch eine politische Dimension.

Die *Körper* der Menschen sind im «Prozeß der Zivilisation» diszipliniert und vieler Ausdrucksmöglichkeiten beraubt worden; zugleich erleben wir «sexuelle Revolutionen»[23] und die «Wiederkehr des Körpers»[24] auch außerhalb der alternativen Szene.

Die *Liebe* gerät unter den Einfluß der in großindustriellem Ausmaß von den Massenmedien verbreiteten Liebesklischees; zugleich hat sie sich individualisiert und von sozialen und ökonomischen Zwängen teilweise befreit.

Die *Kindheit* scheint einerseits, ebenfalls unter dem Einfluß der Massenmedien, nahezu zu «verschwinden»[25]; andererseits erleben wir im «Jahrhundert des Kindes» und der Anti-Pädagogik eine Betonung der Eigenständigkeit der Kinder – in ihrer Andersartigkeit gegenüber den Erwachsenen – wie niemals zuvor.

Religion tritt als «objektive» gesellschaftliche Macht in dem Maße zurück, in dem sie sich als unvereinbar erweist mit den Gesetzen der Rationalisierung gesellschaftlicher Prozesse; zugleich taucht sie in «subjektivem» Gewand wieder auf – als Meditation, Selbsterfahrung, Sektenwesen.

Die *Kunst* schließlich ist in die («rationalen») Marktgesetze eingezwängt; dennoch stellt sie – neben der Liebe – für das moderne Bewußtsein das charakteristische Medium von Sensibilität und Subjektivität dar.

Der «Prozeß der Zivilisation» ist also nicht linear auf ein Orwellsches 1984 ausgerichtet; er wird nicht aus den Menschen seelenlose Roboter machen. Im Gegenteil, er entfaltet Rationalität *und* Sensibilität. Vielleicht nicht im richtigen Verhältnis: gerade die Trennung beider Bereiche – das Fehlen einer «affektiven Vernunft»[26] – erweist sich als problematisch. Aber es kann kein Zweifel daran sein, daß Modernität nicht etwa das Verschwinden des Subjektiven bedeutet.

Zurück zu den alternativen Bewegungen. Der Pol der Modernität, den wir als den «subjektiven» bezeichnet haben, hat sich in zahlreichen Theorien und Philosophien niedergeschlagen, vor allem in romantischen und lebensphilosophischen Strömungen. Er hat sich aber bislang niemals in einer *sozialen Bewegung* ausgedrückt – mit Ausnahme eben der Alternativbewegungen. Die sozialen Bewegungen der Neuzeit haben *für* die Modernität gegen die traditionellen Lebensformen gekämpft (die Liberalen) oder *gegen* die Modernität für die traditionellen Lebensformen (die Konservativen) oder auf dem Boden der Modernität, das heißt der Rationalisierung gesellschaftlicher Prozesse, für eine andere Organisation der Gesellschaft (die Arbeiterbewegung). Niemals zuvor aber – wenn ich recht sehe – hat eine soziale Bewegung den «privat»-subjektiven Pol der Moderne gegen den «öffentlich»-rationalen vertreten. Die Alternativen lassen das «Innere» nicht an dem Platz, welcher ihm in der herrschenden Organisation der Gesellschaft zugeordnet ist: in der Privatsphäre. Sie respektieren die Grenzen nicht. Auch der «öffentliche» Bereich soll unter dem Einfluß von «Bedürfnissen» und «Gefühlen» strukturiert werden. Für das herkömmliche Denken Unvereinbares und Unvergleichbares wird zusammengebracht: Die *Phantasie* an die *Macht*. Make love, not war. Die Trennung von «privat» und «öffentlich» soll überhaupt verschwinden; das Lustprinzip soll in Arbeit und Politik eingehen.

In der Spannung zwischen «Techniker» und «Künstler» als Symbolfiguren der Moderne stehen die Alternativen eindeutig auf seiten des letzteren. Wir können diesen Zusammenhang noch vertiefen.

Etwa zum gleichen Zeitpunkt, als sich die deutsche Bohème bildete – um die Jahrhundertwende –, hat sich in der «abendländischen» Malerei der Bruch mit einer fünfhundertjährigen Tradition vollzogen: mit dem Bestreben, im Bild *Außenwelt* wiederzugeben. Die Fotografie hat diese Aufgabe übernommen. Die Malerei dagegen wendet sich von der Dingwelt ab, oder, genauer: sie verwendet nunmehr die Elemente der Dingwelt, um *innere Welten* darzustellen.

Wir hatten Kandinsky zitiert: «... der Weg, auf welchem wir uns des Äußeren entledigen werden, um statt dieser Hauptbasis eine ihr entgegengesetzte zu stellen: Die Hauptbasis der inneren Notwendigkeit ...»[27] In den Bildern Kandinskys und Mirós, Picassos und Chagalls, der Surrealisten und Kubisten, in der gesamten Kunst des 20. Jahrhunderts ist die Abwendung vom «Äußeren» zu spüren; Träume kommen zum Ausdruck, Phantasien, Empfindungen, vor allem: *Intensitäten*. Die materielle Welt ist nurmehr Material der Bilder, nicht mehr ihr Gegenstand.

«Die Logik der äußeren Welt ist aufgehoben.»[28] Was Charles Reich über Marihuana schrieb, gilt auch für die Werke der modernen Kunst. Die Regeln des Verstandes bilden nicht mehr das Medium, durch welches die Künstler die Welt sehen. Die Gesetze der Perspektive, der Proportionen *müssen* nicht befolgt werden. Die Zentralperspektive, die die Ordnung der gemalten Welt gewährleistete und den Abstand zwischen Betrachter und Objekt ein für allemal festlegte, ist zerstört.

Es gehört in diesen Zusammenhang, daß die Kunst des 20. Jahrhunderts sich für die Produktionen der «Naturvölker», der Kinder und der «Verrückten» interessiert. Afrikanische, indianische, archaische Elemente sind von vielen Künstlern aufgenommen worden. Kinderzeichnungen haben Maler wie Jean Dubuffet zu «großer Kunst» angeregt. Die Bilder eines schizophrenen Malers wie Wölffli werden in weitbeachteten Ausstellungen gezeigt. Naturvölker, Kinder, «Wahnsinnige» – sie stehen außerhalb des gesellschaftlichen Rationalitätszusammenhangs, dem die moderne Kunst so konsequent opponiert wie die Alternativkulturen.

Die Parallelen zwischen beiden sind verblüffend. Abkehr vom «Äußeren», Bezug auf die «innere Welt», auf das außerhalb der gesellschaftlichen Normalität stehende, auf die Subjektivität: die Kunst des 20. Jahrhunderts drückt Haltungen aus, die wir in den verschiedenen Alternativbewegungen gesehen haben. Immer aber hat die Malerei besonders frühzeitig gesellschaftliche Veränderungen – Änderungen der *Sichtweisen* – angekündigt. Vielleicht sind die Impulse, die wir hier dargestellt sehen, von weittragender Bedeutung.

Damit kommen wir zur letzten Frage: derjenigen nach den *Wirkungen* der alternativen Bewegungen.

Einen *hoffnungslosen* Kampf haben die Alternativbewegungen offenkundig nicht geführt. Viele ihrer Ideen haben sich im Laufe der Zeit in der Gesellschaft «durchgesetzt»; sei es, daß sie zu Selbstverständlichkeiten wurden wie die freiere Kleidung, sei es, daß sie, wie die ökologische Thematik, immerhin allgemein diskutiert werden. Aber in den wenigsten Fällen haben die Alternativkulturen solche Entwicklungen selbst in Gang gesetzt. Man kann wohl sagen, daß sie *sensibler* reagiert haben als die bürgerliche Welt, die manchmal erst Jahrzehnte später ähnliche Impulse aufgriff. Sie sind aber nur in sehr beschränktem Maß *Auslöser* gesellschaftlicher Veränderungen gewesen; sinnvoll scheint, sie als Indikatoren oder *Darsteller* solcher Änderungen zu sehen.

So verhielt es sich mit den Änderungen der Sexualmoral. Die Bohème lebte sie als erste programmatisch-praktisch vor, aber natürlich haben sich die Sitten nicht *wegen* der Bohème geändert. Die Ökologie: der Bohémien Klages, die Siedler vom Monte Verità und viele Jugendbewegte hatten bereits ein ausgeprägtes ökologisches Verständnis, im Landkommune-Leben und in Veröffentlichungen haben sie dieses Verständnis auch ausgedrückt; aber der Durchbruch des ökologischen Denkens in den siebziger Jahren ist nicht von ihnen beeinflußt worden. Die «Jugendkultur»: die Lösung der Jugendlichen von den Eltern und ihre im Vergleich zum Beginn des Jahrhunderts weitgehende Selbständigkeit sind heute selbstverständlich; natürlich nicht wegen Gustav Wynekens Schriften, sondern weil die Jugendbewegung einen historischen Impuls aufgriff, der überall wirkte. Die Frauenemanzipation: wenn Frauen 1970 die sexuelle Freiheit und die Selbstbestimmung über ihre Lebensführung fordern, dann gewiß nicht nach dem Vorbild Franziska zu Reventlows. Deren Bücher lasen die Frauen oft erst nach den ersten eigenen Emanzipationsschritten. Die Bohème-Aristokratin war nicht die Ursache, wohl aber eine der ersten *Darstellerinnen* weiblicher Freiheit auf der Bühne der neueren Geschichte.

Es scheint nicht ausgeschlossen, daß das «moderne» Modell des Verhältnisses von «Objektivem» und «Subjektivem», von Rationalität und Sensibilität, wie ich es skizziert habe, den Höhepunkt seiner Wirksamkeit bereits überschritten hat. Daß die durch dieses Modell festgelegten sozialen und körperlichen Distanzen sich ändern, daß Objektivität und Rationalität selber als *Fiktion* erscheinen, ist nicht nur in der Alternativszene zu beobachten, sondern in der gesamten Gesellschaft. Das schnelle Anwachsen der neueren Alternativbewegungen und ihre Ausstrahlung auf große Teile der «Normal»-Gesellschaft wäre dann ein Ausdruck dieser Verhältnisse: ein *sozialer* Niederschlag von Veränderungen, die in anderen Bereichen – zum Beispiel der bildenden Kunst und Literatur, womöglich aber auch der Wissenschaft[29] – ebenfalls sichtbar werden.

Vielleicht sprechen wir nicht zufällig von der Alternativ*szene*. Die Alternativen befinden sich auf einer Bühne. Andersartigkeit wird (aus-)gespielt. Aber in dieser Andersartigkeit steckt auch *Verwandtschaft* mit dem Publikum. Man ist sich nicht so fremd, wie man tut. Häufig stellt die Alternativkultur Empfindungen dar, die mehr oder minder ausgeprägt in den «normalen» Zuschauern ebenfalls wirken. Nur kommen sie dort später – vielleicht auch in anderer Form – zum Ausdruck. Möglich wäre, daß die Alternativbewegungen *Veränderungen szenisch darstellen* – indem sie Tendenzen ausleben, welche sich unbewußt in der gesamten Gesellschaft finden.

Das alles bleibt offen. Die Alternativbewegungen des 20. Jahrhunderts haben in den wenigen Jahrzehnten, in denen sie sich entfalten konnten, Deutschland farbiger, spannungsreicher, intensiver gemacht; vielleicht können sie beitragen, es aus seinen traditionellen Verklemmungen zu lösen. Daß sie die Gesellschaft geändert haben und wesentlich ändern werden, kann man dennoch bezweifeln; wahrscheinlich zeigen sie Veränderungen an, die sich im großen und ganzen auch ohne ihr Zutun vollziehen. Romantische Sehnsüchte und bürgerliche Freiheitswünsche sind in ihnen eine originäre Verbindung eingegangen, der Abschied vom Bürgertum vollzieht sich im

Zeichen entfalteter Subjektivität. Aber die Entfaltung der Subjektivität scheint zu den großen Themen dieses Jahrhunderts zu gehören, 1984 ist nicht nur das Jahr des Großen Bruders, es ist auch eines der Jahre, in denen Tausende von Menschen die Sensibilität eines Nietzsche, eines Freud, eines Hesse in sich aufgesogen haben und mit deren Augen ihren Alltag sehen. Die Alternativkulturen gehören in *diesen* Zusammenhang.

Anmerkungen

1. Kapitel: Bohème

1 Julius Bab: Die Berliner Bohème. Berlin und Leipzig 1904, S. 55.
2 Friedrich Nietzsche: Die Geburt der Tragödie aus dem Geiste der Musik. Hier zitiert nach: Nietzsche Studienausgabe Band 1 (hg. von Hans Heinz Holz), Frankfurt 1968, S. 33.
3 Ebda., S. 34.
4 Erich Mühsam: Unpolitische Erinnerungen, in: Erich Mühsam, Gesamtausgabe (hg. von Günther Ennig), Band 4 – Prosaschriften II, Berlin 1978, S. 24.
5 Franziska zu Reventlow: Gesammelte Werke, München 1925, S. 971 f.
6 Zitiert nach Bab, a. a. O., S. 65.
7 Nach Dominik Jost: Ludwig Derleth. Gestalt und Leistung, Stuttgart 1965, S. 20.
8 Erich Mühsam: Bohème, in: Die Fackel Nr. 202, VIII. Jahrgang, Wien 1906, S. 6.
9 Hans Siemsen: Wo hast du dich denn herumgetrieben? Erlebnisse, München 1920, S. 99. Hier zitiert nach: Helmut Kreuzer: Die Bohème. Beiträge zu ihrer Beschreibung, Stuttgart 1968, S. 258.
10 Der schöne Ausdruck stammt von dem Romantiker Friedrich Schlegel. Fr. Schlegel: Lucinde, Frankfurt / Berlin / Wien 1980 (erstmals 1799), S. 30.
11 Leonhard Frank: Links wo das Herz ist, Frankfurt 1976, S. 21.
12 Nach Bab, a. a. O., S. 55.
13 Zitiert nach Kreuzer, a. a. O., S. 209.
14 Ebda.
15 Zitiert nach Theo Kneubühler: Die Künstler und Schriftsteller und das Tessin (Von 1900 bis zur Gegenwart), in: Monte Verità – Berg der Wahrheit. Lokale Anthropologie als Beitrag zur Wiederentdeckung einer neuzeitlichen sakralen Topologie. Ausstellungskatalog, Kunsthaus Zürich 1978, hg. von Harald Szeemann, S. 151.
16 Joachim Ringelnatz: Mein Leben bis zum Kriege, Berlin 1931, S. 246.
17 Franziska zu Reventlow: Herrn Dames Aufzeichnungen, München 1976, S. 57.
18 Mühsam: Unpolitische Erinnerungen, a. a. O., S. 117.
19 Arthur Holitscher: Lebensgeschichte eines Rebellen, Berlin 1924, S. 198.
20 Friedrich Schleiermacher: Vertraute Briefe über Friedrich Schlegels Lucinde, in: Fr. Schlegel: Lucinde, a. a. O., S. 150 (erstmals 1800).
21 Mühsam, a. a. O., S. 234.
22 Franziska zu Reventlow: Viragines oder Hetären? in: Zürcher Diskussionen, 2. Jahrgang 1899, Nr. 22, S. 7. Wieder abgedruckt in: Marbacher Magazin 8 / 1978.
23 Franziska zu Reventlow: Gesammelte Werke, a. a. O., S. 631, S. 632.

24 Ebda., S. 925.
25 Franziska zu Reventlow: Herrn Dames Aufzeichnungen, a. a. O., S. 55.
26 Oskar Maria Graf: Wir sind Gefangene, München 1927, S. 127.
27 Herbert Günther: Joachim Ringelnatz in Selbstzeugnissen und Bilddokumenten, Reinbek 1964, S. 30.
28 Leonhard Frank, a. a. O., S. 48f.
29 Franz Kafka: Tagebücher 1910–1923, Frankfurt 1954, S. 66.
30 Zitiert nach Kreuzer, a. a. O., S. 219.
31 S. Anmerkung 1.
32 Heinrich und Julius Hart, in: Freiheit Nr. 24, 18. 1. 1902, hier zitiert nach Heinz Hug: Erich Mühsam. Untersuchungen zu Leben und Werk, Glashütten (Taunus) 1974, S. 7.
33 Ebda.
34 Erich Mühsam: Unpolitische Erinnerungen, a. a. O., S. 40.
35 Heinrich und Julius Hart, zitiert nach Jost Hermand: Der Schein des schönen Lebens. Studien zur Jahrhundertwende, Frankfurt 1972, S. 74.
36 Mühsam: Unpolitische Erinnerungen, a. a. O., S. 111.
37 Franz Jung: Der Torpedokäfer (Der Weg nach unten), Neuwied / Berlin 1972, S. 91.
38 Zitiert nach Martin Green: Else und Frieda, die Richthofen-Schwestern, München 1980, S. 67.
39 Otto Gross: Von geschlechtlicher Not zur sozialen Katastrophe. Mit einem Textanhang von Franz Jung, herausgegeben von Kurt Kreiler, Frankfurt 1980 – Erste eingehende Darstellung von Gross' Leben und Denken in: Martin Green, a. a. O. (erste deutschsprachige Ausgabe 1976).
40 Vgl. unten S. 51.
41 Franz Jung: Von geschlechtlicher Not zur sozialen Katastrophe. In: Otto Gross: Von geschlechtlicher Not zur sozialen Katastrophe, a. a. O., S. 135.
42 In: Links wo das Herz ist, a. a. O.
43 In: Barbara oder die Frömmigkeit, Salzburg 1929.
44 In: Abschied, in: Gesammelte Werke, Band 11, Berlin (DDR) 1975.
45 In: Der Torpedokäfer, a. a. O.
46 Sebastian Cobler: «Die grüne Sache.» Karrieren fürs Volk, in: Kursbuch 70 (1982), S. 25.
47 Franziska zu Reventlow: Herrn Dames Aufzeichnungen, a. a. O., S. 36.
48 Ludwig Klages: Mensch und Erde, in: Werner Kindt (Hg.): Grundschriften der deutschen Jugendbewegung. Dokumentation der Jugendbewegung Band 1, Düsseldorf / Köln 1963, S. 100.
49 Ebda., S. 102.
50 Hans Eggert Schröder: Ludwig Klages. Die Geschichte seines Lebens. Zweiter Teil. Das Werk. Erster Halbband (1905–1920), S. 583, S. 585.
51 Klages: Mensch und Erde, a. a. O., S. 104.
52 Zitiert nach Ulrich Linse: Organisierter Anarchismus im Deutschen Kaiserreich von 1871, Berlin 1969, S. 91.
53 Zitiert nach Kreuzer, a. a. O., S. 293.
54 Bab, a. a. O., S. 79.

55 Franz Jung: Der Torpedokäfer, a. a. O., S.79.
56 Mühsam: Unpolitische Erinnerungen, a. a. O., S. 305f.
57 Mühsam, in: Kain, April 1912, S. 2. Hier zitiert nach Hug, a. a. O., S. 83.
58 Mühsam: Bohème, a. a. O., S. 5.
59 Ebda., S. 9.
60 Zitiert nach Hug, a. a. O., S. 86.
61 Ebd., S. 84.
62 Ebd., S. 88.
63 Ebd., S. 89.
64 Zitiert nach Linse, a. a. O., S. 104f.
65 Graf, a. a. O., S. 519.
66 Holitscher, a. a. O., S. 116.
67 Jung, a. a. O., S. 479.
68 Zitiert nach Johann Albrecht von Rantzau: Zur Geschichte der sexuellen Revolution. Die Gräfin Franziska zu Reventlow und die Münchener Kosmiker, in: Archiv für Kulturgeschichte, 56. Band 1974, Heft 2, S. 417, S. 423.
69 Ebda., S. 426.
70 Franziska zu Reventlow: Tagebücher 1895–1910, Frankfurt 1976, S. 183.
71 Ebda., S. 193.
72 Ebda., S. 202.
73 Ebda., S. 201.
74 Ebda., S. 185.
75 Otto Gross, a. a. O., S. 63.
76 Dominik Jost, a. a. O., S. 22.
77 Mühsam, Bohème, a. a. O., S. 9.
78 Erich Mühsam: Ascona, in: Erich Mühsam Gesamtausgabe, a. a. O., Bd. 3 – Prosaschriften I, S. 94.
79 Frank, a. a. O., S. 46f.
80 Zitiert nach Jost, a. a. O., S. 29.
81 Ebda., S. 36.
82 Thomas Mann: Beim Propheten, in: Thomas Mann: Die Erzählungen, Frankfurt 1966, S. 368.
83 Zitiert nach Rantzau, a. a. O., S. 430.
84 Gross, a. a. O., S. 15.
85 Gross, a. a. O., S. 61.
86 Th. Haubach, zitiert nach Kreuzer, a. a. O., S. 145.
87 Zitiert nach Helmut Fritz: Die erotische Rebellion. Das Leben der Franziska Gräfin zu Reventlow. Frankfurt 1980, S. 85.
88 Hans Eggert Schröder: Ludwig Klages. Die Geschichte seines Lebens. Erster Teil. Die Jugend, Bonn 1966, S. 282.
89 Mühsam: Unpolitische Erinnerungen, a. a. O., S. 114.
90 Franziska zu Reventlow: Tagebücher, a. a. O., S. 12.
91 Ebda., S. 13.
92 Zitiert nach Schröder: Ludwig Klages ... Die Jugend, a. a. O., S. 270f.
93 Zitiert nach: M. Green, a. a. O., S. 120f.

94 Franziska zu Reventlow, a. a. O., S. 275.
95 Zitiert nach Schröder, a. a. O., S. 286f.
96 Theodor Lessing: Einmal und nie wieder, Gütersloh 1969, S. 427.
97 Zitiert nach Hans Eggert Schröder: Franziska Gräfin zu Reventlow. Schwabing um die Jahrhundertwende. In: Marbacher Magazin 8/1978, S. 11.
98 Zitiert nach Schröder: Klages ... Die Jugend a. a. O., S. 285.
99 Franziska zu Reventlow: Gesammelte Werke, a. a. O., S. 928.
100 Franziska Gräfin zu Reventlow: Briefe 1890–1917, herausgegeben von Else Reventlow, München / Wien 1975, S. 390.
101 Ebda., S. 376f.
102 Franziska zu Reventlow: Viragines oder Hetären? a. a. O., S. 7.
103 Zitiert nach Bab, a. a. O., S. 64.
104 Ebda.
105 Zitiert nach Rolf von Hoerschelmann: Leben ohne Alltag, Berlin 1947, S. 111.
106 Bab, a. a. O., S. 68.
107 Zitiert nach Erika Klüsener: Else Lasker-Schüler in Selbstzeugnissen und Bilddokumenten, Reinbek 1980, S. 57.
108 Ebda., S. 44.
109 Zitiert ebda., S. 57.
110 Mühsam: Unpolitische Erinnerungen, a. a. O., S. 31.
111 Ebda.
112 Otto Gross, a. a. O., S. 28.
113 Ebda., S. 27.
114 Zitiert nach Linse, a. a. O., S. 103.
115 Ebda.
116 Wassilij Kandinsky: Über das Geistige in der Kunst, München [2]1912, S. 69, S. 71.
117 Franziska zu Reventlow: Tagebücher, a. a. O., S. 13.
118 Mühsam, a. a. O., S. 24.
119 Graf, a. a. O., S. 107.
120 Klages: Mensch und Erde, a. a. O., S. 103f.
121 Zitiert nach Rantzau, a. a. O., S. 427.
122 Zitiert nach Linse, a. a. O., S. 103.
123 Graf, a. a. O., S. 135.
124 Zitiert nach Bab, a. a. O., S. 29.

2. Kapitel: Lebensreform

1 Oskar Maria Graf: Wir sind Gefangene, München 1927, S. 120.
2 Zitiert nach Robert Landmann: Ascona – Monte Verità, Frankfurt / Berlin / Wien 1979, S. 15.
3 E. Meyer-Camberg, nach Wolfgang R. Krabbe: Gesellschaftsveränderung durch Lebensreform, Göttingen 1974, S. 79.

4 Eduard Baltzer, nach Janos Frecot / Johann Friedrich Geist / Diethart Kerbs: Fidus 1868–1948. Zur ästhetischen Praxis bürgerlicher Fluchtbewegungen, München 1972, S. 34.
5 Ebda.
6 Eduard Baltzer, nach Krabbe, a. a. O., S. 154.
7 Franz Jung: Der Torpedokäfer (Der Weg nach unten), Neuwied / Berlin 1972, S. 395.
8 H. Lahmann nach Krabbe, a. a. O., S. 67.
9 Franz Oppenheimer: Die Siedlungsgenossenschaft, Jena ^{2}1913, S. 417.
10 Adolf Just nach Krabbe, a. a. O., S. 14.
11 Ulrich Linse (Hg.): Zurück o Mensch zur Mutter Erde, München 1983, S. 37.
12 Franz Oppenheimer, nach Linse, a. a. O., S. 29.
13 Gustav Landauer: Die Siedlung, in: Der Sozialist, 1. Jahrgang (1909) Nr. 11; Nachdruck in: Der Sozialist, Jahrgang 1–2, Vaduz 1980, S. 81–83.
14 Ebda.
15 Ebda.
16 Erich Mühsam, in: Kain, 1. Jahrgang 1911, Nr. 2, S. 38. Hier zitiert nach Gerdi Huber: Das klassische Schwabing, München 1973, S. 117.
17 Henri Oedenkoven nach Janos Frecot: Landkrone über Europa, in: Monte Verità – Berg der Wahrheit. Lokale Anthropologie als Beitrag zur Wiederentdeckung einer neuzeitlichen sakralen Topologie. Ausstellungskatalog Kunsthaus Zürich 1978, herausgegeben von Harald Szeemann, S. 57.
18 Landmann, a. a. O., S. 41.
19 Ebda., S. 43.
20 Ebda.
21 Ebda., S. 58.
22 Emil Szittya: Das Kuriositätenkabinett, Berlin 1979 (Nachdruck der Ausgabe desselben Buches von 1923), S. 91.
23 Erich Mühsam: Ascona, in: E. Mühsam: Gesamtausgabe (herausgegeben von Günther Emig), Band 3 – Prosaschriften I, Berlin 1978, S. 87.
24 Ulrich Linse: Der Rebell und die «Mutter Erde»: Asconas «Heiliger Berg» in der Deutung des anarchistischen Bohèmiens Erich Mühsam, in: Monte Verità – Berg der Wahrheit, Ausstellungskatalog, a. a. O., S. 26 bis 36.
25 Graf, a. a. O., S. 107ff.
26 Nach Landmann, a. a. O., S. 75.
27 Mühsam: Ascona, a. a. O., S. 104f.
28 Nach Landmann, a. a. O., S. 21.
29 Frecot, a. a. O., S. 61.
30 Ebda., S. 60.
31 Mühsam: Ascona, a. a. O., S. 74.
32 Frecot, a. a. O., S. 59f.

3. Kapitel: Jugendbewegung

1 Fritz Borinski / Werner Milch: Jugendbewegung. Die Geschichte der deutschen Jugend 1896–1933, Frankfurt 1982 (erstmals London 1945), S. 25.
2 Nach Knud Ahlborn: Das Meißnerfest der Freideutschen Jugend, in: Werner Kindt (Hg.): Grundschriften der deutschen Jugendbewegung, Dokumentation der Jugendbewegung Band 1, Düsseldorf / Köln 1963, S. 104.
3 August Messer: Die Entwicklung der Freideutschen Jugendbewegung, in: Kindt (Hg.), a. a. O., S. 189.
4 Hier zitiert nach Wilhelm Flitner / Gerhard Kudritzki (Hg.): Die deutsche Reformpädagogik. Band 1: Die Pioniere der pädagogischen Bewegung, Düsseldorf / München 1961, S. 277f. Vgl. auch Kindt, a. a. O., S. 93f.
5 Nach Heinrich Kupffer: Gustav Wyneken, Stuttgart 1970, S. 78.
6 Nach Hans Bohnenkamp: Jugendbewegung als Kulturkritik, in: Walter Rüegg (Hg.): Kulturkritik und Jugendkult, Frankfurt 1974, S. 29.
7 Nach Ulrich Linse: Die Kommune der deutschen Jugendbewegung, München 1973, S. 67.
8 Wilhelm Stählin: Der neue Lebensstil, in: Kindt, a. a. O., S. 309.
9 Ebda., S. 309ff.
10 Zitiert nach: Junge Menschen. Monatshefte für Politik, Kunst, Literatur und Leben aus dem Geiste der jungen Generation der zwanziger Jahre 1920–1927. Ausgewählt von Walther G. Oschilewski. Frankfurt 1981, S. 8.
11 Gustav Wyneken: Der weltgeschichtliche Sinn der Jugendbewegung, in: Kindt, a. a. O., S. 154.
12 Frank Fischer: Wandern ein Traum, ebda., S. 83.
13 Ernst Buske: Jugend und Volk, ebda., S. 198.
14 Ludwig Gurlitt: Kampf um die Jugend, ebda., S. 98.
15 Buske, a. a. O., S. 199.
16 Stählin, a. a. O., S. 311.
17 Ebda.
18 Hier zitiert nach Knud Ahlborn: Das Meißnerfest der Freideutschen Jugend, ebda., S. 109.
19 Theodor Wilhelm: Der geschichtliche Ort der deutschen Jugendbewegung, ebda., S. 14.
20 Zitiert nach Theodor Herrle: Die deutsche Jugendbewegung in ihren kulturellen Zusammenhängen, Gotha / Stuttgart 1924, S. 13.
21 Ebda., S. 12.
22 Hans Blüher: Geschichte des Wandervogels, in: Kindt, a. a. O., S. 46.
23 Gurlitt, a. a. O., S. 97.
24 Stählin, a. a. O., S. 311.
25 Ebda., S. 313.
26 Manfred Hausmann, nach Jakob Müller: Die Jugendbewegung als deutsche Hauptrichtung neokonservativer Reform, Zürich 1971, S. 97.
27 Junge Menschen, a. a. O., S. 231.
28 Buske, a. a. O., S. 200.

29 Hans Breuer: Herbstschau 1913, in: Flitner / Kudritzki (Hg.), a. a. O., S. 277.
30 Gustav Wyneken: Was ist Jugendkultur? in: Kindt, a. a. O., S. 127.
31 Breuer, a. a. O., S. 274.
32 Borinski / Milch, a. a. O., S. 44.
33 Ebda., S. 61.
34 Alfred Kurella: Deutsche Volksgemeinschaft. Offener Brief an den Führerrat der Freideutschen Jugend, in: Kindt, a. a. O., S. 172f.
35 Gustav Wyneken: Der weltgeschichtliche Sinn der Jugendbewegung, in: Kindt, a. a. O., S. 152.
36 Elisabeth Busse-Wilson: Liebe und Kameradschaft, in: Kindt, a. a. O., S. 329.
37 Gustav Wyneken, a. a. O., S. 152f.
38 Linse, a. a. O., S. 162.
39 Nach Georg Becker: Die Siedlung der deutschen Jugendbewegung, Hilden 1929, S. 45, S. 63.
40 Marie Buchhold, zitiert nach Ulrich Linse (Hg.): Zurück o Mensch zur Mutter Erde, München 1983, S. 182.
41 Friedrich Bauermeister, nach Linse: Die Kommune der deutschen Jugendbewegung, a. a. O., S. 87.
42 Joseph Eggerer, nach Linse: Zurück o Mensch ..., a. a. O., S. 137.
43 Heinrich Vogeler, nach Linse, a. a. O., S. 111.
44 Nach Linse: Die Kommune ..., S. 51.
45 Nach Linse: Zurück o Mensch ..., S. 122.
46 Nach Heinrich Wiegand Petzet: Von Worpswede nach Moskau – Heinrich Vogeler, Ein Künstler zwischen den Zeiten, Köln ^{3}1973, S. 124.
47 Nach Becker, a. a. O., S. 58.
48 Nach Linse, a. a. O., S. 155.
49 Ebda., S. 148f.
50 Ebda., S. 196.
51 Ebda., S. 226f.
52 Eberhard Arnold, zitiert ebda., S. 236.
53 Ebda., S. 232f.
54 Ebda., S. 233.
55 Ebda., S. 160.
56 Elisabeth Vogler: Schwarzerden, ein Neubeginn mit klaren Zielen, in: Werner Kindt (Hg.): Die deutsche Jugendbewegung 1920 bis 1933. Die bündische Zeit. Dokumentation der Jugendbewegung Band 3, Düsseldorf / Köln 1974, S. 1609.
57 In: Linse, a. a. O., S. 166.
58 Nach Manfred Fuchs: Probleme des Wirtschaftsstils von Lebensgemeinschaften, Göttingen 1957, S. 70.
59 Ebda.
60 Ebda., S. 69 und S. 71.
61 Nach Adam Ritzhaupt: Die «Neue Schar» in Thüringen, Jena 1921, S. 7.
62 Ebda., S. 8.

63 Ebda., S. 12.
64 Nach Fuchs, a. a. O., S. 74.
65 Gustav Wyneken: Was ist Jugendkultur? a. a. O., S. 121.
66 Ebda., S. 127.
67 Gustav Wyneken: Der weltgeschichtliche Sinn der Jugendbewegung, a. a. O., S. 148–162.
68 Nach Ulrich Linse: Entschiedene Jugend 1919–1921. Deutschlands erste revolutionäre Schüler- und Studentenbewegung, Frankfurt 1981, S. 80.
69 Ebd., S. 97.
70 Ebda., S. 179.
71 Ebda., S. 91.
72 Ebda., S. 173.
73 Paul Oestreich, zitiert ebda., S. 170 f.
74 Ebda., S. 174.
75 Ellen Key, nach Jakob R. Schmid: Freiheitspädagogik, Reinbek 1973, S. 95.
76 Ludwig Gurlitt, zitiert ebda., S. 98.
77 Fritz Gansberg, Die Korrektur der freien Aufsätze, in: Theo Dietrich Hg.): Die pädagogische Bewegung «Vom Kinde aus», Bad Heilbrunn 1972, S. 113
78 Wolfgang Scheibe: Die Reformpädagogische Bewegung, Weinheim / Basel [3]1972, S. 143.
79 Nach Schmid, a. a. O., S. 109.
80 Max Tepp, nach Ulrich Linse: Entschiedene Jugend ..., a. a. O., S. 35.
81 Nach Dieter Hoof: Die Schulpraxis der Pädagogischen Bewegung des 20. Jahrhunderts, Bad Heilbrunn 1969, S. 37.
82 Adolf Röhl, nach Schmid, a. a. O., S. 25.
83 Hans Goes, nach Schmid, a. a. O., S. 21 f.
84 Ebda., S. 23.
85 Fritz Karsen: Die Aufbauschule in Neukölln, in: Wilhelm Flitner / Gerhard Kudritzki (Hg.): Die deutsche Reformpädagogik. Band 2: Ausbau und Selbstkritik, Düsseldorf / München 1962, S. 100.
86 Berliner Richtlinien und Grundsätze, nach denen die Versuchsschulen (Lebensgemeinschaftsschulen) einzurichten sind, vom Jahre 1923, in: Flitner / Kudritzki (Hg.), a. a. O., S. 92 f.
87 Zitiert nach Schmid, a. a. O., S. 48.
88 G. F. Hartlaub: Der Genius im Kinde; nach Scheibe, a. a. O., S. 143.
89 Wilhelm Lamszus: Aufbruch im Chaos, in: Hoof, a. a. O., S. 55.
90 Ellen Key, nach Schmid, a. a. O., S. 95.

4. Kapitel: Alternative Bewegungen seit den sechziger Jahren

1 Eldridge Cleaver: Seele auf Eis, München 1969, S. 90.
2 Abgedruckt in: Alice Schwarzer: So fing es an! München 1983, S. 127.
3 Ebda., S. 37.

4 Josef Huber: Wer soll das alles ändern. Die Alternativen der Alternativbewegung, Berlin 1980, S. 27f.
5 Zitiert nach Klaus Müschen: «Lieber lebendig als normal!» Bensheim 1982, S. 43.
6 Statistische Angaben – auch zum folgenden – nach Müschen, a. a. O., S. 53ff. und Huber, a. a. O., S. 29.
7 Huber, a. a. O., S. 56.
8 Ebda., S. 64.
9 K.-L. Schibel, zitiert nach Müschen, a. a. O., S. 100.
10 Michael Rutschky: Erfahrungshunger, Frankfurt 1982, S. 124.
11 Joseph Eggerer, nach Ulrich Linse: Die Kommune der deutschen Jugendbewegung, München 1973, S. 118.
12 Nach Walter Hollstein: Die Gegengesellschaft, Reinbek 1981, S. 134.
13 Peter Gorsen: «Lebensreform» und «Alternativkultur», in: Neue Rundschau Heft 3 / 1982, S. 58f.
14 Vgl. unter vielen Beispielen: Hollstein, a. a. O., S. 180.
15 Rutschky, a. a. O., S. 65.
16 Ebda., S. 43.
17 Nach Hollstein, a. a. O., S. 47.
18 Ebda., S. 61.
19 Klaus Bergmann, in: K. Bergmann / Winfried Hammann / Solveig Ockenfuß (Hg.): Abhauen – Flucht ins Glück, Reinbek 1981, S. 111.
20 Charles Reich: Die Welt wird jung; hier zitiert nach Helmut Röhrling: Wir sind die, vor denen uns unsere Eltern gewarnt haben. Szenen und Personen aus den amerikanischen Sechzigern, Berlin 1980, S. 155.
21 Zitiert nach Michael Mildenberger: Die religiöse Revolte, Frankfurt 1979, S. 160.

5. Kapitel: Der Blick des Künstlers

1 Otto Brunner: Das «Ganze Haus» und die alteuropäische «Oekonomik». in: Ders.: Neue Wege der Verfassungs- und Sozialgeschichte, Zweite, vermehrte Auflage, Göttingen 1968, S. 107.
2 Jack Kerouac, nach Walter Hollstein / Boris Penth: Alternativprojekte, Reinbek 1980, S. 42.
3 Vgl. Walter Hollstein: Die Gegengesellschaft, Reinbek 1981, S. 47.
4 Zitiert nach Lothar Baier: Wer unsere Köpfe kolonisiert. Zur Frage, ob die Emanzipation von der ratio fällig ist, in: Literaturmagazin 9. Der neue Irrationalismus, Reinbek 1978, S. 78.
5 Ebda., S. 77f.
6 Der Papalagi. Die Reden des Südseehäuptlings Tuiavii aus Tiavea, Neuauflage Berlin 1973.
7 Die Forschungsreise des Afrikaners Lukanga Mukara ins innerste Deutschland, Neuauflage Berlin 1976.

8 Max Barthel, Wanderschaft. Zitiert nach Klaus Bergmann: Die Revolution ist vorbei – auf zu neuen Ufern, in: Klaus Bergmann / Winfried Hammann / Solveig Ockenfuß (Hg.): Abhauen – Flucht ins Glück, Reinbek 1981, S. 127.
9 Helmut Kreuzer: Die Bohème, Stuttgart 1968, S. 277.
10 Georg Becker: Die Siedlung der deutschen Jugendbewegung, Hilden 1929, S. 79.
11 Norbert Elias: Über den Prozeß der Zivilisation, Bern ^{2}1969, S. 251.
12 Ebda., S. 222.
13 Ebda., S. 89.
14 Friedrich Nietzsche: Die Geburt der Tragödie aus dem Geiste der Musik, hier nach: Nietzsche Studienausgabe Band 1 (hg. von Hans Heinz Holz), Frankfurt 1968, S. 41.
15 Ebda., S. 33.
16 Ebda.
17 Thomas Luckmann: The Invisible Religion, London / New York 1967, S. 97 (Übersetzung des Zitats vom Vf.)
18 Brunner, a. a. O., S. 109. Max Weber: Die protestantische Ethik und der Geist des Kapitalismus, Tübingen 1934, S. 8.
19 Brunner, a. a. O., S. 111.
20 Jürgen Habermas: Strukturwandel der Öffentlichkeit. Neuwied / Berlin ^{5}1971, S. 66 f.
21 Arnold Gehlen: Die Seele im technischen Zeitalter, Reinbek 1957, S. 63.
22 Ebda., S. 61 f.
23 Dazu Edward Shorter: Die Geburt der modernen Familie, Reinbek 1983 (am. 1977), S. 130 ff.
24 Vgl. z. B. Dietmar Kamper / Christoph Wulf (Hg.): Die Wiederkehr des Körpers, Frankfurt 1982.
25 Neil Postman: Das Verschwinden der Kindheit. Frankfurt 1983; Karl W. Bauer / Heinz Hengst: Wirklichkeit aus zweiter Hand, Reinbek 1980.
26 Carl-Friedrich von Weizsäcker: Der bedrohte Friede. Politische Aufsätze 1945–1981, München 1983, S. 606: «Die alternative Bewegung der Gegenwart ist ohne dieses Verlangen nach affektiver Vernunft unverständlich.» Vgl. auch ders.: Der Garten des Menschlichen, Frankfurt 1980, S. 125 ff. und S. 167 ff.
27 Vgl. oben S. 60.
28 Vgl. oben S. 186.
29 Vgl. Weizsäcker: Der Garten des Menschlichen, a. a. O.; Fritjof Capra: Der kosmische Reigen. O. O. (Scherz Verlag) 1977. Ders.: Wendezeit. Bausteine für ein neues Weltbild, O. O. 1983.

Dokumente

«Die Suggestion von fremdem Willen, welche man Erziehung nennt»
Auszüge aus Texten von Otto Gross

In der Tiefe des menschlichen Innern lebt ein Konflikt, der die seelische Einheit zerreißt. Dieser Konflikt ist in jedem Menschen, diese seelische Zerrissenheit durchzieht die ganze Menschheit, und diese Erkenntnis führt in die Versuchung, das Leiden an sich selbst als unvermeidbar, den inneren Konflikt als etwas «Normales» zu sehen.

Das Kind in der bestehenden Familie erlebt zugleich mit dem Beginnen des Erlebenkönnens, daß seine angeborene Wesensart, sein angeborenes Wollen zu sich selbst, sein Wollen, so wie es ihm angeboren ist zu lieben, nicht verstanden und von niemandem gewollt wird. Daß keine Antwort kommt auf die Erlösungsforderung: die eigene Persönlichkeit behalten und nach den eigenen angeborenen Gesetzen lieben könnnen. Auf diese Forderung gibt niemand Antwort als das eigene Erkennen, verschmäht und wehrlos unterdrückt zu sein, das eigene Erkennen der allausfüllend weiten Einsamkeit ringsum. Und auf die grenzenlose Angst des Kindes in der Einsamkeit hat die Familie, wie sie jetzt besteht, die eine Antwort: Sei einsam oder werde, wie wir sind.

Kein Mensch vermag bereits als Kind auf Liebe zu verzichten: Das ist unmöglich, weil der Trieb zum Anschluß an die anderen so arterhaltend wie das Streben zum Bewahren des angeborenen eigenen Wesens ist. Das Kind in der bestehenden Familie muß werden wie die anderen, die es umgeben, sind: mehr oder minder gänzlich, wenn es zu den meisten, zum Teil nur, wenn es zu den wenigen gehört, die ihre angeborene Wesensart und eine innere Notwendigkeit, danach zu streben, nie ganz verlieren können.

Die Angst der Einsamkeit, der Trieb zum Anschluß zwingt das Kind, sich anzupassen: die Suggestion von fremdem Willen, welche man Erziehung nennt, wird in das eigene Wollen aufgenommen. Und so bestehen die meisten geradezu allein aus fremdem Willen, den sie aufgenommen, aus fremder Art, der sie sich angepaßt, aus fremdem Sein, das ihnen völlig als die eigene Persönlichkeit erscheint. Sie sind in ihrem Wesen im großen und ganzen einheitlich geworden, weil aller fremde Wille, aus welchem sie in Wirklichkeit bestehen, in seinem tiefsten Wesen und seinen letzten Zielen einheitlich gerichtet ist. Sie haben sich das innere Zerrissensein erspart, sie sind den Dingen, wie sie liegen, angepaßt. Sie sind die allermeisten.

Allein wenn auch kein einziger, so wie die Dinge liegen, es vermag, das Aufgedrängte völlig von sich fernzuhalten: es gibt auch solche, welche auch das Wesenseigene nie ganz verlieren können. Das Schicksal dieser Menschen ist der innere Konflikt des Eigenen und Fremden, die innere Zerrissenheit, das Leiden an sich selbst. Es ist die Menschenart, mit deren unverlierbar führenden Motiven es unvereinbar bleibt, daß sie den ersten großen Kompromiß geschlossen haben.

(...)

Es ist nach den Ergebnissen der Anthropologie wohl nicht mehr zweifelhaft, daß die bestehende Familienordnung, die Vaterrechtsfamilie, keine solche ist, die mit der Menschheitsentwicklung von Anbeginn her sich mitentwickelt hätte, daß sie vielmehr das Ergebnis einer Umwälzung vorher bestandener andersartiger Verhältnisse darstellt. Als uranfängliche Institution erkennt die moderne Anthropologie *das freie Mutterrecht*, das sogenannte Mutterrecht der Urzeithorde. Das Wesen der mutterrechtlichen Institution besteht darin, daß die materielle Vorsorge für die Mutterschaftsmöglichkeit der Frau von allen Männern der Gesellschaftsgruppe – hier also des ganzen Stammes – gewährleistet wird. Das Mutterrecht gewährt der Frau die wirtschaftliche und damit die sexuelle und menschliche Unabhängigkeit vom einzelnen Mann und stellt die Frau als Mutter in ein Verhältnis der direkten Verantwortlichkeit der Gesellschaft gegenüber, die als die Trägerin des Interesses an der Zukunft eintritt. Die Mythologie aller Völker bewahrt die Erinnerung an den prähistorischen Zustand des freien Mutterrechts in der Idee von einem gerechten goldenen Zeitalter und Paradies der Urzeit.

Über den Übergangsvorgang vom alten Mutterrecht zur jetzt bestehenden Familienordnung besteht zur Zeit die sehr plausible Vermutung, daß die bestehende Form der Ehe als sogenannte Raubehe ihren Ursprung genommen hat, daß also die Grundlage der bestehenden Vaterrechtsfamilie aus dem Gebrauch von kriegsgefangenen Skavinnen hervorgegangen ist. Es wäre damit gesagt, daß die Assoziation der Sexualität mit Vergewaltigungsmotiven, die sexuelle Vergewaltigungssymbolik, welche die Menschheit durchzieht, auf einen universalen sexuellen Vergewaltigungsvorgang als ihre menschheitsumfassende Ätiologie zurückgeht. Sei dem wie immer, auf jeden Fall müssen wir erkennen, daß die bestehende Familienordnung auf den Verzicht auf Freiheit der Frau gestellt ist, und daß diese Tatsache im inneren sexuellen Konflikt, genauer gesagt, in der sexuellen Vergewaltigungs-

und Destruktionssymbolik ihren notwendigen psychologischen Ausdruck findet.

Das Grundprinzip jeder Gesellschaftsordnung ist die materielle Fürsorge für die Frau zur Ermöglichung der Mutterschaft. In der bestehenden Gesellschaftsordnung, der Ordnung des Vaterrechtes, wird die Ermöglichung der Mutterschaft der einzelnen Frau vom einzelnen Manne geboten, und dies bedeutet die materielle und damit die universelle Abhängigkeit der Frau vom Manne um der Mutterschaft willen.

Der Trieb zum Muttersein in der Frau ist zweifelloser als irgendein anderer ein angeborener und unveräußerlicher Grundinstinkt, und die bestehende Gesellschaftsordnung erzeugt mit der der Frau gestellten Alternative zwischen dem Verzicht auf das Muttersein und dem Verzicht auf die freie Selbstbetätigung die Gegensatzstellung und Konfliktbildung zwischen den beiden essentiellen Grundinstinkten in der Frau: des spezifisch weiblichen Triebes zum Mutterwerden und des allgemein menschlichen zur Aufrechterhaltung der eigenen unabhängigen Individualität.

(...)

Es ist nach dem früher Gesagten selbstverständlich, daß der Konflikt zwischen diesen beiden Endeinstellungen, dieser tiefste innere Konflikt der Frau nur dort erhalten bleibt, wo sich ein unverlierbarer Willen zum Festhalten an der eigenen Individualität und ihrer Freiheit, ein Willen, sich nicht vergewaltigen zu lassen, erhalten kann. Das heißt also in den allerwenigsten. Die ungeheure Mehrzahl der Frauen finden ihr inneres Gleichgewicht und ihre innere Einheit in dem Verzicht auf eigene Individualität, in menschlicher wie sexueller Passivität. Allein in allen Frauen erhält sich, sei es bewußt oder unbewußt, sei es mit innerlichem Ja oder Nein, das innere Gefühl, daß sie mit ihrer Sexualität und Mutterschaft sich vergewaltigen lassen: die Vergewaltigungs- und Destruktionssymbolik für Sexualität und Mutterschaft. Gleichwie in allen Männern, sei es bewußt oder unbewußt, sei es mit innerlichem Ja oder Nein, sich unverlierbar ein Gefühl erhält, daß ihre sexuellen Beziehungen zur Frau im Grunde Vergewaltigung sind.

(Aus: Vom Konflikt des Eigenen und Fremden [1914], jetzt in: Otto Gross: Von geschlechtlicher Not zur sozialen Katastrophe. Mit einem Textanhang von Franz Jung. Herausgegeben von Kurt Kreiler, Frankfurt/M. 1980, S. 27–31)

Die Psychologie des Unbewußten ist die Philosophie der Revolution, d. h., sie ist berufen, das zu werden als das Ferment der Revolutionierung innerhalb der Psyche, als die Befreiung der vom eigenen Unbewußten gebundenen Individualität. Sie ist berufen, zur Freiheit innerlich fähig zu machen, berufen als die Vorarbeit der Revolution.

(...)

Was wir zu wissen lernen, das ist, daß jeder von uns, so wie wir heute sind, nur einen Bruchteil dessen innehat und als sein eigen kennt, was seine psychische Persönlichkeit in ihrer Gesamtheit umfaßt.

Ausnahmslos in jeder Psyche ist die Einheit der Gesamtfunktion, die Einheit des Bewußtseins durchgerissen, hat sich ein Unbewußtes abgespalten, das sich der Führung und Kontrolle durch das Bewußtsein und jeder Selbstwahrnehmung überhaupt entrückt erhält.

(...)

Es zeigt sich, daß das eigentliche Wesen dieser Konflikte im tiefsten Grund sich stets auf ein umfassendes Prinzip zurückführen läßt, auf den Konflikt des Eigenen und Fremden, des angeborenen Individuellen und des Suggerierten, das ist des Anerzogenen und Aufgezwungenen.

Dieser Konflikt der Individualität mit der ins eigene Innere eingedrungenen Autorität ist mehr als jemals sonst der tragische Inhalt der Kindheitsperiode.

Tragisch gerade desto mehr, je reicher in sich selbst, je fester in der Eigenart die Individualität veranlagt ist. Je intensiver und je früher das Widerstandsvermögen gegen Suggestion und Eingriff seine schützende Funktion beginnt, um soviel intensiver und soviel früher wird der zerreißende Konflikt vertieft und verschärft. Verschont sind nur die Naturen, deren Individualitätsanlage so schwach entwickelt und so wenig widerstandsfähig ist, daß sie unter dem Druck der Umweltsuggestionen – dem Einfluß der Erziehung – geradezu der Atrophie verfällt und überhaupt verschwindet – Naturen, deren richtunggebende Motive endlich ganz aus überkommenen fremdem Material an Wertungen und Gewohnheiten des Reagierens sich zusammensetzen. Bei solchen Charakteren zweiten Ranges kann eine – scheinbare – Gesundheit sich erhalten, d. h. ein ungestörtes Zusammenfunktionieren der seelischen Totalität oder, besser gesagt, des Seelenrestes. Jedwedes Individuum dagegen, das irgend höher steht als diese Normalität von heute, ist unter den bestehenden Verhältnissen außerstande, am krankheitsschaffenden Konflikt vorbeizukommen und seine individuelle Gesundheit zu erreichen, d. h. die harmonische Vollentwicklung seiner individuellen, in angeborener Anlage präformierten höchsten Möglichkeiten.

(...)

Es ist keiner der Revolutionen, die der Geschichte angehören, gelungen, die Freiheit der Individualität aufzurichten. Sie sind wirkungslos verpufft, sie sind geendet in einem hastenden Sicheinordnenwollen in allgemein geltende Normalzustände. Sie sind zusammengebrochen, weil der Revolutionär von gestern die Autorität in sich selbst trug. Man kann jetzt erst erkennen, daß in der Familie der Herd aller Autorität liegt, daß die Verbindung von Sexualität und Autorität, wie sie sich in der Familie mit dem noch geltenden Vaterrecht zeigt, jede Individualität in Ketten schlägt.

(Aus: Zur Überwindung der kulturellen Krise [1913], in: Otto Gross: Von geschlechtlicher Not zur sozialen Katastrophe, a. a. O., S. 13–16.)

«Die Wut der Vernichtung»
Ludwig Klages über die Zerstörung der Natur

Dem uralten Kulturvolk der Chinesen wären noch heute alle modernen Erfindungen fremd, hätten nicht wir sie ihm aufgenötigt. Schlagen wir aber einen ihrer großen Philosophen auf, die vor dritthalb Jahrtausenden blühten, einen Laotse oder Liä Dsi, so spricht uns ein solcher Tiefsinn der Weisheit an, daß in Vergleichung damit sogar ein Goethe zum Stümper wird. Wenn sie die Wissenschaft nicht besaßen, mit deren Hilfe man Kanonen baut, Gebirge sprengt, künstliche Butter macht, so liegt die Annahme näher, daß sie daran kein Interesse hatten. Hinter der Erkenntnisbemühung stehen fordernd und lenkend die Interessen der Menschheit, und nur aus der Richtung dieser können wir jene verstehen. – Damit die fortschrittliche Forschung der Neuzeit einsetzen konnte, mußte der große Gesinnungswandel der Menschheit vollzogen sein, dessen Praxis man Kapitalismus nennt.

Daß die glänzenden Errungenschaften der Physik und Chemie einzig dem Kapital gedient, darüber besteht für denkende Köpfe heute kein Zweifel mehr; aber nicht einmal schwer zu erweisen wäre die gleiche Richtung in den herrschenden Lehren selbst. Die spezifische Leistung der neueren Wissenschaft, die Ersetzung alles Qualitativen durch bloße Quantitäten, geht genau parallel der Erscheinung der Lebenspraxis, daß die nur seelisch faßbaren Werte des Blutes, der Schönheit, der inneren Würde dem völlig gehaltlosen derjenigen Macht gewichen, die sich meßbar verkörpert im Geldbesitz. Man hat ja dafür auch das Wort «Mammonismus» geprägt, allein wohl nur wenige sind sich bewußt geworden, daß dieser Mammon ein reales Wesen ist, das sich der Menschheit als eines Organs bemächtigt, um das Leben der Erde auszutilgen.

Unter dem schwachsinnigsten aller Vorwände, daß unzählige Tierarten ‹schädlich› seien, hat er nahezu alles ausgerottet, was nicht Hase, Rebhuhn, Reh, Fasan und allenfalls noch Wildschwein heißt. Eber, Steinbock, Fuchs, Marder, Wiesel, Dachs und Otter, Tiere, an deren jedes die Legende uralte Erinnerungen knüpft, sind zusammengeschmolzen, wo nicht schon völlig dahin; Flußmöwe, Seeschwalbe, Kormoran, Taucher, Reiher, Eisvogel, Königsweih, Eule rücksichtsloser Verfolgung, die Robbenbänke der Ost- und Nordsee der Vertilgung preisgegeben. Man kennt mehr als zweihundert Namen deutscher Städte und Dörfer, die vom Biber stammen, ein Beweis für die Ausbreitung des fleißigen Nagers in früheren Zeiten; heute gibt es noch wenige Restkolonien in der Elbe zwischen Torgau und Wittenberg, die auch schon verschwunden wären ohne gesetzlichen Schutz! Und wer gewahrt nicht mit heimlicher Angst die von Jahr zu Jahr schnellere Abnahme unserer lieblichen Sänger, der Zugvögel! Noch vor knapp einem Menschenalter war selbst in den Städten zur Sommerszeit die blaue Luft vom Schwirren der Schwalben und Segler voll, ein Laut, durch den die Ferne und aller Wandertrieb zu ziehen scheint. Damals zählte man in einem Vorort Münchens an dreihundert bewohnte Nester, heute sind es noch vier oder fünf. Sogar auf dem Lande ist es unheimlich still geworden.

(...)

Schon muß man es zu den Glücksfällen rechnen, wenn man auf entlegenem Waldespfad aus sonnigem Wiesengrunde wieder einmal den lichten und ahnungsvollen Ruf der Wachtel hört, die früher zu Tausenden und aber Tausenden die deutschen Gaue erfüllte und in Liedern des Volkes wie der Dichter lebt. Elster, Specht, Pirol, Meise, Rotschwänzchen, Grasmücke, Nachtigall – sie alle schwinden, wie es scheint, unaufhaltsam dahin.

(...)

Seit im Jahre 1908 in Kopenhagen eine Aktiengesellschaft entstand ‹zum Betrieb von Walfischfang in großem Stile und nach einer neuen Methode›, nämlich mit schwimmenden Fabriken, wurden im Laufe der beiden folgenden Jahre rund fünfhunderttausend dieses größten Säugers der Erde hingeschlachtet, und der Tag ist nahe, wo der Wal der Geschichte und – den Museen angehört. – Jahrtausendelang durchstreifte zu Millionen der amerikanische Büffel, das liebste Jagdwild des Indianers, die Prärie. Kaum aber, daß der ‹fortgeschrittene› Europäer das Land betreten, so begann ein entsetzliches und sinnloses Morden, und heute ist es mit dem Bison aus und vorbei.

(...) die Wut der Vertilgung hat auch durch die Menschheit ihre blutige Furche gezogen. Dahingeschwunden sind ganz oder nahezu, weil entweder niedergemacht oder ausgehungert oder zu hoffnungslosem Siechtum verurteilt durch die Geschenke des ‹Fortschritts›: Branntwein, Opium, Syphilis, die Naturvölker. Aus und vorbei ist es mit den Indianern, vorbei mit den Urbewohnern Australiens, vorbei mit allen besten der polynesischen Stämme; die tapfersten Negervölker widerstreben und erliegen der ‹Zivilisation›.

(...)

Wir sollten endlich aufhören zu vermengen, was im Tiefsten gespalten ist: Die Mächte des Lebens und der Seele mit denen des Verstandes und des Willens. Wir sollten einsehen, daß es zum Wesen des rationalen Willens gehöre, den «Schleier der Maja» in Fetzen zu reißen, und daß eine Menschheit, die sich solchem Willen anheimgegeben, in blinder Wut die eigene Mutter, die Erde, verheeren müsse, bis alles Leben und schließlich sie selbst dem Nichts überliefert ist.

Keine Theorie und keine Praxis bringt zurück, was einmal verloren wurde. Zur Umkehr aber hülfe allein die innere Lebenswende, die zu bewirken nicht in der Macht von Menschen liegt.

(...) das Wissen von der weltschaffenden Webekraft allverbindender Liebe. Nur wenn sie in der Menschheit wiederwüchse, möchten vielleicht die Wunden vernarben, die ihr muttermörderisch der Geist geschlagen.

(Aus: Ludwig Klages: Beitrag zum Meißnertreffen; zitiert nach: Werner Kindt [Hg.]: Grundschriften der deutschen Jugendbewegung, Düsseldorf / Köln 1963, S. 99–105 und nach: Hans Eggert Schröder: Ludwig Klages. Die Geschichte seines Lebens. Zweiter Teil. Das Werk. Erster Halbband (1905–1920), Bonn 1972, S. 582 ff.)

«Sprichst du was, Mühsam?»
Oskar Maria Graf über seinen ersten Abend bei der Gruppe «Tat» in München

Der Buchbinder lächelte: «Das ist kein Verein. Das sind Anarchisten. Wir kommen alle Freitage zusammen im Restaurant ‹Glockenbach›. Es ist da ein Diskussionsabend. Bald wird wieder eine größere öffentliche Versammlung sein. Wir wollen mit den Sozialdemokraten abrechnen. Das sind nur Bremser und Bureaukraten, die die ganzen Arbeiter verdummen.»

Als er sah, daß ich staunend und blöd dastand, ging er wieder an den

Tisch und nahm aus der Schublade eine zweite Broschüre, die er mir reichte.

«Da ist eigentlich alles drinnen, was wir wollen. Lesen Sie doch die Sache mal durch, und wenn Sie dann Lust haben, dann kommen Sie am Freitag abend mit», sagte er und verabschiedete sich von mir. Ich ging in mein Zimmer zurück und las Landauers «Aufruf zum Sozialismus». Das war die zweite Broschüre, die mir mein Nachbar gegeben hatte. Auf den letzten Seiten standen die «Zwölf Artikel des Sozialistischen Bundes», und darunter war ein blauer Stempel: Gruppe «Tat», München.

Aber da stand doch gar nichts von Anarchisten.

Anarchisten, dachte ich und erinnerte mich undeutlich an Luccheni, den Mörder der Kaiserin Elisabeth von Österreich, an Bombenattentate und furchtbare Verbrecherverbindungen. Ich malte mir im Geiste schon einen dunklen, verborgenen Keller aus, sah vermummte Gestalten, die um das Schicksal dieses und jenes Fürsten würfelten. Eine ungeheure Spannung erfaßte mich, eine Neugier ließ mich nicht einschlafen, Landauers Auseinandersetzungen waren wie weggeflogen. Das mußte ich sehen. Da muß ich hin, das sind Verbrecher, man kriegt einen anderen Namen und verschwindet sozusagen für die übrige Welt. Was konnte mir, wenn ich an Maurus dachte, besser gelegen kommen. Nichts wie los!

(...)

Wenn man mich zum Fürstenmorden heranziehen wollte, so konnte ich ja immer noch sagen, ich wüßte nicht, wie eine Bombe losgelassen wird, oder ich hätte keine Waffe, oder meine Schwester erlaube das nicht oder sonst was.

Die ganze Woche vertiefte ich mich in den «Aufruf zum Sozialismus». Das leuchtete mir etwas ein. Aber was hatte denn das mit Anarchismus zu tun? Da kam doch gar nichts vor von Bomben und von Fürstenmord. Immer hieß es da nur ganz harmlos: «Der Sozialistische Bund ist eine Gemeinschaft von Menschen, die mit Hilfe eines Ideales eine neue Wirklichkeit schaffen wollen.» Es wurde ferner von Gruppen, die diese Gemeinschaft, diese neue Menschengesellschaft allmählich gestalten sollten, geredet, von Aufteilung des Bodens und von Umstellung unserer ganzen Lebensart durch den Geist usw.

Zuletzt, als ich mich gar nicht mehr zurechtfand in meiner Verwirrung, kam ich auf den merkwürdigen Gedanken, daß diese schlauen Füchse von Anarchisten vielleicht eine ganz andere Anwendung der Sprache hätten, damit man ihnen nicht auf die Spur komme. Vielleicht hieß diese ganze Abhandlung und die Sache an sich etwas ganz anderes als das Wort, das dastand. Also Geheimsprache.

Ich war befriedigt und wartete bis zum Freitag mit Spannung.

(...)

Wir traten in der Sendlinger Straße in ein Wirtshaus, das «Gambrinus» hieß, tappten durch einen dunklen Durchgang an eine Türe. Der Buchbinder ging voraus und öffnete. Ich folgte ein wenig zitternd. Wir befanden uns in einem rauchigen, schmutzigen Saal, der kahl und ungemütlich aussah. Zirka fünfundzwanzig Leute saßen um die Tische, tranken Bier, sprachen allerhand und rauchten. Wir wurden kaum beachtet. Der Schweizer ging an einen Tisch, redete mit einem bebrillten, zottelhaarigen Mann und stellte mich ihm vor. Schließlich, als der Mann mich anlächelte und mir die Hand drückte, lächelte ich auch. Etliche Männer, die gerade da saßen, musterten mich, und dann setzten wir uns hin. An einem Tisch fiel öfters das Wort «Expropriation» oder «Generalstreik». Dann stand ein Mann mit birnenförmigem Gesicht auf, und es wurde ruhiger. Der Mann dankte uns allen, daß wir so zahlreich erschienen seien und setzte sich wieder. Eine Pause entstand.

Ich war noch immer unklar und gespannter als vorher, denn ich erwartete das richtig Anarchistische erst. Ja, sagte ich mir, schlau, schlau sind sie. Ganz harmlos sitzen sie im Wirtssaal, und auf einmal werden sie irgendeine Bodenluke aufmachen und – nichts wie hinunter in den finsteren Verschwörerkeller. Indessen nichts davon ereignete sich.

«Sprichst du was, Mühsam?» sagte ein Arbeiter zu dem Mann, dem ich vorhin vorgestellt worden war. Andere wieder redeten gleichgültig über dies und das. Man diskutierte über die Sozialdemokratie, über die Polizeispitzel, erzählte Verhaftungsgeschichten, und dann redete Mühsam kurz über die Ziele des «Sozialistischen Bundes». Als er zu Ende war, wurden Flugblätter ausgeteilt. Eine magere, kleine Frau ging von Tisch zu Tisch und verkaufte den «Sozialist», bot allerhand Broschüren von Kropotkin, Landauer, Most und Hervé an. Dann sagte Morax – eben jener birnengesichtige Mann – aufstehend: «Wer würde sich bereit erklären, den ‹Sozialist› zu verbreiten und sonstige Propaganda zu machen? Auch für schriftliche Arbeiten brauchen wir einen.» Der Schweizer stieß mich: «Se? ... Dias könna doch Se macha als Schriftstella ...?» Ich glotzte ihn ein wenig verdutzt an und hob den Finger wie ein Schulkind. Reden konnte ich da nicht.

Morax kam freundlich zu mir: «Wollen Sie die Sache von jetzt ab machen?» Ich sagte: «Ja.» Und nickte. Daraufhin übergab er mir einen Stoß Broschüren, einen Pack «Sozialist» und Flugblätter und gab mir die näheren Anweisungen. Ich sollte sie so unter der Hand den Leuten zustecken und Broschüren auf Versammlungen verkaufen, Flugblätter austeilen und alle Sendungen von jetzt ab in Empfang nehmen. Er händigte mir außerdem einen Stempel aus mit der Aufschrift: «Gruppe Tat des Sozialistischen Bundes, Treffpunkt: ...»

Den sollte ich jedem Flugblatt aufdrucken und unser jeweiliges Trefflokal hinschreiben, den Tag und die Stunde. Ich sagte immerzu «Ja» und war sehr erbaut davon, daß man mir sofort einen solchen Posten zuschanzte. Dann wurde die Sitzung geschlossen. Einige gingen durch eine Tür ins Gastzimmer hinauf, andere blieben noch sitzen und tranken ihr Bier aus. Viele zahlten und entfernten sich, einander «gute Nacht» wünschend. Mit uns ging ein Trupp von ungefähr fünf Leuten. Darunter waren Morax, Franz Jung, Ida, Theo und Georg, kurzweg «Schorsch» genannt.

(Aus: Oskar Maria Graf: Wir sind Gefangene, München 1927, S. 70 bis 71, S. 74–77)

«Ethische Wegelagerer»
Erich Mühsam über den Monte Verità

Die dritte und bedenklichste Erscheinung, von der analog der Neuen Gemeinschaft auch der «Monte Verità» heimgesucht wurde und wird, sind die ethischen Wegelagerer mit ihren spiritistischen, theosophischen, okkultistischen oder potenziert vegetarischen Sparren. Wer je in Vereinigungen irgendwie absonderlicher Prägung hineingerochen hat, weiß was ich meine, kennt die schmachtäugigen Blaßgesichter, die von morgens früh bis abends spät nur beflissen sind, in untadeligem Lebenswandel Leib und Seele im Gleichgewicht zu halten. Vegetarier sind diese Geister ja fast alle. Dagegen ist auch gar nichts einzuwenden. Wenn mich jemand überzeugen könnte, für meine Gesundheit und bei meiner Konstitution sei Pflanzenkost, Alkoholenthaltung und was sonst noch alles dazu gehört, unbedingt geboten, und wäre ich der Meinung, die intensive Pflege des Leibes sei wichtiger als die des Geistes und der Seele, so würde ich auch wohl Vegetarier werden. Sicher bin ich der Meinung, daß einem Rekonvaleszenten ein paar Monate konsequent vegetarischen Lebens etwa auf dem «Monte Verità» überaus nützlich sein mögen. Wenn mir aber jemand mit allgemeinsittlichen Vorhaltungen kommt, mir «Leichenfraß» vorwirft und sich als den höhern Menschen aufspielt, so wirkt er auf mich im höchsten Maße lächerlich.

Mit solch läppischen Albernheiten aber begründen die meisten ihren Vegetarismus. Als ob sie nicht mit jedem Radieschen, das sie verzehren, ein Stück Leben vernichten und sich von «Leichenfraß» nähren! – Solche Leute aber sind auf dem «Monte Verità» natürlich immer zu finden gewesen. Sie tragen ihren zum Schutz vor Sonnenbrand sehr zweckmäßigen Leinenkittel wie ein Priester seinen Talar, und die Haare, die sie sich, wie viele Künstler aus ästhetischen, aus naturgemäßen Gründen lang wachsen lassen, wallen ihnen um die verzeichneten Christusköpfe, als wohnten ihrer Mähne magische Kräfte inne. Daß solche Elemente, die mit äußerlichem Aufputz Innenleben zu markieren trachten, den ernsten Ideen eines Unternehmens als Hemmschuh anhängen, liegt auf der Hand, und ich bin überzeugt, daß aus dem «Monte Verità» ganz etwas andres hätte werden können, wären diese Herrschaften von vornherein mehr im Hintergrunde gehalten worden. Ich habe die Sorte in der Zeit, als ich noch der Neuen Gemeinschaft mit Enthusiasmus ergeben war, hinreichend kennen gelernt und weiß, wie sie sich mit ihrem bißchen «Weltanschauung» als «Individualitäten» aufblasen, während sie doch einander gleichen wie durchgepaust.

(Aus: Erich Mühsam: Ascona, in: Erich Mühsam, Gesamtausgabe, hg. von Günther Ennig, Band 3 – Prosaschriften I, Berlin 1978, S. 78f.)

«Der Götze Gold gräbt sich sein eigenes Grab»
Heinrich Vogeler über Natur und Revolution

Brüder, verlaßt die Städte, die grauen Mauern eurer selbstgeschaffenen Bedingtheiten, verlaßt eure Gefängnisse! Brüder, es ist Frühling! Das graue Chaos des Winters brach zusammen unter dem Rhythmus neuen Werdens. Wir bejahen die Nacht, das Chaos und die Stürme des Winters, denn wir wissen von der erlösenden Kraft des Frühlingsmondes! Wir wissen von der Unbedingtheit dieses Seins, wir fühlen um uns, in uns und durch uns das ewige Gesetz der aufbauenden zeugenden Liebeskraft. Wir hoffen, wie die tragende Mutter, auf das Zukünftige, auf das uns ganz Erfüllende; auf die reife Frucht, die uns befreit – und erlösend an das All, an die Menschheit zurückfällt.

Frühling ist in uns. Hoffend stehen wir vor der inneren Blüte, vor der unbewußt aufbrechenden Entfaltung stärkster menschlicher Kräfte. Sie bäumen sich auf, schöpferisch zu gestalten; sie wollen das Bedingte, die Welt der Konjunktur überwinden, als Werkzeuge des Unbedingten. Die Urmächte des Seins sind es, die wir in uns fühlen, die uns zur Selbstentäußerung treiben, zur freien Hingabe an das Werden der freien klassenlosen Gesellschaft der Menschen. Mögen die Alten mit der Verneinung, mit dem Unglauben, der Resignation in ihrer brutalen Machtgier zugrunde gehen; nie gestaltete sich schöpferische Tat aus Resignation. Sie treibt zur Untat und ist Sache des Alters, Sache des Unterganges! –

Wir glauben in all den Wandlungen des scheinbar chaotischen Weltgeschehens an einen einfachen naturhaften Prozeß. Wir sehen, wie die außer uns wirkenden kosmischen Kräfte eine Welt der Lüge und Gewaltmoral am selbstbereiteten Gift zersetzen und untergehen lassen, und wir glauben, daß auch in uns diese zersetzenden Kräfte wirken, die die alte Erziehung gehegt und gepflegt hat – aber wir wissen, daß wir die Kräfte in uns tragen, zu scheiden, zu entscheiden, die Welt der Verwesung in all ihren Negationen des Hasses der Völkerverhetzung zu erkennen und zu verlassen. Wir glauben an uns, wir glauben, daß auch wir nur Werkzeuge sind ewiger Gesetzmäßigkeit. Wir wissen, daß auch der Mensch nur sich selber erfüllen und überwinden muß, – hingebend, – daß er vorübergehend ist – mitbewegt vom All, ewiger Wandlung unterworfen durch das einzig zeugende aufbauende Gesetz der Liebe.

Alles blüht. Wir wagen es nicht, über blumige Wiesen zu schreiten, deren wundersame Schönheit der Lebensgemeinschaft von Gräsern und Blüten wir zerstören müßten. – Wir verlassen die grauen Städte und betreten den Wald. Auch hier erschüttert und erhebt uns die Lebenseinheit des Gemeinschaftswillens, den die Natur in der beispielgebenden aufstrebenden Kraft der Baumsäulen zum Ausdruck bringt. – Wir liegen am Strande des Meeres; eine unbegreifliche Sehnsucht erwacht in uns, eins zu sein mit den ewigen naturhaften Rhythmen, die Wandlung zur Einheit bedeuten.

Doch alle Sehnsucht bleibt ungestillt und drängt uns zurück in uns selber, und endlich erkennen wir, daß alle Freiheit, Einheit, Größe und Kraft nur in der eigenen Erfüllung liegt; so wie beim Meer, beim Wald, in Wiese, Blume, Baum, Vogel, Berg – Tal und Kristall – so auch beim Menschen: «Erfüllung Mensch mit Menschlichem; Erfüllung und Erhöhung des Selbst durch Zeugen und Gestalten, – Bejahung des Mitmenschen durch diese zeugende Kraft, denn nur das Gute, das Bejahende, das Liebegeborene, das wir sehen, das ist, kann das Schlechte, Verwesende vernichten oder umgestalten, bessern. –

Der Revolutionär ist der Heimkehrende, der Urmensch, der das künstliche Gebäude intellektueller Konstruktionen zertrümmert; denn alle diese künstlichen Gebilde des Übermenschentums brachten Gegengesetzlichkeiten: die Klassenordnung, Klassenjustiz, Grenzen, Fesseln, Abhängigkeiten, Knechtschaft und Herrschaft. – Jetzt ist das von uns froh bejahte Chaos da, aus dem alles Neuwerden entsteht. Der kosmische Geist läßt die Werke des Ungeistes erbeben, die

Zwangsjacken des Kapitalismus, des Nationalismus, des Militarismus; der Götze Gold, der nur durch Ungeist und Gewalt sein mammonistisches Reich erhalten kann, gräbt sich sein eigenes Grab, die Selbstvernichtung durch den Weltkrieg.

Der Mensch aber, der die Urmächte des Seins in sich lebendig fühlt, kehrt heim zur versöhnenden Mutter aller Dinge, zur Erde! – Ihm ist die Politik, das Wirtschaftsleben, das religiöse Leben eines Volkes nur eine symptomatische Erscheinung für die Auswirkung kosmischer Gesetzmäßigkeit. – Das Verhältnis der Menschen zur Erde gibt ihm Aufschluß über die aufbauenden oder abbauenden Kräfte des Werdens. – Der revolutionäre Mensch weiß, daß mit der reformistischen Idee der Parteien, die die Industrie der kapitalistischen Welt übernehmen und gemeinschaftlich fortführen wollen, eine letzte dilettantische unorganische Tat aus der bürgerlichen Ideologie geboren wird. Der kosmisch denkende Mensch weiß, daß all diese unorganische, gewaltsame mechanische Umgestaltung des Wirtschafts- und Gesellschaftslebens die Menschheit in ein ungeheures Elend stoßen wird. Er sieht in einem agrarischen Lande wie Rußland den furchtbaren Prozeß schon vor sich gehen, sieht, daß die Erhaltung der kleinen russischen Industrie nicht einmal möglich ist ohne die innige Verbindung mit der Erde. Er erkennt an den Dekreten der Sowjets über die Selbstversorgung der zusammenbrechenden Städte und Fabriken, daß selbst die dogmatischen Parteikommunisten gezwungen sind, den Aufbau der gemeinwirtschaftlichen Ordnung, vom Boden her, auf der Ernährungsbasis zu beginnen, nachdem in politischer Kurzsichtigkeit Kompromiß auf Kompromiß mit der kapitalistischen Umwelt geschlossen werden mußte. Wir aber wissen, daß unsere große Industrie ohne eine selbstversorgende Ernährungsbasis während Revolutionszeiten nicht vor dem Zusammenbruch zu bewahren ist. Wir wissen auch, daß der Aufbau der neuen Gesellschaft nur von unten her geschehen kann über den Erkenntnisweg, daß der Sozialist mit allem alten Konjunkturhoffen aufräumen muß; er kann weder seine Hoffnung auf den Osten noch auf den Westen setzen, sondern bei sich selber hat er zu beginnen; auch seelisch hat er seine bürgerliche extensive, spekulative Konjunkturwirtschaft aufzugeben und sich zu einer proletarischen schöpferischen, intensiven werkzeugenden Erkenntnis durchzuringen, sonst kann er keine neue Weltordnung gestalten, dann aber wird er erkennen, daß das Zusammenbrechen der extensiven Industrie und Handelswirtschaft eine symptomatische Erscheinung, ein gesetzmäßiger, naturhafter Vorgang ist, die durch die intensive selbstversorgende Bedarfswirtschaft, den Boden für die gemeinwirtschaftliche, internationale Ordnung unter den Menschen bereitet, den Völkerfrieden! Das Tragische der europäischen Arbeiterbewegung ist es, daß die materialistische Geschichtsauffassung für die alten Führer Literatur, Agitationsphrase geworden und nicht mit den naturwissenschaftlichen Erkenntnissen allen Werdens in Einklang gebracht worden ist. Erst wenn wir hinter den Dingen des Werdens, der Entwicklung, den kosmischen Geist der ewigen Gesetze erkennen und denselben bewegenden Geist in uns lebendig fühlen, können wir unsere Kräfte, unsere Hilfe dem organischen Wachsen allen Weltgeschehens zurückgeben.

(Heinrich Vogeler: Frühlingsbrief an meine Freunde! in: Der Einbruch. 1. Rundbrief der Entschiedenen Jugend Deutschlands [1920]; wieder abgedruckt in: Ulrich Linse: Entschiedene Jugend 1919–1921. Deutschlands erste revolutionäre Schüler- und Studentenbewegung, Frankfurt 1981, S. 190–192)

«Es gehört eben Mut dazu, auch aus sich selber den Kapitalismus auszutreiben» Marie Buchhold, Mitbegründerin der Kommune Schwarzerden, über ländliches Siedeln

Es genügt nicht, zum Siedeln zu kommen aus lauter negativen Gründen. Ablehnung der bestehenden Wirtschaft und Gesellschaftsordnung und bloße theoretische Vorstellung neuer Ideale vom Leben genügen nicht. Man muß etwas wissen und etwas können, und das gründlich. Beim ländlichen Siedeln vor allem muß gründliche Kenntnis in landwirtschaftlichen, gärtnerischen, haushandwerklichen und haushälterischen Dingen vorhanden sein. Jeder, der mit hinausgeht, muß eine Sache ganz gut können, oder doch mindestens kein einfacher Lehrling mehr sein in seinem Fach, damit er an einem Platz stehen kann, den er fürs erste ausfüllt, und damit sich sein Dasein lohnt. Denn jedes Menschen Dasein muß bei einem solchen Anfang einen ganzen, auch im Äußerlichen sichtbaren Sinn haben. Jeder muß von Anfang an wissen, was er jetzt zu tun hat. Es darf nicht dazu kommen, daß eine Wirtschaft von Gelegenheitsarbeitern lebt, die sich erst «ihre Arbeit» suchen wollen und zu den einfachsten Dingen problematisch stehen. Wenn schon, denn schon, Stallmisten, Garten- und Feldbestellung, Hausarbeit, dies alles darf nicht als Aufgabe an und für sich ins Bereich problematischer Auseinandersetzung geraten. Dann ist schon viel verloren, wenn es geschieht. Damit ist nicht gesagt, daß nicht fortwährend als wichtigster geistiger, ja! geistiger Austausch zwischen den Anfängern gerade das Gespräch von der Arbeit sein sollte. Es darf gar nichts Interessanteres geben fürs erste als dies, wie bewältigen wir am besten das vor uns Liegende, wie kommt es am besten für uns aus, welche Folge wird unsere Arbeitsweise für Mensch und Tier, Pflanze, Boden und jedwedes Ding haben. Und hier beginnt dann das Positive zu wachsen, das, was den ländlichen Siedler nicht nur in der bloßen Gesinnung von den Bauern oder Großgrundbesitzern unterscheidet, kurz: vom Kapitalisten, nämlich die sich in der Wirtschaftsweise ausdrücklich treubleibende Art des wahren Idealisten. Hier liegen auch die Konflikte. Von einigen nur will ich sprechen: Fangen wir heute mit bescheidenen Mitteln, oder auch, es ist fast gleich, mit etwas reichlicheren Mitteln eine Wirtschaft an, so treten wir durch Kauf und Verkauf, auch wenn wir nur Selbstversorger sein wollen – und wer kann es wirklich am Anfang? – sicher aber, da wir meistens bei Überproduktion auf Verkauf angewiesen sind und entsprechenden Einkauf, mit jener Wirtschaft in Verbindung, die wir im Prinzip ablehnen. Denn Siedler sein heißt allerdings: eine neue, edlere, gerechte Form der Wirtschaft als Grundlage des Lebens wollen. Ob sich alle heutigen Siedler darüber im letzten klar sind und aus dieser Klarheit konsequent handeln, ist zu bezweifeln. Es gehört eben Mut dazu, auch aus sich selber den Kapitalismus auszutreiben; denn aus uns selber muß er erst vertrieben sein, wenn wir weiter wirken wollen. Hier liegen eben die Berührungspunkte zwischen Wirtschaft und Moral. Und hier scheitern die meisten Siedlungslustigen mehr an sich selber als an der Ungunst äußerer Umstände. Es gehört etwas dazu, moralische Entscheidungskraft nämlich, um in Verbindung mit der kapitalistischen Außenwelt das zu sein und zu bleiben und immer mehr zu werden, was man ist. Und allen Siedlern sei es gesagt: unsere Wirtschaft, wie sie im kleinsten Ereignis des Alltags sich zeigt, richtet uns augenblicklich, und jeder Tag ist beim Aufbau einer ländlichen Siedlungsstätte ein Gerichtstag. Dem sei gewachsen, laß dich richten, sei heiter und werde einfach dabei, lerne die letzten kapitalistischen Reste von Besitzlust jedem Geschöpf, auch dir selbst gegenüber, austreiben. Dir selbst gegenüber? Ja, denn wenn du dich vielleicht nicht mehr fühlen brauchst im äußeren Besitz – man kann das lernen und einsehen –, so willst du dich doch fühlen in deiner besitzeifrigen Liebe und Ehre den Menschen und dir selbst gegenüber. Da liegt das Letzte und Schwerste, kaum zu Überwältigende, Elementare deiner Bildungsaufgabe beim ländlichen Wirtschaften. Denn nirgends so wie da gehen dir sichtbar die Dinge und Geschöpfe durch die Hände, nirgends so wie da bist du so mit den Menschen auf gemeinsames alltägliches Tun verwiesen. Und nirgends so wie da ist Gelegenheit, seine seelischen Kräfte im kommunistischen Mit-den-Menschen-Sein zu bilden. So wächst aus der alltäglichen Wirtschaft das Feinste, Menschliche, unsere Beziehung zueinander in allen Formen und Stufen hervor und gibt uns wirklich «aus dem Boden gewachsen» die höchsten Aufgaben, die höchsten Pflichten. Nun habe ich das Wort kommunistisch hier gebraucht und will auch dazu noch etwas sagen. Es ist klar, daß wir beim Beginn eines Aufbaus alles miteinander und zu gleichen Teilen teilen. Es ist klar? Es sollte doch sein! Es war nicht immer so, daß muß ich sagen. Aber man kommt dazu, wenn man ehrlich ist auf dem Wege. Gibt es später Gewinn, so wird er am besten auch entweder gleichmäßig verteilt oder als Spareinlage der Gemeinschaft aufbewahrt, je nachdem. Heute ist es allerdings stets besser, man legt Geld in wirklichen Werten an. Unter Gewinn verstehe ich das, was übrig bleibt, nachdem jeder das Seine, sein Existenzminimum, erhalten hat, nachdem auch die Wirtschaft als Betrieb das Ihre erhalten hat. Ich halte aus mehreren Gründen nicht viel von dem «Aus einer Gemeinschaftskasse wirtschaften». Es scheint mir billig und angemessen, einem jedem das Seine zu geben. Unterschiede machen? Gehaltsstufen? Kaum in der kleinen Gemeinschaft, wohl auch kaum zu Beginn eines Aufbaus, später aber können da Wege gefunden werden, die durchaus gemeinwirtschaftlich bleiben können. Aber hier fehlt mir die Praxis. Wir hatten noch keine Unterschiede, doch ist daran zu denken. Am Verhalten zum Geld allein kann man schon viel sehen und lernen. Gleicherweise ist eine ständige Lehre im Verhalten zu den Dingen, zu Pflanzen und Tieren wie zum Menschen gegeben. Wirtschaft und Gemeinschaft hängen eben auf das Innigste zusammen. Die praktische Wirtschaftsprobe ist *die* Probe für eine Gemeinschaft. Auch hier gibt es Stufen. Die schwerste Probe ist wohl die praktische Siedlung, da hier fortwährend der Alltag und seine sichtbare Arbeit zum nie endenden Stoff werden, an dem sich die Probe erkennbar vollzieht. Gemeinsamer Existenzkampf des Leibes wie der Seele, das ist es.

Zum Schluß noch einiges über die technische Bewirtschaftung des Bodens. Die «kapitalistische» Bauern- und Großgrundbesitzerschicht hat eine Art, die Felder zu bewirtschaften, die einem von wirklichem Körper- und Gemeinschaftsgefühl erfüllten Menschen zuwider sein muß. Ausnutzung ist Prinzip, nicht nur des Menschen, sondern auch des Bodens, auf dem er steht, wovon er lebt. So verankert ist die heutige «wissenschaftliche» Bodenbearbeitung, die Chemie, die der Erfindung von Düngemitteln dient, die Technik, die der Erfindung von Maschinen dient. Zuerst wird der Siedler meist ohne Nachdenken sich den Errungenschaften von Chemie und Technik anpassen, mit ihnen wirtschaften, was soll er auch anders tun, will er, worauf er angewiesen sein wird, gleichen Schritt halten mit der umliegenden Wirtschaft. Aber wenn er nachzudenken beginnt, wird ihm aufgehen, was auch in den hervorragendsten und modernen Erfindungen für ein Teufel sein Wesen treibt. Die Konsequenz von all dem wird ihm aufgehen. Man wird zum kritisch denkenden Volkswirtschaftler beim Siedeln. Es wird Problem, welcher Maschinen, welcher Düngemittel man sich bedient; und zwar nicht nur von der Seite her, die allein gültig ist für den kapitalistischen Landwirt, welche Bewirtschaftung bringt den höchsten Gewinn?, sondern auch von der Seite des in uns wieder erd- und bodentreu gewordenen Gefühls her und von der Seite der Veredelung der Arbeit her, ihres Materials und ihrer Ergebnisse, die nicht nur augenblicklich gewertet werden sollen, wie die «problematisch-dickste Kartoffel oder Futterrübe», sondern auch Glieder darstellen sollen einer wirklichen Kette von Kulturergebnissen, die tatsächlich zur allgemeinen Veredelung der Lebenshaltung beitragen sollen. Hier steht das Problem der Intensivwirtschaft, hier das Problem der Rasseveredelung durch Darreichung edelster Nahrung usw.

Genug geistige Arbeit, aber solche für den mit Leib und Seele der Arbeit Hingegebenen. Wollen wir überhaupt, dann nur so.

(Aus: Marie Buchhold: Bildungselemente beim ländlichen Wirtschaften, in: Die Schulbewegung, hg. von Max Kuckei und Carlo Werckshagen, August 1922, S. 19–21; wieder abgedruckt in: Ulrich Linse [Hg.]: Zurück, o Mensch, zur Mutter Erde, München 1983, S. 165–168)

«Alles wird leidenschaftlich ergriffen.» Fritz Karsen über die Berliner Aufbauschule

Für den Schulleiter ist es eine der interessantesten psychologischen Erfahrungen, wie wenig die Eltern sich vorstellen können, daß die Schule heute anders aussieht als zu ihrer Zeit. An alle technischen Errungenschaften unsrer Zeit haben sie sich gewöhnt, sie könnten ohne sie nicht existieren. Nur die Schule lebt bloß als Erinnerungsbild bei ihnen, und es gibt in meinem Amtszimmer die köstlichsten Entrüstungen von Eltern, die nicht begreifen können, daß man keine Hausarbeiten aufgibt, die alle Schüler in gleicher Weise erledigen müssen, daß der Lehrer nicht am nächsten Tage mit dem Buch in der Hand kontrolliert und seine wichtigen Notizen einträgt, daß die Klassenarbeiten nicht auf einen bestimmten Tag der Woche fallen und nicht vom Lehrer zensiert und von den Eltern unterschrieben werden müssen, daß am Ende gar die Zensuren einer freieren Form der Beurteilung weichen sollen und damit die Versetzungsmathematik erschwert wird. Was soll man denn nun eigentlich als Vater oder als Mutter machen? Man weiß ja nicht mehr, wie man dem Kind zu Hause helfen soll, wenn alles so fürchterlich verändert ist. Man weiß nicht einmal, ob das Kind ein mäßiger oder ein schlechter Schüler ist, wenn diese neumodische Form der Beurteilung einreißt.

Da bleibt wirklich nur eins übrig, man geht selbst einmal in die Schule und sieht sich an, was da gearbeitet wird. Ja ist denn das erlaubt? War nicht bisher die Schule ein Heiligtum, in das kein Uneingeweihter hineingelassen wurde? Man scheut vor der Tür. Wird es wirklich keinen Aufstand geben mit Strammstehen und der üblichen Störung des Unterrichts? Man kommt hinein, etwas verlegen, und begreift schließlich, daß man sich auf einen leeren Stuhl setzen darf. Man sieht, daß diese Kinder, Jungens und Mädels, gar nicht in Reih und Glied aufstehen könnten; denn sie sitzen auf Stühlen und an Arbeitstischen, und sie haben eine wirkliche Beschäftigung, die sie mehr interessiert als der Mensch, der zur Tür hereinkommt und der früher jeder Klasse eine angenehme Abwechslung bedeutet hätte. Der nächste Blick sucht den Lehrer. Es ist keiner zu entdecken. Aber die Kinder arbeiten trotzdem. Sie hören dem Bericht eines Kameraden zu, sie lassen ihn ausreden, wenn es nicht gar zu lange dauert, und kritisieren ihn dann in einer leidenschaftlichen und doch ziemlich geordneten Weise. Schließlich entdeckt man auch den Lehrer, als er zum Schluß der Diskussion einige Anregungen gibt. Auch er kommt erst in der Reihenfolge der Wortmeldungen heran, ohne irgendeinen Vorrang zu beanspruchen.

Eine andre Klasse. Da wird überhaupt nicht geredet. An zusammengerückten Tischen sitzen die Schüler in Gruppen, vor ihnen liegt Arbeitsgerät, Nachschlagebücher und Spezialwerke, auch Zeichenmaterial der verschiedensten Art. Und in den Gruppen verhandeln die Schüler miteinander, und wieder bemerkt man das eigentümliche Interesse, mit dem jede Gruppe bei der Arbeit ist. Man sieht den Lehrer von Gruppe zu Gruppe laufen, gelegentlich wird er auch einmal gerufen, dann beantwortet er Fragen und hilft auch einmal weiter. Hat man Geduld, das Ende abzuwarten, dann sieht man, daß diese einzelnen Gruppen gar nicht getrennt arbeiten, sondern daß sie alle die Unterteile ein und derselben Aufgabe bearbeitet haben und nun zur Zusammenstellung und gegenseitigen Kontrolle ihrer Ergebnisse zusammentreten.

Eine dritte Klasse. Hier läßt man den Besucher auf einmal nicht gern hinein. Er erfährt, daß es sich um eine Klassenbesprechung handelt und daß hier Dinge verhandelt werden, die das Schicksal der Klasse sehr intim berühren. Aber hier möchte er nun grade dabei sein und bekommt schließlich auch die Genehmigung. Er stellt zunächst fest, daß hier sämtliche Lehrer der Klasse mit den Schülern zusammen sind. Die Schüler äußern sich über einen Lehrer, der neu in die Klasse gekommen ist und von den Gepflogenheiten dieser Schule noch keine Ahnung hat. Da wird mit einer unerhörten Offenheit jede Einzelheit aus seinem Unterricht hervorgeholt, da geht er mit derselben Offenheit gegen die Schüleran, die nach seiner Meinung nicht das richtige Betragen gezeigt haben, und gibt der Klasse die Schuld, daß nicht alles geklappt hat, wie es sollte. Schließlich kommt es zu einer vorläufigen Einigung. Man wird es noch einmal versuchen, vielleicht wird es bei beiderseitigem gutem Willen gutgehen, sonst, das sieht man, ist die Scheidung unvermeidlich.

Was man sich da abspielen sieht, kann wirklich nicht so «gemacht» werden, sondern hat Gründe, die nur der ernsthafte Mitarbeiter nach und nach begreift. Sie liegen einmal in dem Milieu, aus dem unsre Schüler stammen, ferner in einer straff durchgeführten Organisation, die jedoch auf kollektivistischen und nicht mehr auf individualistisch-autokratischen Prinzipien ruht. Wir haben fast nur Arbeiterkinder, die unbelastet von all den Kulturwerten zu uns kommen, an die die bürgerlich-anständige Familie glaubt oder zu glauben vorgibt. Kulturwert ist und hat für sie nur, was für ihre Gegenwart und Zukunft im weitesten Sinne Lebenswert hat, was ihnen und ihrer Klasse die Mittel gibt, die soziale Lage, unter der sie leiden, als geschichtlich geworden zu verstehen und durch ihre zukünftige Arbeit umzugestalten. Darum ist ihnen all das, was die Schule bietet, die den ganzen Unterricht unter dem Gesichtspunkt des sozialen Lebens der Gegenwart konzentriert, kein toter Stoff, mit dem man Berechtigungen erlangt, sondern alles wird leidenschaftlich ergriffen, aktiv bearbeitet und immerfort mit dem persönlichen Leben in Beziehung gebracht. Darum haben wir nicht eine methodische Arbeitsschule, sondern ein wirklich aktives geistiges Leben der Jugend; darum diese unbefangene Äußerung, die den Besucher frappiert.

Aus dem Milieu der Kinder wächst eigentlich auch die Organisation auf kollektivistischer Grundlage hervor. Denn das ist das Positive, was die Kinder mitbringen: der Glaube an die Macht kollektiver Arbeit und kollektiver Organisationen. Also steht hinter der einzelnen Arbeitsleistung ein Plan der Gesamt-Gemeinschaft der Schule, der unter Zusammenwirken der Lehrerschaft und der Schüler in gemeinsamen Konferenzen aufgebaut wird und jeder Klasse die Arbeitsleistung zuteilt. Also steht hinter dem Bericht des einzelnen Schülers der gemeinsame Arbeitsplan der Gruppe, der wieder jedem einzelnen nach seiner besonderen Befähigung seinen Arbeitsanteil an der Kollektivleistung zumißt. Also steht am Ende des Jahres auch nicht die Prüfung des Direktors oder des Lehrers, die in der Zensur resultiert, sondern der Bericht jedes Schülers über die Ergebnisse seiner Arbeit, der Fachbericht der Klassengemeinschaft über die Ergebnisse in den einzelnen Fächern und schließlich die Gesamtausstellung, bei der die Klasse ihre sämtlichen Berichte und ihre sämtlichen Arbeiten der Kritik aller andern Klassen darbietet. Die gegenseitige Kontrolle und das gegenseitige Helfen hebt die Schule auf ein höheres Niveau, als irgendeine autoritative Aufsicht es tun könnte.

Diese Organisation ist aber nur durchführbar, wenn sie getragen wird von einer einheitlichen Arbeitsgesinnung des Kollegiums in sachlicher Zusammenarbeit untereinander und mit den Eltern und Schülern.

Darum reden wir in dieser Schule nicht von dem Direktor und dem Kollegium und den Schülern und den Eltern, sondern wir sagen: Wir! und meinen: unsre Schule als unser Werk!

(Zuerst in: Die Weltbühne Nr. 18/1929, S. 670–672; Nachdruck in: Gerd Rade [Hg.]: Festschrift für Fritz Karsen, Berlin 1966, S. 14–18)

«Sie haben Angst vor dem Chaos»
Rede des Vertreters der Jugendbewegung Hans Alfken auf der Reichsschulkonferenz am 12.6.1920

Alfken (Jena) Student:

Ich spreche im Namen der Jugend, wenn auch vielleicht nicht alle Jugendlichen, die hier sind, damit einverstanden sein werden, ich möchte voraussetzen, daß das, was ich sage, für einen großen Teil der in der Konferenz Anwesenden nicht gilt. Diejenigen, für die es nicht gilt, werden innerlich schon spüren, daß sie es nicht betrifft.

Vom Jugendsinn hat als einziger gestern Herr Dr. Wyncken gesprochen. Ich möchte Ihnen sagen: die wenigsten von Ihnen sind sich der großen Verantwortung, die sie der Jugend gegenüber haben, bewußt (Große Heiterkeit bei einem großen Teil der Versammlung. – Beifall und Händeklatschen bei einem anderen Teil der Versammlung).

Meine Damen und Herren! Es ist ein trauriger Anblick für die Jugend, einen Vertreter nach dem anderen aufstehen zu sehen und sein Verslein herbeten zu hören, das an bestimmte Organisationen gebunden ist – es ist wahrhaftig ein trauriger Anblick (Heiterkeit). Sie glaubten damit, ihre Pflicht getan zu haben. Haben Sie wirklich so wenig Sinn für die Jugend, daß Sie sich hier um Systeme streiten, in denen jeder Typus Lehrer etwas für sich erhaschen möchte? (Oho-Rufe und Lachen.) Alle diejenigen, die hier als Oberlehrer ... (Glocke des Vorsitzenden.)

Vors. Schulz, Staatssekretär:

Meine Damen und Herren! Ich möchte Sie bitten, diesem ersten Vertreter der Jugendlichen, der es gegenüber einem Parlament von Erwachsenen und Lehrern aus psychologischen Gründen ganz gewiß nicht leicht hat, die paar Worte, die er zu sagen hat, nicht zu erschweren. (Sehr richtig! Bravo! Zuruf: er soll sie anständig sagen. Gegenruf: «Das tut er».) Ich möchte doch bitten, hier in keiner Weise Noten auszuteilen. (Heiterkeit.)

Alfken (Jena) Student:

Spüren Sie nicht, daß die Jugend, die vom Intellektualismus noch nicht angekränkelt ist, die in den heutigen höheren Schulen und Gymnasien sitzt, sich freimachen möchte von diesem Zwang, der sie dort umgibt? Spüren Sie nicht, daß alle diese sogenannten zum Staatsbürger erziehenden Institute nichts mit der Totalität «Leben» zu tun haben, daß diese Dinge dort tot sind, daß eine Autorität, die nicht aus dem Wesen des Lehrenden hervorgeht, sondern eine Machtautorität ist, mit der Jugend nichts zu tun hat und gar keine Verbindung zu diesen jungen Menschen hat?

Meine Damen und Herren! Herr Dr. *Binder* bezeichnete seine Schule als «Schulbetrieb» und hat das richtige Wort dafür gewählt. Es ist nichts weiter als das. Ich glaubte, meinen alten Direktor vor mir stehen zu sehen und mir über den Wert der heutigen Schule etwas sagen zu hören. Mehr dachte ich dabei nicht. (Unruhe.) Herrn Dr. *Karsens* Thesen wurden als Chaos bezeichnet. Meine Herren! Wer von Ihnen noch nicht begriffen hat, daß in jedem Kinde zuerst nichts weiter ist als Chaos (Sehr richtig!), daß Ihnen als Aufgabe übergeben worden ist, aus diesem Chaos Kosmos zu gestalten, der hat seine eigene Aufgabe noch nicht begriffen. Sie haben Angst vor diesem Chaos. (Große Unruhe. – Zuruf: Ein Skandal, daß man so etwas hier anhören muß!) Meine Herren! In jedem Kind ist ein tiefes – ich möchte es hier *Wissen* nennen; es ist in Ihrem Sinne nicht Wissen. Es ist das Schauen des Großen, was noch ganz unentwickelt und ganz chaotisch in jedem Kinde steckt. Wer das noch nicht gefühlt hat, daß dieses ganze Fühlen im Menschen Religion ist und den Kindern mit einer straffen Einspannung in Konfessionen kommt, der hat das Wesen der Religion im Kinde noch nicht begriffen. (Unruhe. – Vereinzelter Beifall.) Hier in dieser Religion, die in jedem Kinde liegt, ist die Quelle *des* Geistes, der eine Schule erfüllen muß. Hier liegt die Quelle *des* Geistes, der nichts mit Intellekt zu tun hat, der das Wesentliche ist an jeder Erziehung. Hier liegt auch die Quelle zum Denken, das kein Konstruieren ist, sondern das eine vollkommene Wirklichkeit ist. Aber was nützt das alles, daß eine Jugend dieses zum großen Teil tauben Ohren sagt, deren Besitzer sich von vornherein sagen: Wir lassen uns nicht überzeugen, wir *haben* unsere Überzeugung! Mit diesem Lehrermaterial kann die heutige Jugend nichts anfangen. (Große Heiterkeit. – Schlußrufe. – Zuruf: Material?) Meine Herren, es ist reines Material. (Unruhe.)

Wir verlangen von der Jugendbewegung aus, daß den jungen Menschen, die mit der heutigen Schule brechen wollen und es in ihr nicht mehr aushalten können, der Weg freigemacht wird, daß sie aus den heutigen Institutionen fortgehen können zu den Lehrern, mit denen zusammen sie ihre Bildung, die aus ihrem Innern emporwächst, erarbeiten können und nicht, daß sie noch länger in diesen toten Institutionen sitzen bleiben müssen. (Lachen und Widerspruch.) Wir fordern auch, daß den Lehrern Freiheit gegeben wird, die die Kraft haben, solche Gemeinschaften mit den Kindern herzustellen, sich mit ganzer Liebe an die Kinder hinzugeben, nicht von einem erhabenen Standpunkt, sondern von einem ganz gleichberechtigten Standpunkt aus, auf dem man nicht allein die Kinder lehren will, sondern von dieser Naivität, die in ihrer Reinheit gar nicht zu übertreffen ist, selbst lernen will. Diesen Lehrern, hoffen wir, wird der Weg von der Regierung freigemacht werden, solche Gebilde erstehen zu lassen, damit die Kinder, die es wünschen, dorthin zu gehen, wirklich den Weg frei bekommen. (Vereinzelter Beifall. – Zurufe: Jetzt noch ein Säugling. Große Heiterkeit. Entrüstung.)

(Aus: Junge Menschen. Monatshefte für Politik, Kunst, Literatur und Leben aus dem Geiste der jungen Generation der zwanziger Jahre 1920–1927, Hg. von Walter G. Oschilewsky, Frankfurt 1981, S. 41.)

Literaturauswahl

Bohème

Helmut Kreuzer: Die Bohème. Beiträge zu ihrer Beschreibung, Stuttgart 1968
Literaturhistorisch orientierte, äußerst materialreiche wissenschaftliche Arbeit über die europäische und nordamerikanische Bohème vom frühen 19. Jahrhundert bis zur Gegenwart. Umfassende Bibliographie.

Martin Green: Else und Frieda, die Richthofen-Schwestern, München 1980 (am. 1974, dt. 1976)*
«Abriß einer Kulturgeschichte der deutschen Jahrhundertwende», in der die Schwabinger Bohème und die von Green so genannte «erotische Bewegung» um Otto Gross und Franziska zu Reventlow eine zentrale Rolle spielen.

Julius Bab: Die Berliner Bohème. Berlin und Leipzig 1904.
Reflektierte Beobachtungen eines zeitgenössischen Betrachters.

Hans Brandenburg: München leuchtete, München 1953

Leonhard Frank: Links wo das Herz ist, Frankfurt 1976 (1952)

Oskar Maria Graf: Wir sind Gefangene, München 1981 (1927)

Rolf von Hoerschelmann: Leben ohne Alltag, Berlin 1947

Franz Jung: Der Torpedokäfer (Der Weg nach unten), Neuwied und Berlin 1972 (1961)

Erich Mühsam: Unpolitische Erinnerungen, in: E. Mühsam: Gesamtausgabe, hg. von Günther Ennig, Band 4 – Prosaschriften II, Berlin 1978, S. 3–249 (1927–1929)

Joachim Ringelnatz: Mein Leben bis zum Kriege, Berlin 1931
Alle sieben Bücher (Lebenserinnerungen bzw. autobiographische Romane) enthalten Beschreibungen der Bohème-Zeit der Autoren.

Franziska zu Reventlow: Herrn Dames Aufzeichnungen, München 1978 (1913)
Ironischer Schlüsselroman aus der Schwabinger Bohème, der im Umkreis der «kosmischen Runde» spielt.

Otto Gross: Von geschlechtlicher Not zur sozialen Katastrophe. Mit einem Textanhang von Franz Jung, herausgegeben von Kurt Kreiler, Frankfurt 1980
Zusammenstellung verschiedener Texte von Otto Gross aus den Jahren 1908–1920.

* Die in Klammern gesetzten Jahreszahlen geben bei Neuauflagen das Ersterscheinungsdatum an.

Emanuel Hurwitz: Otto Gross. Paradies-Sucher zwischen Freud und Jung. Leben und Werk, Zürich und Frankfurt 1979
Ausführliche Otto Gross-Biographie.

Josef Dvorak: Kokain und Mutterrecht. Die Wiederentdeckung von Otto Gross, in: Neues Forum Juli / August 1978, S. 52–61
Konzentrierte Darstellung von Otto Gross' Leben und Theorie.

Roderich Huch: Die «Enormen» von Schwabing, in: Atlantis 30. Jahrgang 1958, S. 143–150
Erinnerungen an die «kosmische Runde».

Gerd-Klaus Kaltenbrunner: Zwischen Rilke und Hitler – Alfred Schuler, in: Zeitschrift für Religions- und Geistesgeschichte Bd. XIX (1967). S. 333–347
Knappe und genaue Darstellung von Leben und Denken Alfred Schulers.

Johann-Albrecht von Rantzau: Zur Geschichte der sexuellen Revolution. Die Gräfin Franziska zu Reventlow und die Münchener Kosmiker, in: Archiv für Kulturgeschichte, 56. Bd. 1974, Heft 2, S. 394–446
Darstellung der Theorien der «Kosmiker», der Lebensvorstellungen Franziska zu Reventlows und der persönlichen Beziehungen zwischen Klages, Wolfskehl und Franziska zu Reventlow auf dem Hintergrund der «sexuellen Revolution».

Hans Eggert Schröder: Franziska Gräfin zu Reventlow. Schwabing um die Jahrhundertwende, in: Marbacher Magazin 8 / 1978
Materialien und Text zu einer Ausstellung des Deutschen Literaturarchivs Marbach. Gleiche Thematik wie der Aufsatz von Rantzau (s. o.)

Franziska zu Reventlow: Tagebücher 1895–1910, Frankfurt 1976
Selbstbeobachtung und Schilderung des Schwabinger Lebens. Das charakteristischste Buch der Bohème-Aristokratin.

Heinz Hug: Erich Mühsam. Untersuchungen zu Leben und Werk, Glashütten (Taunus) 1974
Dissertation, die systematisch Mühsams Lebensgang und theoretische Anschauungen darstellt.

Erich Naused (Hg.): Peter Hille. Eine Einführung in sein Werk und eine Auswahl, Wiesbaden 1957

Lebensreform

Wolfgang R. Krabbe: Gesellschaftsveränderung durch Lebensreform, Göttingen 1974
Detaillierte wissenschaftliche Arbeit über die Lebensreformbewegung. Mit Bibliographie.

Janos Frecot: Die Lebensreformbewegung, in: Klaus Vondung (Hg.): Das wilhelminische Bildungsbürgertum, Göttingen 1976, S. 138–152

Janos Frecot, Johann Friedrich Geist, Diethart Kerbs: Fidus 1868–1948. Zur ästhetischen Praxis bürgerlicher Fluchtbewegungen, München 1972 (Besonders Kapitel 2: Abriß der Lebensreform)
Einführende, die großen Linien darstellende Texte zur Lebensreform.

Monte Verità – Berg der Wahrheit. Lokale Anthropologie als Beitrag zur Wiederentdeckung einer neuzeitlichen sakralen Topographie. Ausstellungskatalog Kunsthaus Zürich 1978, herausgegeben von Harald Szeemann
Materialreicher Katalog zum «Alternativtreffpunkt» Ascona. Im Zusammenhang der Lebensreform besonders interessant der Aufsatz von Janos Frecot: Landkrone über Europa (S. 55–64).

Robert Landmann: Ascona – Monte Verità. Auf der Suche nach dem Paradies, Frankfurt / Berlin / Wien 1979 (1973
Mit zahlreichen Anekdoten versehene Chronik des Monte Verità.

Erich Mühsam: Ascona, Berlin 1976
Neuauflage der 1905 verfaßten Ascona-Broschüre von Mühsam.

Jugendbewegung

Die Literatur zur Jugendbewegung und zur Reformpädagogik ist allenfalls noch für den Spezialisten überschaubar. Ich gebe hier eine kleine Auswahl von Texten, die *entweder* in sachlicher, prägnanter Form über Phänomene der Jugendbewegung informieren *oder* die «alternativen» Aspekte der Jugendbewegung gründlicher untersuchen. Eine ausführliche Bibliographie findet sich u. a. in Jakob Müller: Die Jugendbewegung als deutsche Hauptrichtung neokonservativer Reform, Zürich 1971.

Fritz Borinski, Werner Milch: Jugendbewegung. Die Geschichte der deutschen Jugend 1896–1933, Frankfurt 1982 (1945)
Knapper, präziser Abriß der Geschichte der Jugendbewegung. Für die Wandervogel-Zeit u. U. noch zu ergänzen durch:

Georg Korth: Wandervogel 1896–1906, Frankfurt 1978 (1967)

Karl Korn: Die Arbeiterjugendbewegung. Neuauflage mit einer kritischen Einleitung von Arno Klönne, Münster 1982 (1922)

Hans Bohnenkamp: Jugendbewegung als Kulturkritik, in: Walter Rüegg (Hg.): Kulturkritik und Jugendkult, Frankfurt 1974, S. 23–37
Zusammenfassung einiger Grundanschauungen der Jugendbewegung durch einen Beteiligten.

Gerhard Ziemer, Hans Wolf: Wandervogel-Bildatlas, Bad Godesberg 1963
Eine Sammlung von Fotos aus der Jugendbewegung mit kurzen Begleittexten.

Werner Kindt (Hg.): Dokumentation der Jugendbewegung. Band 1: Grundschriften der deutschen Jugendbewegung, Düsseldorf / Köln 1963, Band 2: Die Wandervogelzeit, Düsseldorf / Köln 1968; Band 3: Die deutsche Jugendbewegung 1920 bis 1933. Die bündische Zeit, Düsseldorf / Köln 1974
Umfangreiche Sammlung von wichtigen Texten der Jugendbewegung.

Ulrich Linse (Hg.): Zurück, o Mensch, zur Mutter Erde. Landkommunen in Deutschland 1890 bis 1933, München 1983
Dokumentensammlung aus den frühen Landkommunen. Ausführliche Darstellung der sozialen und theoretischen Hintergründe und der Geschichte der einzelnen Kommunen. Interessant auch im Zusammenhang der Bohème (Neue Gemeinschaft) und der Lebensreform (Genossenschaft Eden).

Ulrich Linse: Die Kommune der deutschen Jugendbewegung. Ein Versuch zur Überwindung des Klassenkampfes aus dem Geiste der bürgerlichen Utopie, München 1973
Detaillierte Darstellung der Landkommune Blankenburg bei Donauwörth 1919–20.

Ulrich Linse: Entschiedene Jugend 1919–1921. Deutschlands erste revolutionäre Schüler- und Studentenbewegung, Frankfurt 1981

Adam Ritzhaupt: Die «Neue Schar» in Thüringen, Jena 1921
Schilderung des Auftretens der Neuen Schar durch einen Augenzeugen.

Manfred Fuchs: Probleme des Wirtschaftsstils von Lebensgemeinschaften. Erörtert am Beispiel der Wirtschaftsunternehmen der deutschen Jugendbewegung. Göttingen 1957
Untersuchung der jugendbewegten Gemeinschaftsprojekte unter ökonomischen Gesichtspunkten.

Jakob R. Schmid: Freiheitspädagogik. Reinbek 1973
Theorie und Praxis der Lebensgemeinschaftsschulen auf dem Hintergrund der Reformpädagogik und der Jugendbewegung.

Wolfgang Scheibe: Die Reformpädagogische Bewegung. Weinheim / Basel 1969
Umfassender Überblick über die Reformpädagogik.

Wilhelm Flitner / Gerhard Kudritzki (Hg.): Die deutsche Reformpädagogik. Band 1: Die Pioniere der pädagogischen Bewegung. Düsseldorf / München 1961; Band 2: Ausbau und Selbstkritik. Düsseldorf / München 1962

Dieter Hoof: Die Schulpraxis der Pädagogischen Bewegung des 20. Jahrhunderts, Bad Heilbrunn 1969

Theo Dietrich: Die pädagogische Bewegung «Vom Kinde aus». Bad Heilbrunn 1972
In den gesamten Werken sind zahlreiche Originaltexte der Schulreformer vor 1933 abgedruckt.

Alternative Bewegungen seit den sechziger Jahren

Gerhard Seyfried: Wo soll das alles enden. 1 kleiner Leitfaden durch die Geschichte der undogmatischen Linken, Berlin 1978
Die «Geschichte» der Neuen Linken in Karikaturen.

Josef Huber: Wer soll das alles ändern. Die Alternativen der Alternativbewegung, Berlin 1980
Überblick über die gegenwärtige Alternativbewegung und Überlegungen zu ihrer gesellschaftlichen Bedeutung. Mit zahlreichen Informationen zur Situation der alternativen Projekte.

Walter Hollstein: Die Gegengesellschaft, Reinbek 1981
Übersichtliche Darstellung der wichtigsten nordamerikanischen und europäischen gegenkulturellen Gruppen von den Beatniks und «Gammlern» bis zur heutigen Alternativbewegung.

Klaus Müschen: «Lieber lebendig als normal!» Bensheim 1982
Materialreiche Darstellung gegenwärtiger Alternativprojekte in Deutschland.

Walter Hollstein, Boris Penth: Alternativprojekte, Reinbek 1980
Einzeldarstellungen alternativer Projekte in Europa und den USA.

Wolfgang Kraushaar (Hg.): Autonomie oder Getto, Frankfurt 1978
Kontroversen über die neuere Alternativbewegung.

Frank Böckelmann, Herbert Nagel: Subversive Aktion. Frankfurt 1976
Bericht über die «Subversive Aktion», Vorläufer der Kommune 2 und der Studentenbewegung.

Uwe Bergmann, Rudi Dutschke, Wolfgang Lefèvre, Bernd Rabehl: Rebellion der Studenten oder Die neue Opposition, Reinbek 1968
Überblick über die Anfänge der Studentenbewegung 1965–1967 und theoretische Selbstdarstellung der Bewegung.

Alice Schwarzer: So fing es an! Die neue Frauenbewegung. München 1983 (1981)
Die Entwicklung der autonomen Frauenbewegung von 1968 bis 1981. Mit zahlreichen Dokumenten.

Johann August Schülein (Hg.): Vor uns die Mühen der Ebenen: Alltagsprobleme und Perspektiven von Wohngemeinschaften, Gießen 1980

Steve B. Peinemann: Wohngemeinschaft – Problem oder Lösung? Eschborn 1977

Harald Glätzer: Landkommunen in der BRD. Flucht oder konkrete Utopie? Bielefeld 1978

Klaus-Bernd Vollmar: Alternative Selbstorganisation auf dem Lande, Berlin 1976

Lutz van Dick: Alternativschulen. Information, Probleme, Erfahrungen, Reinbek 1979

Peter Gorsen: «Lebensreform» und «Alternativkultur», in: Neue Rundschau Heft 3 / 1983, S. 56–66
Hinweise auf die «Körperpolitik» von Lebensreform und neueren Alternativbewegungen.

Michael Mildenberger: Die religiöse Revolte. Jugend zwischen Flucht und Aufbruch, Frankfurt 1979
Ein Buch über «Jugendsekten», das aber auch – am Rande – die alternative spirituelle Szene skizziert.

Michael Rutschky: Erfahrungshunger, Frankfurt 1982 (1980)
Rutschkys «Essay über die siebziger Jahre» spricht nicht explizit von den alternativen Bewegungen; seine Beobachtungen sind aber gleichwohl besonders für die Alternativkultur zutreffend.

Karl-Werner Brand: Neue soziale Bewegungen. Entstehung, Funktion und Perspektive neuer Protestpotentiale, Opladen 1982

Karl-Werner Brand, Detlef Büsser, Dieter Rucht: Aufbruch in eine andere Gesellschaft. Neue soziale Bewegungen in der Bundesrepublik, Frankfurt/New York 1983
Soziologische Arbeiten zu den neueren Alternativbewegungen, von denen die erste bestehende theoretische Erklärungsansätze zusammenfaßt, während die zweite reflektierend-beschreibender Natur ist.

Quellennachweis der Abbildungen

S. 16 oben: Bilderdienst Süddeutscher Verlag, München; S. 16 unten: Bilderdienst Süddeutscher Verlag, München; S. 17 oben: Bilderdienst Süddeutscher Verlag, München; S. 17 unten: Deutsches Literaturarchiv – Schiller-Nationalmuseum, Marbach am Neckar; S. 23: Stadtbibliothek München, Handschriften-Abteilung; S. 26: Bildarchiv Preußischer Kulturbesitz, Berlin; S. 27: Stadt- und Landesbibliothek, Dortmund; S. 36 oben: Deutsches Literaturarchiv – Schiller-Nationalmuseum, Marbach am Neckar; S. 36 unten: Deutsches Literaturarchiv – Schiller-Nationalmuseum, Marbach am Neckar; S. 38: Deutsches Literaturarchiv – Schiller-Nationalmuseum, Marbach am Neckar; S. 43: Bilderdienst Süddeutscher Verlag, München; S. 53: Ullstein Bilderdienst, Berlin; S. 57: Ullstein Bilderdienst Berlin – Kunsthalle Bremen; S. 58: Bildarchiv Preußischer Kulturbesitz, Berlin; S. 69: Ullstein Bilderdienst, Berlin; S. 71: Berlinische Galerie, Fidus-Archiv; S. 72: Berlinische Galerie, Fidus-Archiv; S. 75: Berlinische Galerie, Fidus-Archiv; S. 80 oben: Doris Hasenfratz (†), Ascona; S. 80 unten: Stadtbibliothek München, Handschriften-Abteilung; S. 81 oben: Stadtbibliothek München, Handschriften-Abteilung; S. 81 unten: Ullstein Bilderdienst, Berlin; S. 83: Bildarchiv Preußischer Kulturbesitz; S. 89 oben, unten: Aus: Georg Korth: Wandervogel 1896–1906, Frankfurt [2]1978, S. 45, S. 47 oben, dipa-Verlag, Fotos: Fritz Meyen; S. 91 oben, unten: Aus: Gerhard Ziemer, Hans Wolf: Wandervogel – Bild-Atlas, Bad Godesberg 1963, S. 58 unten, S. 69 unten rechts: Voggenreiter-Verlag, Foto S. 91 oben: Oskar Unger, S. 91 unten: W. Reutlinger; S. 93 oben, unten: Aus: Gerhard Ziemer, Hans Wolf: Wandervogel – Bild-Atlas, a. a. O., S. 121 Mitte, S. 118 unten; S. 105 oben: Aus: Gerhard Ziemer, Hans Wolf: Wandervogel – Bild-Atlas, a. a. O., S. 177 oben; S. 105 unten: Bildarchiv Preußischer Kulturbesitz, Berlin; S. 107: Gerhard Ziemer, Hans Wolf: Wandervogel – Bild-Atlas, a. a. O., S. 107 unten; S. 112: Zeichnungen von Fidus, Berlinische Galerie, Fidus-Archiv; S. 114: Ullstein Bilderdienst, Berlin; S. 124: Dr. Ulrich Linse, München; S. 125 oben und unten: Dr. Ulrich Linse, München; S. 131: Dr. Ulrich Linse, München; S. 142: Archiv des Autors; S. 153: Bilderdienst Süddeutscher Verlag, München; S. 154: Michael Ruetz, Hamburg; S. 157: Michael Ruetz, Hamburg; S. 160: Petra Gall, Berlin; S. 168 oben: Achim Duwentäster, Berlin; S. 168 unten: Arnim Stauth/ Irrlicht, Berlin.

Geschichte griffbereit

Grundkurs und Nachschlagewerk für Studenten, Praktiker, Geschichtsinteressierte zum Verstehen und Behalten welthistorischer Prozesse.
Von Imanuel Geiss.

1 **Daten**
der Weltgeschichte
Die chronologische Dimension der Geschichte
(6235)

2 **Personen**
der Weltgeschichte
Die biographische Dimension der Geschichte
(6236)

3 **Schauplätze**
Die geographische Dimension der Weltgeschichte
(6237)

4 **Begriffe**
Die sachsystematische Dimension der Weltgeschichte
(6238)

5 **Staaten**
Die nationale Dimension der Weltgeschichte
(6239)

6 **Epochen**
der Weltgeschichte
Die universale Dimension der Geschichte
(6240)

handbuch rororo

957/1